教育部现代学徒制试点项目建设成果

高等职业教育连锁经营与管理专业规划教材·职业店长系列

张琼 吴哲／主编

邢淑丹／副主编

特许加盟操作实务

（第二版）

Texu Jiameng Caozuo Shiwu

东北财经大学出版社 大连
Dongbei University of Finance & Economics Press

图书在版编目（CIP）数据

特许加盟操作实务 / 张琼，吴哲主编 . —2 版 . —大连：东北财经大学出版社，2023.3（2025.6 重印）

（高等职业教育连锁经营与管理专业规划教材·职业店长系列）

ISBN 978-7-5654-4806-5

Ⅰ.特… Ⅱ.①张…②吴… Ⅲ.特许经营-高等职业教育-教材 Ⅳ.F713.3

中国国家版本馆 CIP 数据核字（2023）第 038394 号

东北财经大学出版社出版

（大连市黑石礁尖山街 217 号　邮政编码　116025）

网　　址：http://www.dufep.cn

读者信箱：dufep@dufe.edu.cn

大连天骄彩色印刷有限公司印刷　　东北财经大学出版社发行

幅面尺寸：185mm×260mm　字数：273 千字　印张：12.25　插页：1

2023 年 3 月第 2 版　　　　　　　　　2025 年 6 月第 2 次印刷

责任编辑：郭海雷　石建华　　　　　　责任校对：张晓鹏

封面设计：冀贵收　　　　　　　　　　版式设计：原　皓

定价：36.00 元

党的二十大报告指出，要建设现代化产业体系，坚持把发展经济的着力点放在实体经济上，"构建优质高效的服务业新体系，推动现代服务业同先进制造业、现代农业深度融合"。特许加盟作为实体经济发展的重要助推器，正经历着从粗放高速发展向高质量发展转变的新阶段，而衡量特许加盟是否高质量发展的标准，除了标准化水平，还有数字化水平方面的要求。同时，作为中小企业的重要分支，特许加盟行业在"共同富裕"政策的引领下，迎来愈发迅猛的增长势头。

为了更好地贯彻落实《国家职业教育改革实施方案》（简称"职教20条"）、《职业教育提质培优行动计划（2020—2023年）》和《中共中央关于认真学习宣传贯彻党的二十大精神的决定》等文件精神，推动党的二十大精神"进教材、进课堂、进头脑"要求，编者对教材进行了修订。修订后的教材融合特许加盟的理论和具体实践，将开展特许加盟的主要流程分为特许加盟认知、特许加盟项目潜力评估与项目选择、特许加盟模式选择、加盟店投资分析、加盟店选址、特许加盟合同签订、加盟店的筹建与运营、特许加盟关系管理8个项目。

本教材具有如下特点：

1.助力国家"共同富裕"及"双创"政策实施，具有很强的创业导向。党的二十大报告提出："共同富裕是中国特色社会主义的本质要求，也是一个长期的历史过程。我们坚持把实现人民对美好生活的向往作为现代化建设的出发点和落脚点，着力维护和促进社会公平正义，着力促进全体人民共同富裕，坚决防止两极分化。"2021年，国家出台"双创"政策12项，国家税务总局与全国工商联联合开展"春雨润苗"专项行动，助力小微企业减税降费。作为典型的中小企业创业类型，特许加盟不失为年轻人创业的理想形式。本教材从被特许人的视角，将特许加盟操作能力的培养作为逻辑主线，强调特许加盟的新方法、新经验、新案例，同时着眼于特许加盟创业的现实应用，强调可操作性，能够帮助有志于通过特许加盟形式创业的"返巢燕"们快速了解特许加盟，并从项目评估和选择开始，掌握特许加盟的必要技能和知识。

2.深化"产教融合"校企协同育人机制，具有很强的职业教育特性。新修订的《中华人民共和国职业教育法》明确了职业教育多元办学的特征，这让产教融合工作有法可依。本教材编者总结了所在专业教育部首批现代学徒制试点项目的经验，通过校企共同研究制订人才培养方案，及时将新技术、新工艺、新规范纳入教学标准和教学内容，强化学生实习实训。同时，本教材的编写得到了产教融合深度合作企业上海星巴克咖啡经营有限公司、杭州肯德基有限公司、浙江良品铺子食品有新公司、浙江一鸣食品股份有限公司、明康汇生态农业集团有限公司、上海必胜客有限公司浙江分公司、鲜丰水果有限公司的大力支持，编者根据其真实职场环境编写了项目实训。

3.融合"小课堂"与"大社会"，全面推进课程思政建设，具有思政体系化的特点。教育部等十部门关于印发《全面推进"大思政课"建设的工作方案》，提出课程思政要强化问题意识、要突出实践导向，也要充分调动全社会力量和资源，建设"大课堂"和搭建"大平台"。编者在调研特许加盟行业用人需求的基础上，结合社会主义核心价值观和新修订的《商业特许经营道德规范》，重新挖掘和梳理课程体系中的思政元素，使得每一个项目突出一个思政要点。通过八个项目的学习，建立"情（价值观）-理（职业观）-法（法律法规）-论（方法论）"四向思政素养培养体系，使学生在学知习技的同时，将个人理想与社会担当有机结合起来。为此，我们在学习目标中明确了素养目标，在项目正文之后设计了"思政园地"专栏，在实训项目和学习评价中增加了思政考核维度，在测试中增加了思政测试题，努力做到系统设计、有机融合。各项目具体思政元素提炼如下：

项目	思政元素
项目一　特许加盟认知	爱岗敬业、忠于职守
项目二　特许加盟项目潜力评估与项目选择	知己知彼、全面分析
项目三　特许加盟模式选择	与时俱进、实践创新
项目四　加盟店投资分析	理性思考、风险防范
项目五　加盟店选址	求真务实、实事求是
项目六　特许经营合同签订	遵纪守法、诚信经营
项目七　加盟店的筹建与运营	责任担当、精益求精
项目八　特许加盟关系管理	依法维权、和谐共赢

本教材既适用于高等职业教育新商科相关专业课程的教学，也可以作为特许加盟创业人员的培训参考用书。

修订后的教材由浙江商业职业技术学院张琼老师和吴哲老师担任主编，邢淑丹老师担任副主编。具体编写分工如下：张琼老师负责统稿，吴哲老师负责大纲拟定、体例设计，并编写了项目一、项目二、项目三，邢淑丹老师编写了项目四、项目五、项目六、项目七、项目八。

本教材在编写过程中参考和借鉴了相关专家和同仁的一些文献资料，在此特别致谢。由于编写时间仓促，加上编者水平有限，书中难免有疏漏之处，敬请广大读者不吝赐教，以便于修订，使之日臻完善。

编　者
2022年11月

目　录

项目—
特许加盟认知

■ **学习目标**

知识目标：熟悉特许经营、特许人、被特许人、"3S"原则的概念；掌握特许加盟的"3S"原则；了解特许加盟发展现状。

能力目标：能理解特许加盟和直营连锁的本质区别；能分析特许加盟的优势及劣势。

素养目标：通过特许加盟的发展现状及发展优势的讲解，引导学生培养爱岗敬业、忠于职守的职业素养。

■ **项目框架**

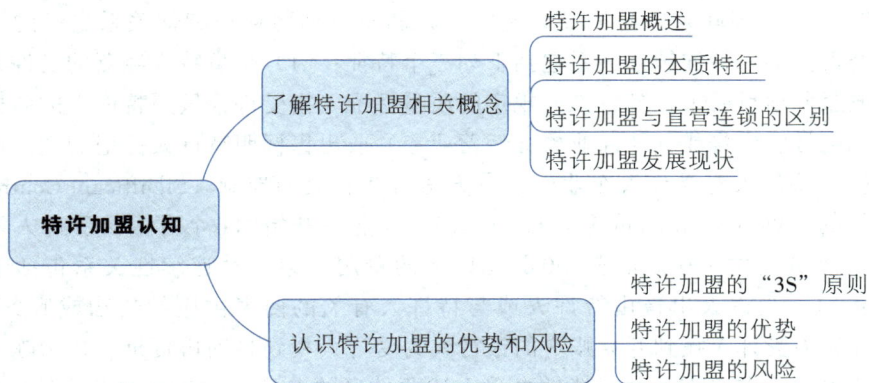

■ 项目导入

随着国民收入的持续增长，逐渐壮大的民间资本为特许加盟的推广创造了良好的条件，特许加盟作为增长潜力巨大的一类连锁经营模式引起了众多创业者的关注。然而，由于对特许加盟特性存在模糊认识和似是而非的理解，很多投资人在加盟某特许体系后并没有实现自己的目标和梦想，反而以失败告终。因此，正确认识特许加盟的本质特征，理解特许加盟的优势和劣势是十分重要的，这关系到投资人加盟的成败。

分析：这是一个关于特许加盟认知的问题。被特许人要充分理解特许加盟的含义、本质特征、优势和风险，正确评估特许加盟的发展现状，确定自己是否适合特许加盟这种商业模式。

任务一　了解特许加盟相关概念

一、特许加盟概述

1.特许经营（特许加盟）的定义

在实践中，特许经营通常也称为特许加盟。国际特许经营协会（IFA）给特许经营下的定义为：特许经营是特许人与受许人之间的一种契约关系。根据契约，特许人向受许人提供一种独特的商业经营特许权，并给予人员培训、组织结构、经营管理、产品采购等方面的指导与帮助，受许人向特许人支付相应的费用。这个定义是目前对于特许经营最通用的定义。

1979年，美国联邦贸易委员会规定，凡属于下列两种连续性关系之一的，肯定为特许经营。第一种连续性关系包括下列三个特征：（1）从事特许经营的受许人出售的货物或服务项目要求达到特许人规定的质量标准（指受许人按照特许人的商标、服务标记、商号、广告或其他商业象征经营业务）或出售标明特许人标记的产品或服务项目。（2）特许人对受许人企业的经营方法行使有效的控制（Significant Control）或给予有效的协助（Significant Assistant）。（3）在业务开始的6个月内，受许人要向特许人或其成员支付500美元或500美元以上的费用。第二种连续性关系包括下列三个特征：（1）受许人出售由特许人或与特许人有关的商家供应的货物或服务项目。（2）特许人为受许人找到开立账户的银行或为受许人找到自动售货机、货物陈列架的地点或位置，或向受许人介绍能够办妥上述两件事的人员。（3）在业务开始后的6个月内，受许人要向特许人或其成员支付500美元或500美元以上的费用。通常所说的特许经营多体现为一个口头或书面的合同或协议，其中明示或默示地规定，一方准许另一方使用其商标、商号名称、服务标记、标识或类似特征的一项技术转让，双方当事人在批发、零售等环节上对经营的产品或服务项目存在共同利益，受许人被直接或间接地要求向特许人支付一定数额的特许经营费用。

根据《连锁经营术语》（SB/T 10465—2008），**特许经营**是指拥有注册商标、企业标志、专利、专有技术等经营资源的企业（特许人），以合同形式将其拥有的经营资源许可其他经营者（被特许人）使用，被特许人按照合同约定在统一的经营模式下开展经营，并向特许人支付特许经营费用的连锁经营形式。

在中国连锁经营协会2021年发布的《数字化特许经营指南》中对数字化特许经营做了解释。**数字化特许经营**指的是特许经营企业在不改变传统的主要业务流程的情况下，使用数字化工具，提高部分环节的效率。这里的数字化工作包括但不限于数字化引流、技术化支付与结算、特许体系输出和迭代等。数字化特许经营突破了传统商业特许经营中信息不对称的问题。

2.与特许经营有关的常用术语

（1）**特许人**：也称特许商、盟主，指在特许经营活动中，将自己所拥有的商标、商号、产品、专利和专有技术、经营模式及其他经营标志等授予受许人使用的一方，通常为法人。特许人是特许权的真正所有者。

（2）**被特许人**：也称受许人、加盟商等，指加盟某一特许经营体系的独立法人或自然人，也就是在特许经营活动中，通过付出一定的费用来获得其他商业单位的商标、商号、产品、专利和专有技术、经营模式和其他经营标志等一定期限使用权的自然人或法人。由此可见，加盟店就是在特许连锁中，被特许人获得特许人授权后，使用其商标、商号、经营模式、专利和专有技术等经营资源建立的店铺。

（3）**特许权**：又叫特许经营权，是指特许人拥有或有权授予他人使用其注册商标、企业标志、专利、专有技术等经营资源的权利。在特许经营权中，品牌和技术是核心——品牌一般表现为特许人拥有或有权授予他人使用的注册商标、商号、企业标志等；技术包括特许人授予被特许人使用的专有技术、管理技术等。

（4）**特许经营费用**：在特许经营关系的存续过程中，为使特许经营能顺利进行，被特许人需要向特许人交纳的费用。特许经营费用通常分为三类：

①**加盟费**：特许人将特许经营权授予被特许人时所收取的一次性费用，体现了被特许人加入特许体系所得到的各种预期利益的价值，同时体现了特许人所拥有的品牌、专利、经营技术诀窍、经营模式、商誉等无形资产的价值。

很多加盟商认为交纳了"加盟费"就应该在后续的经营中免费获得特许商的持续支持，这是一种错误的认识。特许经营中的加盟费只是投资人获得授权资格的入门费用，是对特许品牌无形资产的认可，加盟商后续得到的一系列服务是需要定期支付"特许经营权使用费"或其他相关费用来维系的，因为特许商后续所给予的支持与服务是有成本的，也是特许商今后重要的收入来源。在特许经营中提供无偿服务的特许商通常是短命的，成熟的特许体系需要有双赢的特许经营费用政策。

②**特许经营权使用费**：包括加盟商获准使用特许商开发出来的商标、专有技术等所支付的费用。特许经营权使用费是加盟商必须支付的费用，因为这是特许经营体系发展的经济基础，有了这个长期的收入来源，特许商才能通过不断发展特许经营体系获得更多的长期利益，才有经费为加盟商持续提供更好的支持和服务。

➤知识拓展1-1

特许经营权使用费的收取标准一般有以下几种形式：

1.按固定数额收取

加盟商需定期交纳合同约定数额的费用，而不管这期间加盟店的营业状况如何。对营业状况不同的加盟商收取同样金额的特许经营权使用费，尽管有些不合理，但是对于大多数没有有效手段掌握、核实加盟店营业额的特许商而言，这是最常用的办法。

2.按加盟店定期（通常是按月）营业额的一定百分比收取

这是服务型或产品服务混合型行业特许经营中最常见的做法。目前，国内特许经营品牌这一百分比通常为1%~5%，也有部分国际品牌或加盟店这一百分比超过了10%。

3.按照加盟商采购商品或原材料时采购额的一定百分比收取，或者按照提供给加盟商的商品的成本与最终售价间差额的一定百分比收取

目前很多招募零售专卖店的国内企业表面上并不收取特许经营权使用费，但实际上在供货价格中已经包含了这部分收入。

③保证金：为确保被特许人履行特许经营合同，特许人可要求被特许人交付一定的保证金，合同期满后，被特许人没有违约行为，保证金应退还被特许人。

有些特许商在遇到加盟商询问为什么会少收或者不收保证金时，往往解释说是给其的优惠，这并不是一个令人信服的答复。一个真正对品牌负责任的企业，在某个阶段为了发展特许体系，宁可在加盟费或特许经营权使用费上给予适当优惠，牺牲一些收入，也绝不会少收取用来保障特许体系一性和品牌形象的保证金。

无论特许商收取多少保证金，加盟商一定要注意在特许合同中必须有关于保证金的详细条款，约定收取、扣除、补足、返还保证金的时间、方式、标准、条件等内容，以避免某些不诚信的特许商处心积虑地将加盟商的保证金据为己有。

④广告合作费用：为有效利用双方资源，确保广告投放效果而按一定比例向加盟商收取的费用。

小资料1-1

《商业特许经营管理条例》

经营规范的特许商会主动将广告基金的监督管理条款列入特许经营合同，部分特许商甚至会开设一个专门账户，收支单列，以便让该费用的使用更加透明。《商业特许经营管理条例》第十七条明确规定：特许人向被特许人收取的推广、宣传费用，应当按照合同约定的用途使用。推广、宣传费用的使用情况应当及时向被特许人披露。特许人在推广、宣传活动中，不得有欺骗、误导的行为，其发布的广告中不得含有宣传被特许人从事特许经营活动收益的内容。如果特许合同中没有相关详细条款，投资人在合同谈判时有权要求补充，以避免定期缴纳的广告费成为特许商收入的一部分。

⑤其他费用：除了以上四类之外，有些特许商还会收取一些其他形式的费用，通常是为加盟商提供相关设备、货物供应或其他特殊服务。加盟商有时可自主选择是否

支付这些费用，有时则没有选择的权利。需要注意的是，这些费用并不是每个特许商都要收取的。这些费用有：店铺设计及施工费、辅导培训费、设备购置费、设备维护费、原料采购费用、产品采购费用、信息系统及收银系统使用维护费、商品配送费、意外保险费等。

无论特许商要收取何种其他费用，加盟商都应在签订合同时详细了解该费用对应的产品或者服务的质量、标准要求和保证措施，以及相关经营指导、技术支持与业务培训等服务的具体内容和提供方式，并确保在特许经营合同中有相应条款予以明确。

（5）特许经营数字化：由特许经营过程中产生的数据，驱动特许经营核心业务"特许经营权交易"健康发展的价值传动模式。此处应注意的是，数字化特许经营和特许经营数字化，虽然字面意思非常相近，但是两者的性质却是量变与质变之差。

二、特许加盟的本质特征

特许加盟是拥有产品或服务的企业以其经营资源使用权的授予为核心，以相对低的成本达到快速市场扩张目的的一种商业模式。其本质特征可以从以下几个方面来理解：

（1）特许商必须是拥有注册商标、企业标志、专利、专有技术等经营资源的企业，除此之外的其他单位和个人不得作为特许商从事商业特许经营活动。

（2）特许加盟是特许商利用自己的经营资源与加盟商的资本相结合，来进行市场扩张的一种商业模式。因此，特许加盟模式是市场份额和品牌价值的扩张而不是资本的扩张。

（3）特许商和加盟商之间是一种合同关系，特许加盟本质上是一种民事行为，双方的关系是依赖于特许经营合同而存在及维系的。

（4）特许商与加盟商是相互独立的法律主体和财务主体，各自独立承担对外的法律和财务责任。

（5）加盟商投资开店，对加盟店拥有所有权，但加盟商需要按照合同的约定在特许商统一的经营模式下经营。

（6）特许加盟的核心是无形资产的输出，而很少涉及有形资产或其使用权的输出。特许商对双方合同涉及的授权事项（注册商标、企业标志、专利、专有技术等经营资源）拥有所有权，加盟商通过合同获得的是使用权以及基于该使用权的收益权。

（7）特许商是以其成功的经营资源、成熟的经营模式来开展商业特许经营的，最终目的是获利。因此，加盟商必须向特许商交纳一定的特许经营权使用费用，如果没有这些收入，特许商就无法发展和维持该特许经营体系，并满足加盟商的持续经营和成长需要。

（8）成功的特许经营应该是双赢的合作，特许商只有让加盟商持续获得比独立经营更多的利益，双方的特许经营关系才能有效地长期维持，即特许商需要在经营资源、经营指导、技术支持和业务培训上不断地给予加盟商支持。

三、特许加盟与直营连锁的区别

直营连锁（Regular Chain，RC）又称正规连锁，是指连锁店铺由连锁公司全资或控股开设，在总部的直接控制下，开展统一经营的连锁经营形式。连锁企业总部通过独资、控股或兼并等途径开设门店，所有门店在总部的统一领导下经营，总部对各门店实施人、财、物及商流、物流、信息流等方面的统一管理。一些实力雄厚的大品牌出于品牌维护的需要，往往喜欢采用直营的方式，直接投资在大商场经营专柜或在黄金地段开设专卖店进行零售。直营连锁主要特点包括：所有权和经营权集中统一于总部，由总部集中领导、统一管理，如人事、采购、计划、广告、会计和经营方针都集中统一；实行统一核算制度；各直营连锁店经理是雇员而不是所有者（分店无法人资格）；各直营连锁店实行标准化经营管理。这样的组织形式具有统一资本、集中管理、分散销售的特点。直营连锁与特许经营的区别具体表现为：

1.产权关系不同

这是直营连锁与特许经营最本质的区别。直营连锁属于同一资本所有，各个连锁店由总部所有并直接运营、集中管理；相比之下，特许经营是独立主体之间的合同关系，各个特许加盟店的资产是相互独立的，与总部之间没有资产纽带关系。特许经营总部由于利用他人的资金，能够迅速扩大产品的市场占有率，所需资金较少；而直营连锁的发展更易受到资金和人员的限制。

2.管理模式不同

特许经营的核心是特许经营权的转让，特许人（总部）是转让方，被特许人（加盟店）是接受方，特许经营体系是靠特许人与被特许人签订特许经营合同来维系的。各个加盟店的人事和财务关系相互独立，特许人无权进行干涉。直营连锁店在经营过程中，连锁总部对其经营事务具有决定权。

3.法律关系不同

加盟连锁中特许人（总部）和被特许人（加盟店）之间的关系是合作关系，双方通过订立特许经营合同建立联系，并通过合同明确各自的权利和义务。直营连锁店与连锁总部之间的关系由企业内部的规章制度来规范。

4.涉及的经营领域不完全相同

直营连锁的范围一般限于商业和服务业，而加盟连锁的范围则宽广得多，除商业、服务业、餐饮业、高科技信息产业等领域外，在制造业也被广泛应用。特许经营与连锁经营的关系如图1-1所示。

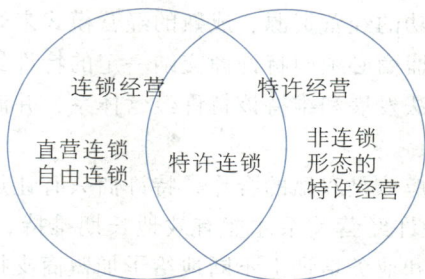

图1-1　特许经营与连锁经营的关系图

与其他连锁形式最大的区别在于，特许连锁加盟店是独立的法人，自主经营、自负盈亏，但在经营管理的许多方面又必须听命于连锁总部。从根本上讲，特许连锁与其他商业模式的最大区别在于它是知识产权的转让。具体而言，特许连锁与直营连锁的比较见表1-1。

表1-1 特许连锁与直营连锁的比较

比较项目	商业模式	
	特许连锁	直营连锁
连锁总部与加盟店的关系	连锁总部与加盟店的关系是一种平等主体间的民事法律关系，双方的权利与义务由签订的特许经营合同约定	连锁总部和直营连锁店之间的关系由企业内部的章程和制度来规范和调整
所有权	加盟店由加盟商投资开设，因而加盟店（主要指有形资产）归投资人所有。但连锁总部依照合同授权加盟商使用的很多经营资源（主要指无形资产）的所有权归连锁总部所有，加盟商只有使用权	直营连锁店由连锁总部或其分公司、子公司投资开设，因而连锁店的有形资产和无形资产实际上都归连锁总部所有
经营权	加盟店由加盟商自主经营、自负盈亏，但必须按照合同约定在连锁总部统一的经营模式下开展经营活动	连锁总部对直营连锁店的各项经营事务均有决定权，各连锁店的经营模式通常高度统一
资金和人员需求	采取招募独立的企业或个人加盟来扩大连锁体系规模，特许连锁利用加盟商的资金、资源和精力投入来快速占领市场，连锁总部用于开店的资金投入和人员储备相对较少	采取直营连锁的模式扩大连锁体系规模。要快速占领市场，连锁总部需要投入足够多的开店资金，并储备大批的门店经营管理人员

四、特许加盟发展现状

1.中国商业特许经营起步晚，但发展迅猛

中国商业特许经营自20世纪90年代开始出现，经过30多年的推广和普及，已经被越来越多的国内企业所采用，并受到广大投资人的青睐。特别是近几年，我国经济持续高速发展，市场环境的变化使商业特许经营在我国进入一个新的发展时期。目前，中国已成为世界上发展最快、市场空间最大，也是投资者和国内外特许经营者最关注的市场。

【延伸阅读1-1】中国连锁经营协会公布"2021年中国特许连锁百强"名单

中国连锁经营协会（CCFA）2022年5月30日公布"2021年中国特许连锁Top100"。

2021年特许连锁百强名单显示，上榜100强企业全年销售规模合计为5 885亿元，同比上年增加了1 112亿元，年增长率达23.6%。百强企业门店总数量达36.6万个，同比增长9.9%，提供就业岗位约500万个。

从销售规模来看，中国特许连锁加盟百强中有16家企业销售规模突破100亿元，有12家企业销售规模介于50亿～100亿元，有38家企业销售规模介于10亿～50亿元，有18家企业销售规模介于5亿～10亿元，其余16家企业销售规模在5亿元以下。

从细分行业来看，特许百强企业中有21家餐饮企业，5家酒店住宿企业，13家汽车后市场企业，9家家庭服务企业，2家房屋中介企业，4家房屋装修企业，8家美容美发企业，5家康体健身企业，6家培训教育企业，1家商务服务企业，14家食品专卖企业，9家非食品专卖企业，3家便利店企业。

欲了解"2021年中国特许连锁百强"名单详情，可扫描二维码查看。

2.商业特许经营在中国已涉及多个行业或业态

对比国际上开展商业特许经营的行业分类，中国已开展特许经营的行业情况见表1-2。

表1-2　　　　　　　　　中国已开展特许经营的行业情况

国际分类	细分行业和业态	国内是否已开展
1.食品零售	综合商店：大卖场、超市、便利店	√
	专卖店：烘焙食品、面制品；熟食、特色食品；甜品、巧克力、冰淇淋；减肥食品、天然食品、保健食品；饮料、酒类、香烟	√
2.餐饮	正餐、快餐、咖啡馆、茶馆、酒吧	√
3.酒店	星级酒店	√
	经济型酒店	√
	汽车旅馆	
4.服装和个人用品	成人服装	√
	儿童服装	√
	内衣	√
	婚礼服装	√
	运动服装、旅行及户外用品	√
	珠宝首饰、手表、眼镜等	√
	配饰、特色饰品	√
	服装和用具出租	

续表

国际分类	细分行业和业态	国内是否已开展
5.家庭装饰和维护，相关工具	家居、家纺、家具的零售与服务	√
	家庭维护、修理、清洁	√
	相关配件和工具的销售与服务	
	卫生与除虫	
	DIY商店	√
	二手家具和用具交易或租赁	
6.不动产服务	房地产中介	√
	装修装饰	√
	商业清洗	√
	建设、翻新、改造	
7.汽车相关产品与服务	品牌汽车销售服务店	√
	汽车配件销售与装配、美容服务	√
	汽车维修与养护	√
	汽车租赁、二手车中介	√
	加油站	√
8.办公、商务产品与服务	办公用品、工具的销售与服务	√
	IT产品、移动电话的销售与服务	√
	快递	√
	复印、翻译等服务	√
	保安、办公室清洁和维护	√
	广告、公共宣传服务，标志标牌制作	
	票务服务	√
	保险、注册、审计、会计、人力资源等服务	
9.教育、培训	英语培训	√
	IT培训	√
	学前教育	√

续表

国际分类	细分行业和业态	国内是否已开展
10.个人护理、美容美发、医疗、药店	美容美发、塑身产品销售与服务	√
	药店	√
	医疗服务	√
	个人护理（病护、月嫂等）	√
11.旅游、体育、休闲	旅行社、户外运动服务	√
	健身场所、足道、桑拿	√
	网吧、KTV等娱乐场所	√
	婚介服务、婚礼服务	√
12.宠物与动物	动物、相关产品或用具零售	√
	护理	√
13.其他专业零售或服务店	书店、音像店等出版业零售店	√
	玩具、游戏零售	√
	礼品、小商品零售	√
	文具、画框、绘画零售	√
	摄影、照片冲洗服务	√
	农资零售	
14.其他	生产资料、原料流通业	√
	生产资料、原料流通业之外	

3.中国商业特许经营在快速发展过程中暴露出来的问题

实践证明，特许经营在提高企业组织化程度、吸纳民间资本、促进中小企业发展、扩大就业等方面起到了积极作用。但是，由于国内营商环境建设的滞后，以及特许企业和投资人自身的原因，特许经营也暴露出来许多问题。

（1）特许经营体系规模小，实力不强。虽然我国特许经营的发展已经进入了成熟期，但特许经营品牌质量良莠不齐，一大部分品牌知名度和影响力不高，加盟商商业素质也有待提高，特许经营体系规模较小，实力较弱，加盟店体系稳定性差，与发达国家相比存在着明显的差距。中国连锁经营协会发布的《2019—2020年度中国特许经营合同纠纷裁判白皮书》显示，虽然有一些特许品牌连续几年保持两位数增长，但是特许人品牌发展中也存在部分无商业价值或商业价值低的品牌，在搭上"特许经营"的"便车"后，为追逐盲目扩张的暴利，夸大或虚假宣传品牌与经营能力，引诱加盟商缴纳加盟费后拒不提供任何经营资源或持续支持，继而引发系列索赔案件，导致特许品牌走向没落。

（2）特许经营行为不规范。具体表现为：

① 总部开展特许经营的准备期短。我国企业从创建到开始特许经营，直营店运行和总部建设的时间普遍偏短，有的公司成立不到一年就从事特许经营。在没有一到两年直营店经营经验的情况下开展特许经营，其特许体系本身往往存在一些缺陷和不成熟的地方，对特许体系下一步的维护和发展容易产生不利影响。

② 特许经营双方互信程度不高。目前，特许总部和加盟商之间缺乏信任的问题较为突出，不诚信是导致纠纷发生和合作关系瓦解的主要原因；总部的准备期短，也是造成加盟商不信任的根源。不信任使得特许经营双方对合作关系的维护缺乏重视，各种短期行为频发。

③ 特许经营权使用费金额偏低，收取方式不科学。国内品牌的特许经营权使用费金额普遍偏低，说明品牌的含金量有限，不足以支撑高水平的运营。同时，特许经营权使用费的收取方式多为定额收取，此种方式也缺乏科学性。

④ 总部融资意识、融资能力不足，融资渠道不畅。资金不足，使得特许企业在总部和直营店的建设、品牌和特许经营体系的建设，以及新产品、新服务的研发等核心方面投入不够，进而无法对加盟店提供有力、持续的支持。

（3）以特许经营之名行商业欺诈之实的情况屡有发生。目前，我国特许经营市场秩序不规范的问题比较突出。如：特许商不具备开展特许经营的基本条件就进行招募加盟商的活动；企业尚无注册商标或经营不到一年就开展特许经营活动；特许商披露信息不规范甚至蓄意欺骗；特许经营双方不遵守经营合同规定，故意违约；加盟商逃缴特许费用、侵犯特许商知识产权等。

更为严重的是，少数不法企业打着特许经营、连锁加盟的幌子实施欺诈，坑害投资者的恶性事件屡有发生，使得投资者利益受损。

【延伸阅读1-2】　**新版《商业特许经营道德规范》发布实施**

在特许经营数字化过程中，消费者的信息保护是特许企业管理的重点之一。中国连锁经营协会特许经营分会执委会对原《特许经营道德规范》进行了修订，加入了保护消费者信息安全的内容。修订后的《商业特许经营道德规范》自2018年9月11日起实施。

《商业特许经营道德规范》（摘录）

第二章　特许者（总部）

第七条　特许者在招募加盟者的过程中，应以书面方式向潜在加盟者提供尽量充分的信息，包括特许者的基本情况、合同基本内容、已开店铺的运营情况、加盟所需投资额、收益预测等，但不仅限于这些信息。

第八条   向潜在加盟者提供的信息，包括广告等宣传资料应当真实、准确，凡直接或间接含有历史或预期的投资收益、经营业绩的数字或资料，应明确来源和依据；加盟者的投资额及其构成应详尽说明。

第九条   特许者应鼓励潜在加盟者和现有的加盟者接触，使其更深入地了解将要从事的特许业务。

第十条   特许者在选择加盟者时，应重点考察其能力、性格、资金实力、事业心等，不应因性别、民族等原因而予以歧视。

第十一条   为保证加盟店所销售的产品和服务保持良好品质，特许者应不断对加盟店进行督导。

第十二条   为使加盟者不断获得适当的收益，特许者应不断改进产品、服务和营销，并向加盟者提供指导、援助和合理的培训。

第十三条   特许者须根据合同规定向加盟者提供优质的材料、产品和服务。

第十四条   特许者应能及时收到来自加盟者的信息并给予解答，应建立一种增进双方沟通、理解和合作制度的机制。

第十五条   特许者应规范使用消费者信息数据，做好消费者数据的管理和保护。

第三章   加盟者

第十六条   加盟者在经营特许业务时，须遵守国家的法律法规。

第十七条   加盟者须详尽、坦白地披露所有被视为在特许者挑选合适的加盟者时不可或缺的信息。

第十八条   加盟者须严格按照特许合同规定及手册标准开展经营活动，接受一切需要的培训及特许者的指导和监督，以维护体系的声誉和统一形象。

第十九条   加盟者须遵守与特许经营权有关的一切资料的保密原则，无论特许经营关系是否终止，除非得到特许者的书面同意，否则不得披露或许可相关人员披露任何该类信息。

小资料 1-3

《商业特许经营道德规范》

第二十条   按时支付加盟费、特许权使用费和其他应缴费用。

第二十一条   加盟者应规范使用消费者信息数据，做好消费者数据的管理和保护。

欲了解《商业特许经营道德规范》完整内容，可扫描二维码查看。

任务二   认识特许加盟的优势和风险

一、特许加盟的"3S"原则

"3S"原则是指特许经营的标准化原则、专业化原则、简单化原则。它是特许经营的优势和竞争力所在，能带来其他商业形式无可比拟的经济效益。

1.标准化（Standardization）

标准化是指为持续性地生产、销售预期品质的商品而设定的既合理又较理想的状态、条件以能反复运作的经营系统。标准化可促进特许经营模式的复制，加强特许经营体系的管理和控制，保持特许经营体系的一致性。

标准化主要表现在作业标准化与企业整体形象标准化两个方面：作业标准化指的是总部、加盟店及配送中心对商品的订货、采购、配送、销售等各司其职，并制定规范的规章制度，整个程序严格按照总部所确定的流程来完成；企业整体形象标准化指的是加盟店的开发、设计、设备购买、商品陈列、广告设计、技术管理均集中于总部，总部帮助加盟店选址、举办培训、监督经营过程等，从而保障各加盟店整体形象的一致性。

2. 专业化（Specialization）

专业化是指企业或个人在某方面努力追求卓越，将工作特定化，并进一步寻求强有力的能力和开发创造出独具特色的技巧及系统。特许经营的三个基本部分——总部、加盟店和配送中心的总体分工要高效，只有各个部门各司其职、有机协调，才能保证特许经营网络的良好运转。这种专业化既表现为总部与各加盟店以及配送中心的专业化分工，也表现为各个环节、岗位、员工的专业化分工，使采购、销售、仓储、财务等领域都有专人负责。

（1）采购的专业化。通过聘用或培训专业采购人员来采购商品可使加盟店享受下列好处：对供应商的情况较为熟悉，能够选择质优价廉、服务好的供应商作为供货伙伴；了解所采购商品的特点，有很强的采购议价能力。

（2）仓储的专业化。专业仓储人员善于合理分配仓库面积，有效地控制仓储条件（如温度、湿度），善于操作有关仓储的软硬件设备，按照"先进先出"等原则收货发货，防止商品储存过久变质，减少商品占库时间。

（3）收银的专业化。经过培训的收银员能够熟练地操作收银机，根据商品价格和购买数量完成结算，缩短顾客的等待时间。

（4）商品陈列的专业化。经过培训的理货员能够利用商品的特点与货架位置进行布置，及时调整商品陈列，防止缺货或商品在店内积压过久。

（5）店铺经理在店铺管理上的专业化。工作能力突出的店铺经理能够游刃有余地把握店铺销售情况，向配送中心订货，监督管理各类作业人员，处理店内突发事件。

（6）公关法律事务的专业化。加盟店通过聘用公关专家，可以通过公众认可的方式与媒体和消费者建立良好的关系，树立良好的企业形象；而通过专职律师来处理涉及公司的合同、诉讼等法律事务能确保公司不出或少出法律问题，保证经营的稳健性。

（7）店铺建筑与装饰的专业化。通过专业的房地产专家、建筑师、商店装饰专家的工作，把店铺建在合适的地点，采取与消费者购物心理相契合的装修方式，使购物环境在色彩、照明、音响、空气调节等方面维持较高的水准。

（8）经营决策的专业化。通过任用资深的店铺经理，加盟店在店铺形态选择、发展区域、扩张速度等方面均可实现决策的专业化，保证决策的高水平。

（9）信息管理的专业化。通过建立或采用配送中心物流管理系统、人力资源管理系统、条形码系统、财务系统、店铺开发系统、连锁集团数据库系统等信息系统，能够及时评价营业状况，准确把握销售动态。

（10）财务管理的专业化。通过任用财务专家可以实现加盟店在融资渠道选择、成本控制等方面的高水平运营。

（11）教育培训的专业化。设立培训基地，任用专职培训人员，能够持续地为加盟店培养高素质的员工。

3. 简单化（Simplification）

连锁经营扩张讲究的是全盘复制，不能因为门店数量的增加而出现紊乱。简单化是指为维持限定的作业，需要创造任何人都能轻松且快速熟悉作业的条件，包括作业流程的简单化和作业岗位活动的简单化。连锁系统庞大而复杂，简单化并不是要把工作流程省略或缩减，而是要将财务、供求、物流、信息等各个系统合理分解，去掉不必要的环节和内容，提高效率，使"人人会做、人人能做"。通过简单化原则可以尽可能地"化繁为简"，集中员工的精力，提高员工的工作效率，减少经验对经营的影响，由此以最短的时间和最小的体力获取最大的效益。在管理实践中，特许人一般会对作业流程和岗位工作中的全部细节进行深入的研究，并通过手册归纳出来，员工按照手册操作，各司其职，各尽其责。

"3S"原则中三者间的辩证关系如图1-2所示。

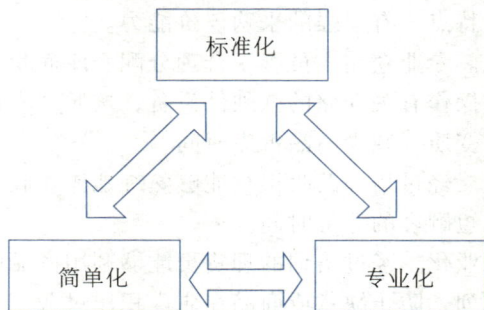

图1-2　"3S"原则中三者间的辩证关系

✅ 互动课堂1-1

麦当劳全世界的餐厅都有一个以红色和黄色为主的"M"形的双拱门；据统计，最适合人们从口袋里掏出钱来的高度是92厘米，所以，麦当劳柜台设计以92厘米为标准；店铺内的布局也基本一致，如壁柜全部离地、装有屋顶式空调系统；厨房用具全部是标准化的，如用来装袋用的"V"形薯条铲，可以大大加快薯条的装袋速度；用来煎肉的贝壳式双面煎炉可以将煎肉时间减少一半；所有薯条均采用"芝加哥式"炸法，即预先炸3分钟，临时再炸2分钟，从而令薯条更香更脆；在麦当劳与汉堡包一起卖出的可口可乐，据测在4℃时口感最好，于是全世界麦当劳的可口可乐温度统一规定保持在4℃；据调查，面包厚度在17厘米时入口味道最美，于是麦当劳所有面包的厚度都是17厘米；面包中的气孔在0.5厘米时最佳，因此所有餐厅面包中的气孔标准都为0.5厘米。严格的作业标准化和企业整体形象标准化使顾客在任何时间、任何一间麦当劳所品尝到的食品品质都是一样的。

互动课堂1-1

分析提示

请从"3S"原则中三者间的辩证关系出发，剖析麦当劳能在激烈的竞争中迅速发展的原因。

二、特许加盟的优势

1.从特许人角度来看特许加盟的优势

特许人利用特许经营实现低成本扩张，借助特许经营的形式，可以获得如下优势：

（1）特许经营的本质是知识产权的转让，通过将成熟的经营方式授权给被特许人，特许人无须出资，就可以从被特许人处获取收益。因此，特许人能够不受资金的限制，在实现集中控制的同时迅速扩张规模，既可赚取合理利润，又不涉及高风险。

（2）从事制造业或批发业的特许人可以借助特许经营建立分销网络，确保产品的市场占有率；同时，被特许人是加盟店的主人，被特许人会全身心投入经营，使得特许人不必兼顾被特许人的日常琐事。

（3）特许经营可以降低特许人的经营费用，实现低成本扩张。随着被特许人数量的增加，特许人的采购规模也随之增加，特许人可以从供应商处获得较大的折扣和较多的优惠，从而降低成本，增强市场竞争力。

2.从被特许人角度来看特许加盟的优势

被特许人借助特许人的商标、特殊技能、经营模式开展经营活动，并借此扩大规模，分享规模效益。这些规模效益包括：采购规模效益、广告规模效益、经营规模效益、技术开发规模效益等。

（1）降低市场风险。缺乏市场经验的投资者在面对激烈的市场竞争环境时往往处于被动地位，选择一家业绩良好且有实力的特许商加盟，借助其品牌形象、管理模式以及其他支持系统，获得多方面的支持，如培训、选址、资金融通、市场分析、统一广告、技术转让等，市场风险可以大大降低。美国中小企业管理部门的统计结果显示，特许加盟店在开业一年内关闭的比例仅为3%～5%。

（2）降低广告费用，分享现有的商誉和品牌。被特许人由于承袭了特许人的商誉，在开店初期就拥有了良好的企业形象和较高的市场认知度。在市场宣传中，总部统一制订广告方案，广告的影响面较大，而各个加盟店分摊广告费用，可使得被特许人在付出较低的成本后获得较为明显的广告效应。

（3）被特许人的货源有保障，成本也有所降低。被特许人既可以享受特许人的低价采购成本，也可以享受总部统一配送带来的优势，节省了寻找货源以及后续保障商品质量的时间和精力，可将更多的时间和精力投入服务消费者中去。

3.从社会角度来看特许加盟的优势

除了特许人和被特许人可以享受特许经营的规模效益外，社会也可以享受特许经营带来的优势。

（1）特许加盟为就业者提供了就业机会，缓解了就业压力。特许经营为劳动者创业、初次就业、转岗就业、下岗再就业等提供了大量的创业或就业机会，有利于就业压力的缓解，有助于社会稳定。

（2）特许加盟为消费者提供了优质的商品与服务。特许人将成熟的经营管理模式授权给各个加盟店使用，使加盟店提高了服务水平，让消费者在各个加盟店都可以享受到相同品质的服务。

三、特许加盟的风险

（1）特许人授权使被特许人得到了一套完善的、严谨的经营体系，但是被特许人很难改变这种经营模式来适应市场和政策的各种变化。另外，由于各个地区消费者的需求不同，特许经营也很难在任何地方都保持持续的优势。被特许人将不得不过多依赖特许人的创新能力，以保持市场竞争力。

（2）特许人会在经营行为、经营环境以及经营方法等方面约束被特许人，因此特许经营的成败大部分取决于特许人的决策，当特许人决策失误时，被特许人会受到很大影响。如果特许人遭遇经营困难，将对被特许人的生意造成不良影响。

（3）在特许经营中，总部与各加盟店使用统一的标志，当加盟店为自身利益作出损害企业形象的行为时，会对总部及其他加盟店产生消极的影响。

（4）特许人出于使特许体系保持统一的需要，会在特许经营合同中设置经营限制，比如：销售区域和营业时间的限制；经营地点和场所的限制（甚至包括外观设计）；商品或服务的种类及价格的限制；对宣传广告内容、形式的控制，对广告费用投入的强制性要求；要求必须使用特许人供应或指定供应商提供的设备、工具、原材料、产品等。

（5）加盟店需要向特许人支付一系列特许经营费用，而独立经营是没有这些费用支出的。

（6）被特许人加入特许经营体系后，退出时通常都会比较麻烦。

总之，特许经营如同一把双刃剑，在为特许人和被特许人提供优势的同时，也存在许多劣势，但对于中小投资者及企业而言，特许经营依然是一个具有吸引力的投资方向。

思政园地

疫情防控期间的特许加盟便利店

2022年4月4日，《我一个人，在上海便利店住了23天》这篇文章在上海乃至全国引起强烈反响，阅读量超过10万。文中的这位名为李娜的罗森便利店的店长，就是一名加盟店店主，她的店坚持24小时营业，为周边小区300多人配送物资，解决了封控期间的物资保障难题。

在疫情期间，坚守的很多便利店都是加盟店，其加盟者也大部分都是从外地来到上海，需要立足的年轻人。可见，疫情期间，加盟店店长的主观能动性是高于直营店的。特许加盟模式的风险共担、风险分散优势在疫情防控期间得以充分发挥，总部在较低的房租、人工成本的情况下，可以把更多的资金和精力用于商品的供应和加盟商的赋能。同时，加盟商一端也可以灵活地调整人工成本，快速复工复产。

　　分析提示：从以上案例中体会特许加盟的优势，提升职业自豪感和使命感，同时培养爱岗敬业的精神。

📘 项目实训

【实训资料】

　　百果园，2001年12月成立于深圳，2002年开出中国第一家水果专卖店。截至2021年，百果园全国门店数突破5 000家，遍布全国90多个城市，在全球建立了200多个水果特约供货基地。百果园已经成为一家集水果采购、种植技术支持、采后保鲜、物流仓储、标准分级、营销拓展、品牌运营、门店零售、信息科技、金融资本、科研教育为一体的水果全产业链企业，也是水果专营连锁业态的开创者。

　　百果园门店已由传统的水果店升级为数字化智能水果店。门店配备的智能监控系统可以用于监控货架商品的陈列及售卖情况；门店数字化也体现在监控客流上，比如根据不同时间段的客流情况，合理安排店内员工的排班，既照顾到客人，也照顾到员工，提高门店的工作效率。百果园的数字化转型入选了《2021CCFA中国特许经营最佳实践案例集》。

　　资料来源　根据百果园百度百科及《2021CCFA中国特许经营最佳实践案例集》资料编写。

【实训目标】

　　通过实训，使学生进一步理解特许加盟的含义、本质特征、优势和风险，能正确评估特许加盟的发展现状，并能初步判断个人是否适合加盟创业。同时，通过实训使学生体会到爱岗敬业的精神在工作中的作用。

【实训任务】

　　请认真阅读上述资料，并查询百果园的特许加盟及其数字化改革的资料，完成下列任务：

　　1.说明百果园在中国的发展现状。

　　2.说明百果园数字化赋能的现状。

　　3.分析百果园快速发展的商业模式。

　　4.讨论该模式对特许人的优势与风险。

　　5.讨论该模式对被特许人的优势与风险。

【实训指导】

　　1.复习相关知识，精心组织，合理确定小组成员。

　　2.指导学生收集整理背景资料。

　　3.指导学生根据案例信息进行分析。

　　4.指导学生根据所学知识评估加盟百果园的优势和风险。

　　5.召开总结会议，进行交流评比。

【实训评价】

根据实训结果，填写表1-3。

表1-3　　　　　　　　　　　　　　　组员表现考核表

评价指标	分值	组员自评（30%）	组内互评（40%）	教师评分（30%）	最终得分
实训态度	20				
实训技能	25				
实训效率	25				
思政素养	10				
团队合作	20				
组员个人表现总得分：					

◆ 项目测试

一、单项选择题

即测即评1-1

单项选择题

1.特许经营是以经营管理权控制所有权的一种组织方式，被特许人投资特许加盟店而对店铺拥有所有权，但该店铺的最终管理权归（　　　）。

A.特许人　　　　　　　　　　　　　　B.被特许人

C.特许人和加盟者　　　　　　　　　　D.两者均不是

2.特许人授权被特许人投资开设一家新店，或者在原有门店基础上按照统一模式改造新店的特许模式是（　　　）。

A.普通单店特许　　B.熟店转让　　　　C.托管特许　　　　D.区域特许

3.一般情况下，当特许体系的门店达到（　　　）家时，可以判断特许体系已经完全成熟。

A.1～10　　　　　　B.11～40　　　　　C.41～100　　　　D.大于100

4.根据规定，在冷静期内被特许人解除合同的条件为（　　　）。

A.双方同意后解除　　　　　　　　　　B.可以单方面解除

C.不可以解除，只可以修改　　　　　　D.以上都不对

5.（　　　）是决定特许经营成功的首要因素。

A.充足的资金　　　B.正确的心态　　　C.家庭的支持　　　D.丰富的知识

6."两店一年"是从事（　　　）的必要条件。

A.自由连锁　　　　B.特许连锁　　　　C.正规连锁　　　　D.直营连锁

7.特许连锁又叫特许加盟，其简称是（　　　）。

A.RC　　　　　　　B.FC　　　　　　　C.VC　　　　　　　D.IC

8.当今主导的特许经营模式是（　　　）。

A.产品和品牌特许　　　　　　　　　　B.生产特许

C.经营模式特许　　　　　　　　　　　D.经营手段特许

9.特许经营的核心是（　　　）。

A.特许经营权的转让　　　　　　　B.资金的转让

C.特许所有权的转让　　　　　　　D.特许技术的转让

10.全球特许经营发展最好的国家是（　　）。

A.德国　　　　　　B.美国　　　　　　C.中国　　　　　　D.日本

二、多项选择题

即测即评1-2

多项选择题

1.特许经营主要分为（　　）。

A.产品和品牌特许　　　　　　　　B.生产特许

C.经营手段特许　　　　　　　　　D.经营模式特许

2.被特许人从特许人处能够分享到的规模效益包括（　　）。

A.采购规模效益　　　　　　　　　B.广告规模效益

C.经营规模效益　　　　　　　　　D.技术开发规模效益

3.被特许人从特许人处获得的支持包括（　　）。

A.选址　　　　　　B.培训　　　　　　C.市场分析　　　　　　D.技术转让

4.下列属于经营模式特许的有（　　）。

A.可口可乐的灌装厂　　　　　　　B.百事流行鞋

C.麦当劳　　　　　　　　　　　　D.马兰拉面

5.做好特许加盟的工作，需要加盟者具有爱岗敬业的精神，具体而言就是（　　）。

A.树立职业理想　　　　　　　　　B.强化职业责任

C.提高职业技能　　　　　　　　　D.抓住择业机遇

三、判断题

即测即评1-3

判断题

1.特许人是特许权的真正所有者。　　　　　　　　　　　　　　　　（　　）

2.特许经营中特许人与被特许人之间不存在有形资产关系，而是相互独立的法律主体，由各自独立承担对外的法律责任。　　　　　　　　　　　　　　　（　　）

3.直营店特许连锁中，被特许人获得特许人授权后，使用其商标、商号、经营模式、专利和专有技术等经营资源建立店铺。　　　　　　　　　　　　　　　（　　）

4.特许经营与其他商业模式的最大区别在于它是知识产权的转让。　　（　　）

5.特许人将自己所拥有的商标、商号、产品、专利和专有技术、经营模式及其他经营标志等授予被特许人使用的一方，通常为法人。　　　　　　　　　　　（　　）

6.专业化是为了利于特许经营模式的复制、利于特许经营体系的管理和控制或保持整个特许经营体系的一致性。　　　　　　　　　　　　　　　　　　　（　　）

7.19世纪中叶，现代意义上的特许经营产生于美国。　　　　　　　　（　　）

8.简单化是指作业流程简单化、作业岗位活动简单化，由此可以使员工节省精力，提高工作效率，以最短的时间和最少的体力支出获得最大的效益。　　　（　　）

9.特许加盟创业的成功率比一般创业要高。　　　　　　　　　　　　（　　）

10.特许加盟成功只和特许人的项目和支持有关，和被特许人没有关系。（　　）

四、案例分析题

小肥羊率先采用标准化原料，统一加工，统一配料。小肥羊各地店铺除了蔬菜在当地采购，以达到保鲜要求外，原材料（包括锅底料、羊肉），皆由包头总部统一配送，即使是当地采购的蔬菜也要按特定的标准切割上桌。把复杂的事简单化，包括不用小料，这些都使后厨标准化容易推广，也因为这种标准化使得产品质量得到保证。

目前，小肥羊已经建成以固阳、锡林郭勒为中心的专用羔羊肉加工基地，具备300万～500万只羔羊的生产加工能力。它的领先之处在于自建羊肉生产基地，拥有一个庞大的标准化原料供应体系，使得原料成本降到最低，质量也能得到保证。

小肥羊的服务标准化是依靠《运营手册》《服务手册》《操作手册》来规范的。这些标准化措施来自小肥羊多年的经验提炼，其核心精神反映的是小肥羊"顾客价值最大化"的理念。在服务上突出了以下两个方面：第一，餐饮服务标准化。服务规范化和标准化，从设备、设施、用品，到服务程序和操作规程都要按照统一的要求和标准执行。第二，餐饮服务超值化。例如，在饭店门口开辟顾客等候区，提供报纸、茶水，向消费者提供超越常规的全方位服务。正因为如此，小肥羊赢得了广大顾客良好的口碑。

试分析小肥羊餐饮服务标准化和餐饮服务超值化的意义。

◆ 学习评价

根据对本项目内容的学习及掌握情况，填写专业能力测评表（见表1-4）。

表1-4　　　　　　　　　　　　专业能力测评表

专业能力	评价指标	自测结果	备注
能正确认识特许加盟	理解特许加盟的含义	□A □B □C	
	掌握特许加盟的本质特征	□A □B □C	
	能区别特许加盟与直营连锁的不同	□A □B □C	
能了解特许加盟的发展现状	了解特许加盟涉及的行业	□A □B □C	
	了解特许加盟的主要问题	□A □B □C	
能分析特许加盟的优势和风险	能分析特许加盟的优势	□A □B □C	
	能分析特许加盟的风险	□A □B □C	
能正确理解"3S"原则	标准化	□A □B □C	
	专业化	□A □B □C	
	简单化	□A □B □C	
思政素养	爱岗敬业	□A □B □C	
	忠于职守	□A □B □C	
教师评语：			
成绩		教师签字	

注：在□中打√，其中，A为掌握，B为基本掌握，C为未掌握。

项目二
特许加盟项目潜力评估与项目选择

■ 学习目标

知识目标：理解专有技术的含义；了解特许加盟成功要素；掌握评估加盟动机的方法；熟悉考量被特许人成熟度的方法；了解合格被特许人的性格特点；了解特许加盟项目评估的要素；掌握选择特许加盟项目的步骤与方法。

能力目标：能分析被特许人加盟动机和加盟条件；能判断个人是否适合特许加盟；能科学评估特许加盟项目；能正确选择特许加盟项目。

素养目标：通过特许加盟项目的评估与选择的教学，使学生体悟"知己知彼，全面分析"在特许加盟工作中的重要性。

■ 项目框架

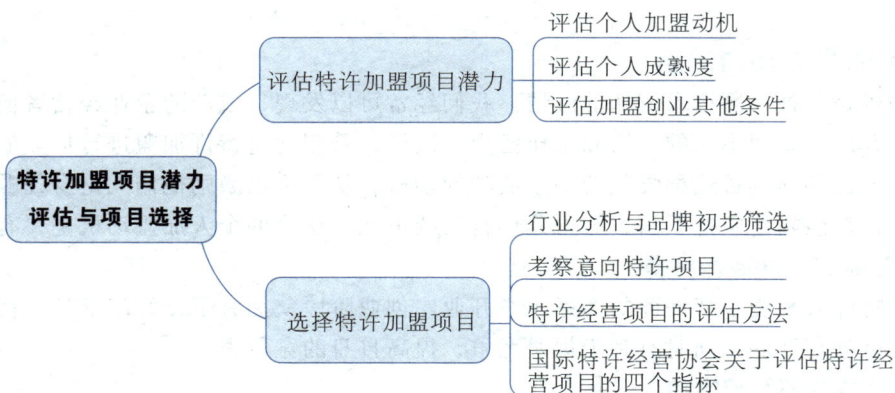

■ 项目导入

　　周华的父母都40多岁，在小区里开了一家日杂用品店，已经经营10多年了。但是近年来，随着便利店的迅速发展，周华发现来自家店买东西的人越来越少。与邻居们聊天后得知，他们现在通常是去品牌连锁便利店购买日用品。周华在学校学过一些特许经营的课程，他知道加盟有很多优势，可以大幅提高加盟店的盈利能力，比如可以利用总部良好的企业形象和较高的市场认知度、货源有保障、进货成本低，并且总部会提供成熟的经营管理模式和一系列的培训、辅导。于是，他就和父母商量，想做特许加盟。但是，自己是否适合特许加盟呢？

　　为了挑选一个好的加盟项目，周华专程来到北京参观2021年第58届中国特许加盟展。虽然他之前已经通过中国连锁经营协会网站查阅了很多企业和品牌的信息，但到了现场还是被展会盛大的场面震撼了，业态丰富、品牌炫目，汇聚了70多个热门品类的领军品牌，仅仅在他最感兴趣的便利店展区，就有近30个便利店品牌参加展览，其中包括7-ELEVEn、全家FamilyMart、罗森等国际便利店和美宜佳、快客、唐久等国内便利店行业的优秀企业。

　　周华面对令人眼花缭乱的各种加盟项目心动不已，他该如何选择适合自己的加盟项目呢？

　　分析：这是一个特许加盟自我评估和特许加盟项目选择的问题。周华要对自己进行再认识，来确定是否适合特许加盟这种创业方式，进而对加盟项目进行可行性分析与选择，找到适合自己的加盟项目。

任务一　评估特许加盟项目潜力

一、评估个人加盟动机

　　动机是一种不懈追求成功的激情。我们经常可以发现，成功的企业经营者们工作勤奋，并总有着用不完的热情和工作潜力。同样，希望通过特许加盟进行创业的潜在被特许人也必须具备这种强烈的渴望成功的动机，从而可以激励他们无论身处顺境还是逆境，都能始终坚持不懈，努力开创自己的事业。正确的个人加盟动机主要有：

1.注重特许商商标品牌

　　被特许人承袭了特许商的商标，在开业、创业阶段就拥有了良好的形象，使许多工作得以顺利开展，同时有利于规避竞争，提高自身的竞争力。

2.注重总部管理支持

　　通过加盟，经营者可以获得许多管理上的协助，如加盟总部可以提供培训、选择店址、资金融通、市场分析、统一广告等支持。

3.注重特许商运营模式

　　加盟提供了一个方式，让潜在加盟者能在缺乏相关知识和技能的前提下进行创业投资。特许经营的核心是特许权的转让，相对于独立经营而言，特许经营能够通过加盟的方式获取经营所需要的各种资源。

4.注重降低投资风险

加盟意味着无须自己探索开创新事业，投资风险低。对于缺乏经验的投资者来说，投资一家业绩良好且有实力的特许商，借助其品牌形象、管理模式以及其他支持系统，其经营风险要显著低于单干。

二、评估个人成熟度

1.具备特许加盟的能力

准备进行特许加盟的潜在被特许人必须具有成熟的心态。也就是说，他必须是一位梦想家，同时是一位现实主义者，即必须保证自己的创业梦想是基于现实且经过努力可以实现的，又要能看到自己的局限并想方设法突破它，这就是成熟。

（1）接受特许人战略的能力。特许加盟被人们形象地比喻为"拥有自己的事业却不需要自己操心"，某种程度上确实如此，但是这个利益具有双重性。一方面，作为一名特许加盟创业者并不孤独，从特许体系中可以得到大量可依赖的资源，当遇到困难时会有专业人员来指导并帮助解决。另一方面，因为特许体系是一个业已存在的、成熟的体系，所以被特许人改变它的能力非常有限。对事情怀疑、想要改变产品线或产品颜色或以自己的方式行事的人在特许体系中可能不会快乐。潜在被特许人希望成为一个快乐的被特许人，就必须愿意遵循业已存在的特许人战略并且不介意听从指挥。

（2）接受多数人意见的能力。在特许加盟过程中，特许总部和被特许人之间可能存在对立的观点。作为一名被特许人，将有机会表达自己的观点，但更为重要的是需要有耐心来倾听各方面的声音，并且能接受大多数人的意见，因为对整个特许体系而言，这一意见往往是最佳的选择。

（3）受到指正时温和地接受的能力。确保每个被特许人都遵循特许体系的战略并协调一致是特许人的重要职责所在。在特许加盟过程中，如果特许人认为被特许人在门店运营方面投入的精力不足，或者认为被特许人的某些行为存在疏忽，或认为被特许人的经营偏离了方向，那么都会提出指正建议。作为潜在的被特许人，如果难以接受别人的建议或批评，就可能不适合进行特许加盟创业。

（4）高度信任特许人的能力。特许人和被特许人的利益是紧密联系在一起的，特许人通过向被特许人收取权益金来获取报酬，而特许人向被特许人收取的权益金的数额一般和被特许人门店的营业额或利润直接相关，所以，为了自身利益，特许人会尽可能地帮助被特许人提升经营业绩。在特许加盟过程中，为了提升整个特许体系的经营管理水平，提高特许体系的经济效益，特许人会经常推出一些新方法和新政策。为此，被特许人需要高度信任并支持特许人，在领会其精神的基础上主动接受新的尝试。

（5）拥有较强的沟通能力。被特许人要想获得特许加盟成功，就需要具有较强的沟通能力，能够经常开诚布公地与总部的专家进行沟通。一方面，被特许人与总部分享自己的经营经验和感受，会让特许人对他的情况了解得愈加清晰，也就越有可能更好地为他提供具有针对性的指导和帮助。另一方面，总部的专家可以与被特许人分享他们关于单店运营方面的知识，并向被特许人提供来自可信任机构的各种相关信息。

（6）接受特许加盟协议并遵守运营手册的能力。被特许人在经营过程中，必须遵循其与特许总部签订的协议以及总部所提供的运营手册，虽然按运营手册来做会让一些被特许人感受到压力，但这是保证特许加盟的标准化和特许体系的良性运转必不可少的要求。这样做也是被特许人的义务，是建立良好特许关系的前提，潜在被特许人在加盟前对这一点必须有清醒的认识。

2.具备特许加盟者的特质

一项调查认为，成功加盟者的特质主要有六项，它们都是可以通过学习得到的。

（1）追求卓越的动机。加盟创业者常常会挑战自己设立的标准，去追求更具挑战性的目标，具有很高的成就动机。通过设立有一定高度但通过努力就可达到的目标，加盟创业者能集中精力，精算各种机会，他们也可借此排定优先级，并衡量自己的成果。成功加盟者重视自己正直形象的树立，他们说了就会去做，这种高标准的个人特质使他们具有良好的人际关系，也使他们的事业更持久。

（2）发现和把握商机的能力。加盟创业者应具有长远的预见力，才能够抓住转瞬即逝的商机。这种远见卓识，对当前和未来市场的敏锐洞察力，对自身所处的产业、顾客与竞争态势的熟悉，使他们能掌握机会，创造机会，走上创业成功和可持续发展之路。

（3）较强的风险承受能力。加盟创业通常伴随较高风险与不确定性，事业的范围和规模越大，其能够取得的成就往往也越大，需要承受的心理负担也就越重。同样，对于加盟创业者来说，没有一定的冒险精神是什么也干不成的。成功的加盟者愿意承担风险，以增加他们成功的机会。他们也会和别人分享经验，小心设定想达到的目标，寻求达成的方法。

（4）极强的心理承受能力。加盟创业者有不同的品位、个性及道德水平，但有一点他们都是相同的，就是从不放弃。这个特质比其他特质都重要，因为有此项特质的加盟创业者可以克服难以想象的障碍，弥补其他弱点。加盟创业者生活在极大的压力之下，首先让公司能生存，然后还要能成长。一个新事业需要耗费很多的时间、情感与精力，因此极强的心理承受能力也就成了加盟创业者的重要素质。加盟创业者在方向、目标确定之后，就朝着既定的目标一步一步走下去，纵有千难万险，迂回曲折，也不轻易改变初衷，半途而废——要知道一个项目通常得经过3～5年或更长的时间之后才能收回投资。

（5）团队合作和社会交际能力。加盟创业者不会单打独斗，他们会建立一个团队，信任团队成员，给予团队成员适当的权责，使他们成为能完成任务的英雄。他们具有凝聚团队成员共识、一起为共同目标努力的能力。他们会以自己愿意被对待的方式去对待别人，会和真正有贡献的人分享财富。这种团队合作精神，使得事业可以变得更大更好。

（6）创造力、自信力与适应力。面对高度的不确定性和极其快速的变化，企业必须快速、有效地反应。加盟创业者要相信自己的控制力、影响力，并相信自己能影响结果。成功加盟者能看到最细小的地方，并且具有概念化的能力，他们愿意承担运营的失败责任，愿意采取行动去处理没有人能解决的问题。成功加盟者有很强的适应力，他们总想知道自己表现的结果，常使用反馈的方式去获得相关的信息，这也是从错误中学习。

> **知识拓展 2-1**　　　　　　　　　**成功被特许人个性特点的重要程度**

　　新英格兰大学对成功被特许人的个性特点进行了调查，得到了成功被特许人对下列个性特点重要性的认识程度，可以为准备通过特许加盟方式进行创业的潜在被特许人提供一些启示和参考（见表2-1）。

表2-1　　　　　　　　　　　成功被特许人个性特点的重要程度

个性属性	重要	非常重要	总计
努力工作的愿望	21.9%	78.1%	100%
追求成功的欲望	34.4%	65.6%	100%
承受压力的能力	31.2%	68.8%	100%
良好的人际沟通能力	37.5%	62.5%	100%
管理能力	46.9%	53.1%	100%
独立自主性	46.9%	53.1%	100%
充足的财务支持	65.6%	25%	90.6%
承担风险的态度	59.4%	28.1%	87.5%
远见	40.6%	43.8%	84.4%
家庭的支持	21.9%	53.1%	75%
曾有经营自己事业的经验	56.2%	18.8%	75%
经营管理经验	28.2%	15.6%	43.8%

　　资料来源　韩肃，尹健．特许经营原理与实务［M］．北京：中国劳动社会保障出版社，2009．

> **知识拓展 2-2**　　　　　　　　　**梅比人格类型量表介绍**

　　梅比人格类型量表（MBTI）是当今世界上应用最广泛的性格测试工具，它是一种迫选型、自我报告式的性格评估工具，用以衡量和描述人们在获取信息、作出决策、对待生活等方面的心理活动规律和性格类型。MBTI从以下四个维度进行人格测试。

1.内倾（I）-外倾（E）维度

该维度用来表示个体心理能量的获得途径和与外界相互作用的程度，即个体的注意力是较多地指向外部的客观环境还是内部的概念建构和思想观念。外倾型个体经常先行动后思考，而内倾型个体经常深于思考而疏于行动。

2.感觉（S）-直觉（N）维度

该维度又称非理性维度或知觉维度，表示个体在收集信息时注意的指向，即倾向于通过各种感官去注意现实的、直接的、实际的、可观察的事件，还是对事件将来的各种可能性和事件背后隐含的意义、符号及理论感兴趣。感觉型的个体被视为具有实际意识，而直觉型个体被视为具有改革意识。感觉-直觉维度在解决问题过程中有重要的作用。

3.思维（T）-情感（F）维度

该维度又称理性维度或判断维度，用于表示个体在作决定时采用什么系统，即作决定和下结论的方法，是客观的逻辑推理还是主观的情感和价值。

4.知觉（P）-判断（J）维度

该维度用以描述个体的生活方式，即倾向于以一种较固定的方式生活（或作决定）还是以一种更自然的方式生活（或收集信息）。判断型个体倾向于以一种有序的、有计划的方式对其生活加以控制，他们期望看到问题被解决，习惯于并喜欢作决定。而知觉型个体偏好于知觉经验，他们不断地收集信息以使其生活保持弹性和自然。

以上是人格类型的四个维度，根据这四个维度可以组合成十六种不同的性格特征。每个人的性格都落足于四种维度每一种中点的这一边或那一边，我们把每种维度的两端称为"偏好"。例如，如果你落在外向的那一边，就可以说你具有外向的偏好；如果你落在内向的那一边，就可以说你具有内向的偏好。

三、评估加盟创业其他条件

1.资金状况及收益预期

创业需要资金，加盟者在开始创业前，必须仔细检查自己的资金状况，明确有多少资金可以投到生意中去。此外，加盟者还需要确定自己正准备进入的项目能否满足自己的收入预期。由于特许加盟所特有的收益分配方式，被特许人必须将经营收益中的相当一部分上交给特许人，所以，希望通过特许创业来获得过高的收益水平是不太现实的。如果加盟者期望通过创业来获得高收入，就必须认真地考虑这个问题。

2.兴趣和经验

职业兴趣是人对某种社会职业的爱好。一个人如果对某种职业感兴趣，他在学习和工作中就能全神贯注、积极热情，甚至富有创造性地完成工作，即使面对重重困难也绝不丧失信心。有关资料表明：如果一个人对他从事的工作感兴趣，就能够发挥其全部才能的80%～90%，并且能较长时间保持高效率而不感到疲劳。而对工作缺乏兴趣的人，只能发挥其全部才能的20%～30%，且容易精疲力竭。

案例点评 2-1

　　林清慧上大学后，除了认真学习，她还一直利用业余时间在零售店打工。她做过奶茶店、寿司店、甜品店的店员，她的工作包括摆放货架、发送货物、帮助顾客挑选、收银、订货和统计销售报表等。林清慧很喜欢零售工作，她特别喜欢像摩提工房那样的甜品店，渴望毕业后自己也拥有一家店铺。

　　超过半数的被特许人曾经是店员，或者具备为顾客提供辅助性服务的经历。这样的经历可以成为成功创立并经营零售店的起点。请简要写下你的工作喜好，你的从业经历，或者记录一下朋友的经验以及如何盈利的建议，这将为你提供一个很好的观察创业的视角。

　　被特许人作为门店的日常经营管理者，要想获得员工和顾客的信任和支持，就必须熟悉自己的生意及所处的行业。当然，不可能指望一个人熟悉所有的行业，也并不意味着潜在被特许人加盟创业时只能选择一个自己熟悉但并不喜欢或没有前景的项目。对潜在的被特许人而言，特许人的培训是开展经营所需知识的重要源泉，因此要积极参加特许人组织的各种培训。此外，这一难题可以借助引入拥有所需专长的人才来解决，比如为了经营一家连锁餐饮店，就可以通过聘请一位有经验的厨师来帮助自己保证所提供菜品的品质。

▷ 知识拓展 2-3　　　　　　　　霍兰德六种职业类型

　　在长期从事职业指导和咨询实践的基础上，霍兰德首次提出了自己的理论观点——职业兴趣就是人格的体现，从事同一职业的人存在着共同的人格，并能划分为不同的类型。霍兰德最早提出了六种职业环境，并认为环境的性质是其所属成员典型特征的反映，它给相应人格类型的人提供了发挥其兴趣与才能的机会，并能强化相应的人格特征。这六种职业类型为：现实型、研究型、艺术型、社会型、企业型、常规型。

　　1.现实型（Realistic）。具有这种倾向的人会被吸引去从事那些包括体力活动并且需要一定的技巧、力量和协调性才能承担的职业。这些职业的例子有森林工人、耕作工人以及农场主等。

　　2.研究型（Investigative）。具有这种倾向的人会被吸引去从事那些包括较多认知活动的职业，而不是那些以感知活动为主要内容的职业。这类职业的例子有生物学家、化学家以及大学教授等。

　　3.艺术型（Artistic）。具有这种倾向的人会被吸引去从事那些包括大量自我表现、艺术创造、情感表达以及个性化活动的职业。这类职业的例子有艺术家、广告制作者等。

　　4.社会型（Social）。具有这种倾向的人会被吸引去从事那些包括大量人际交往内容的职业，而不是那些包括大量智力活动或体力活动的职业。这类职业的例子有心理医生、外交工作者以及社会工作者等。

　　5.企业型（Enterprising）。具有这种倾向的人会被吸引去从事那些包括大量与他人关联的语言活动的职业。这类职业的例子有管理人员、律师以及公共关系管理者。
　　6.常规型（Conventional）。具有这种倾向的人会被吸引去从事那些包括大量结构性的且规则较为固定的活动的职业，在这些职业中，雇员个人的需要往往要服从组织的需要。这类职业的例子有会计师以及银行职员等。

3.家庭支持

　　强大的家庭支持对潜在被特许人的创业非常重要。通常情况下，潜在被特许人要筹集到足够的加盟资金往往必须依靠家庭的鼎力支持。所以，当潜在被特许人有了特许加盟的想法后，就要积极争取家庭中其他成员对自己创业想法的支持。而且，潜在被特许人还需要让家人明白，在接下来的几年中，生意将成为放在第一位的事情，工作时间会变得更长并且没有规律，收入也将会变得不如以往稳定。

☑ 互动课堂2-1　　　　开展特许经营前的自我测试

　　以下有20道测试选择题，请选择最接近自己的选项，全部完成后再对比最后的评分标准，看看现在的你是否适合做加盟商。
　　请注意，这是要求你填写自己的真实想法和做法，而不是问你哪个答案最正确，备选项目也没有好坏之分。不要猜测哪个答案是"正确"的或哪个答案是"错误"的，以免测验结果失真。
　　1.你的年龄？
　　A.25岁以下或55岁以上　　　　　　　　B.45～55岁
　　C.25～35岁　　　　　　　　　　　　　　D.35～45岁
　　2.你对体面的生活感兴趣吗？
　　A.当然，买的彩票中一次大奖就行
　　B.不知道，我觉得现在活得就很舒服
　　C.当然，只要不用工作得太辛苦就行
　　D.我的机缘无限，肯定能通过自己的努力实现理想
　　3.你明确自己的目标，并且准备坚持完成它们吗？
　　A.我没有制定目标的习惯，有没有无所谓
　　B.我以前没试过，不过，如果你告诉我怎么做，我愿意试试
　　C.是的，我的目标就是通过投资来创业，至于是自己独立创业还是加盟一个品牌还没想好
　　D.我的目标是通过加盟一个好的品牌，在我喜欢的行业成就自己的事业，要不然我投资做什么
　　4.驱使你通过加盟成就自己事业的动力有多强？
　　A.我必须独立经营管理吗？我投资找别人经营行吗？
　　B.不太确定，让我想一想
　　C.如果我专心去做，我的加盟店走向成功应该只是时间问题

D.我有能力通过加盟一个好的品牌成为一名成功者

5.你是否有足够的精力和体力去适应日复一日，甚至没有节假日的经营活动？

A.什么？做了投资人还得努力亲自经营加盟的项目？

B.OK，只要还能在周末和晚上休息就行

C.当然，我不在乎劳累，只要有钱赚

D.当然，为了自己事业的成功我不惜任何代价

6.你有足够的资金帮你渡过加盟初期的难关吗？

A.我加盟的项目开始经营后，每个月的收入首先得还贷款（还债）呢

B.我最多能扛住3个月的困难期

C.我预留了至少半年的流动资金，够吗？

D.我在其他方面还有投资和收入，资金不是问题

7.你的亲朋好友支持你吗？

A.我想加盟后再跟他们说比较好

B.这一点我不太清楚

C.只要能让我高兴，他们都会支持我

D.他们会与我共进退，他们将是我创业计划的一部分

8.你的个人意志有多强？

A.我不喜欢这个问题，它让我紧张

B.我自认为很坚强，只要外界的干扰不是很大

C.我坚信自我价值和自己创造、把握机缘的能力

D.坚如磐石，我就是自尊、自信、自强的化身

9.你认为排除前进道路上的阻碍，努力完成任务是乐趣吗？

A.可有些事情可能永远也完不成

B.哪有什么真正完成了的任务

C.我有时会直接避免障碍，免得造成麻烦

D.我一贯这么想，也这么做

10.你喜欢解决问题吗？

A.不，我讨厌有问题

B.特许商不是应该为我解决问题吗？

C.是，我喜欢尝试解决各种问题

D.是，解决问题能力强是我最大的优势

11.在急需作出决策的时候，你是否经常想：再让我仔细考虑一下吧！

A.经常　　　　　　B.有时　　　　　　C.很少　　　　　　D.从不

12.你在作出重要的决定时常忽视其后果吗？

A.经常　　　　　　B.有时　　　　　　C.很少　　　　　　D.从不

13.你是否因不愿承担艰苦的事情而寻找过各种借口？

A.经常　　　　　　B.有时　　　　　　C.很少　　　　　　D.从不

14.你是否为避免冒犯某个或某几个有相当实力的客户而有意回避一些关键性的问题，甚至表现得曲意奉承呢？

A.经常　　　　　　　B.有时　　　　　　　C.很少　　　　　　　D.从不

15.你是否无论遇到什么紧急情况，都习惯先处理琐碎的、容易做的日常事务？

A.经常　　　　　　　B.有时　　　　　　　C.很少　　　　　　　D.从不

16.你是否常来不及躲避或预防困难情形的发生？

A.经常　　　　　　　B.有时　　　　　　　C.很少　　　　　　　D.从不

17.你是否有较强的心理承受能力去接受可能出现的挫折和失败？

A.加盟了还会有失败，特许商是不是应该弥补我的损失啊

B.没经历过，到时候才知道

C.暂时的挫折我想还是能承受的，只要最终能赚钱

D.投资嘛，收益与风险总是相伴的，只要我尽力了就无怨无悔

18.你喜欢与人交往吗？

A.我不太擅长与人交往

B.我与人交往比较被动，一般与熟悉的人交往多

C.我性格外向，喜欢与人交往，只要是不讨厌的人

D.是，我擅长与各种不同背景、不同文化层次的人打交道

19.你喜欢与人共事吗？

A.我只想一个人干

B.是的，和训练有素的人一起工作能提高效率

C.没错，不过不同的人要不同对待

D.正是因为和别人一起融洽共事才让工作变得有趣

20.你喜欢让别人替你做自己不愿做的事吗？

A.经常　　　　　　　B.有时　　　　　　　C.很少　　　　　　　D.从不

计分标准：

1.选A得1分，选B得2分，选C得3分，选D得4分。

2.40分以下说明你的个人素质与加盟者/创业者相去甚远，打工也许更适合你。

3.40～49分，说明你不算勤勉，应彻底改变拖沓、低效率的缺点，否则创业只是一句空话。

4.50～59分，说明你在大多数情形下充满自信，但有时犹豫不决，不过没关系，有时候犹豫也是一种成熟、稳重和深思熟虑的表现。

5.60～80分，说明你会是一个高效率的经营管理者，更会是一个成功的加盟商，你还在等什么呢？

任务二　选择特许加盟项目

一、行业分析与品牌初步筛选

一旦投资人确定自己适合加盟创业，并通过自我分析确定了自身的条件和个人特

点，就可以开始寻找并选择一个最适合自己的特许品牌。这个过程通常可总结为：依据自身的条件和个人特点，分析感兴趣的行业，确定最适合的行业，然后在该行业中逐一分析不同品牌的特许经营体系，最后再作出决定。

1.特许加盟行业分析

俗话说"男怕入错行，女怕嫁错郎"，投资人在开启创业历程时，首先就是选择一个适合自己投资的行业，并对目标行业内的众多特许品牌进行初步筛选。从最新年度中国特许连锁百强名单中，投资人可以发现哪些行业在各业态中排名靠前。

在选择行业之前，投资人要尽可能地获取有用的信息，以帮助自己作出正确的决定。目前，获取信息的主要来源包括：

（1）特许经营展会。国内每年都会举行一些特许经营展会（如中国特许加盟展），这类展会是投资人认识市场和特许品牌的重要途径。参加专业展会有许多好处，比如能准确了解特许经营市场状况、获得特许品牌的详细情况、结识特许企业的授权人员乃至负责人，但是展会的商业性质决定了它不可能将各行业和品牌的真实情况完整地展现出来。

（2）商务主管部门网站公布的备案特许经营企业名单。《商业特许经营管理条例》确立了特许经营企业的"备案制度"，明确规定：特许商应当自首次订立特许经营合同之日起15日内，依照本条例的规定向商务主管部门备案。在省、自治区、直辖市范围内从事特许经营活动的，应当向所在地省、自治区、直辖市人民政府商务主管部门备案；跨省、自治区、直辖市范围从事特许经营活动的，应当向国务院商务主管部门备案。

投资人可通过商务主管部门的政府网站查询合法特许经营企业的基本情况，以规避投资风险。

（3）中国连锁经营协会官方网站。中国连锁经营协会（CCFA）作为在民政部注册的连锁经营/特许经营领域唯一的全国性协会组织，遵循《商业特许经营管理条例》对协会组织的要求，为正确引导与保护投资加盟者利益，推进我国特许经营健康、稳定地发展，受商务部委托承担了起草《商业特许经营备案管理办法》与《商业特许经营信息披露管理办法》的工作。同时，中国连锁经营协会官方网站还为投资人提供有关特许经营加盟投资的信息服务。该网站定期发布经严格审核入会的特许企业会员资料和动态，并公示每年获得"中国优秀特许品牌奖"的特许品牌。

【延伸阅读2-1】

为了进一步提升企业的商品力，鼓励连锁企业积极发展自有品牌，促进创业带动就业，有效提振消费与扩大投资，浙江省连锁经营协会展开了浙江省连锁业"浙江省最具成长力特许品牌"和"2022浙江省优秀特许品牌"评选活动。

获奖名单见表2-2、表2-3。

表2-2 浙江省最具成长力特许品牌（节选）

序号	品牌	企业名称
1	启真教育超市、启真便利	杭州新宇贸易有限公司
2	课间物语、启真生活+	浙江启真实业发展有限公司
3	之上	温州之上便利店有限公司
4	云胖	台州市云胖餐饮企业管理有限公司
5	鲜目录	杭州将太餐饮管理有限公司

表2-3 2022浙江省优秀特许品牌（节选）

序号	品牌	企业名称
1	联华 Lianhua	杭州联华华商集团有限公司
2	十足	十足集团有限公司
3	物美	浙江物美众联超市有限公司
4	罗森、LAWSON	浙江罗森百货有限公司
5	万客缘、吉客	浙江万客隆商贸有限公司
6	驿佰购	浙江高速商贸经营管理有限公司
7	明康汇	明康汇生态农业集团有限公司
8	久加久	浙江久加久科技股份有限公司
9	鲜丰水果	鲜丰水果股份有限公司
10	百草味	杭州郝姆斯食品有限公司

资料来源 摘自浙江省连锁经营协会微博。

（4）特许品牌的连锁店。投资人了解目标行业和目标特许品牌，获得某特许品牌信息的一个重要途径就是以顾客身份光顾其连锁店，在消费中体验、感受其产品和服务，并通过店内员工或者负责人了解该店的经营情况、该品牌特许经营体系的情况，从而分析判断此品牌是否值得投资。通常情况下，这种方式比去特许商指定的"样板店"获得的信息更真实，投资人应详细记录以备使用。

（5）特许品牌的广告宣传。通常，特许商可能会通过电视、报纸、杂志、互联网等媒体进行不同形式的广告宣传，来达到以下两种目的：

第一，提升特许品牌的知名度和美誉度，促进各连锁店的销售，同时有利于特许经营体系的快速扩张。

第二，向潜在加盟商宣传和介绍其特许经营体系、招募加盟商的条件和方式，推动特许经营体系的扩张。

由于招募加盟商的广告宣传与特许品牌宣传的目的不同，两者宣传内容也就存在很大差异，招募加盟商的广告宣传通常会重点传递其经营模式的特色，突出该特许经营体系的优势，以吸引投资人。因此，投资人可通过特许企业的广告宣传了解有用信息，但应注意这些信息都是经过商业包装的，只能用于参考，不要作为投资决策的主要依据。

（6）互联网。随着互联网在中国的快速普及，上网查询已经成为投资人初期获得特许行业、品牌和企业信息最重要的手段。目前，在各行业相关协会的网站、特许品牌的企业网站、行业性网站、特许经营/招商/投资创业类的商业网站、博客、论坛上，投资人能查找到十分丰富的信息。同时，经常浏览"洞见研报""发现报告"等网站和小程序，也能够及时获得和了解相关行业信息。

上网查询的优势是能及时、低成本地获得有关各行业市场、特许品牌等文字、图片乃至影像信息，包括历史信息，使投资人不需要直接会晤特许商就能对某行业、某特许经营体系有较详细的了解。但是，由于网上的信息鱼龙混杂，投资人要具有一定的分辨能力和分析能力，在现实市场中调查核实，以免被人误导。

投资人在初期应收集有关特许商的基本信息包括：

① 特许企业的名称、地址、联系方式；

② 特许企业的经营范围，以及从事特许经营活动的基本情况；

③ 特许企业成立的时间和开展特许经营的时间；

④ 特许企业的组织结构和员工的基本情况；

⑤ 该特许体系已有的直营店和加盟店数量，其分布地域、联系方式；

⑥ 该特许商采用的特许经营模式；

⑦ 该特许商目前的数字化水平如何；

⑧ 该特许品牌的知名度和美誉度如何；

⑨ 特许商提供的产品或服务是否被消费者认可，在本地市场的发展空间如何；

⑩ 特许经营的产品或者服务的质量、标准是否符合法律、行政法规和国家有关规定的要求；

⑪ 该特许体系选择加盟商的标准和对店址的基本要求；

⑫ 特许经营费用的组成及金额；

⑬ 开店的基本投资额，其主要的组成部分；

⑭ 特许经营合同的期限；

⑮ 网民或媒体对该特许企业及品牌的正面或负面评价；

⑯ 该特许商是否已在商务主管部门备案；

⑰ 该特许商是否为中国连锁经营协会会员。

2.行业分析与品牌筛选的原则

（1）原则一：个人的兴趣与愿景。投资人在选择行业时，首先应考虑自己是否对投资该行业有兴趣、有成功的愿景，这是决定加盟店能否持续获利的关键因素。

中国连锁经营协会调查发现，如果加盟商只是为了养家糊口或者仅仅为了获得经济利益，对所从事的行业不感兴趣，则其经营基本不会长久。俗话说，好餐馆的老板即使不是厨师出身，也多半是美食家，就是这个道理。

因此，投资人要反复分析比较预选的行业，选择的意向行业一定要符合自己的兴趣，且本人有在该行业成就一番事业的强烈愿望，这样加盟后才会有足够的热情把加盟店经营好、经营长久，创业成功的概率才高。

（2）原则二：成长性与获利性。虽然说"没有不赚钱的行业，只有不赚钱的企业"，但是单就加盟特许经营体系而言，一个行业、一个品牌的成长性与获利性是相辅相成的互动关系，投资人对行业和品牌的选择必须基于对本地市场的深入了解和分析。

中国人投资，"追热门随大流，寻冷门赚大钱"是一种普遍的心态，在特许经营领域也是如此。很多人追随的热门行业，虽然表面上本地市场仍在扩张，但已经赶不上新进入竞争企业增长的速度，必然会导致行业内的过度竞争，对于新进入的加盟商来说，项目的获利性肯定大受影响。

也有很多人喜欢寻找新兴的、竞争对手少的冷门行业，但进入后才发现，这个行业尚需长期培养消费习惯，也许将来的某个时期会有比较好的市场前景，但目前的低现金流根本谈不上获利。

从表面上看，这类现象是由投资人的投资知识和理念不成熟造成的，但从操作层面分析，如果事先对目标行业在本地市场的成长性和获利性进行了细致严谨的分析，这类风险其实是可以避免的。

（3）原则三：个人的资金实力与投资回报预期。目前，不同行业、同一行业不同品牌的加盟投资额和回报期差距很大，相应的经营管理复杂程度和投资风险差别也很大。投资人在分析行业和品牌时，应重点考虑自有资金实力和对投资回报的预期。

对于投资人来说，投资并维持一个加盟店正常经营运作，有充裕的资金投入是前提。筹建期的资金投入和日常经营的资金开支会受到许多不确定因素的影响，勉强够用乃至高额负债的资金状况往往会令投资人因偶发事件而遭遇危机。

因此，加盟投资额和投资回报，不能盲目按特许商提供的投资分析来估算，一定要理性分析，留出充分的余地。

总之，投资人对行业和品牌进行比较选择时，需要重点关注以下几方面：

第一，必须基于本地市场对该行业进行理性分析，尤其要关注投资水平、经营特点以及行业自身特性等方面。在幅员辽阔的中国，由于收入水平、消费需求、消费习惯的巨大差异，同一个行业、同一品牌在不同地区、不同时期，其投资回报差异很大。

第二，进行特许行业和品牌比较时一定要多去特许品牌的连锁店实地调查，以消费者身份去体验，而不要一时头脑发热或片面听信他人分析，毕竟"耳听为虚，眼见为实"。

第三，缺少行业经验或在该行业开展经营所需基本知识的投资人，应优先选择针对大众消费市场、市场相对成熟且今后消费需求依然大、在本地市场今后几年还能有较快发展的行业。

第四，有行业经验的投资人可选择熟悉的、针对小众细分市场，或选择市场尚不成熟，但不久将在本地市场进入快速成长期、潜在收益较高的行业。

第五，筛选行业和品牌时应注意调查其加盟店的业务是否稳健发展。毕竟对于加盟店的经营而言，市场推广、开发并留住客户是最重要的，也是最难的，对加盟商和特许商而言都是如此，不要奢望特许商帮你做好业务。

二、考察意向特许项目

投资者在将自己的人力、物力和财力投入特许经营体系之前，应该进一步从现有的加盟商及特许总部那里了解该特许经营体系的相关信息。

1.与特许商初次接触

除了特许经营展会外，与特许商的初次接触通常是通过电话进行的。一般来说，第一次谈话是投资者对特许商某些宣传活动的反应。与特许商初次接触后，投资者应要求特许商提供一套书面资料（如特许加盟宣传手册），以便了解该品牌基本情况、经营模式和加盟店的相关信息。

2.访问该特许经营体系的加盟商

根据特许商提供的加盟店信息，以及来自互联网的信息，投资者可对现有的加盟商进行调查访问，从多角度了解加盟商运营情况，重点关注以下问题：

（1）你是什么时候加盟这个特许品牌的？加盟店初期、稳定期、波动期的经营状况如何？

（2）你为什么要选择这个特许品牌？你加盟前希望从该特许经营体系中得到什么？加盟后实际得到了哪些？哪些没有得到？为什么？现在如果有机会重新选择，你会如何选择？

（3）你有什么样的背景或从商的经历？

（4）在经营过程中你遇到过什么样的问题？特许商帮助你解决了吗？

（5）在经营中你最不满意的是什么？你与特许商之间的合作关系怎么样？

（6）你对特许商给予你的培训、督导和其他支持服务满意吗？存在哪些问题？

（7）你能给我哪些建议？

将调查访问得出的结论与特许商披露的文件、宣传手册中提供的信息进行对照、分析。同时，访问该体系中那些经营失败的加盟商，向他们提出同样的问题。然后，比较两组答案，以分析该特许商所宣传的商业模式的真实性。如果成功的加盟商是因为拥有那些失败的加盟商所缺乏的背景和经历，那么你应该在这些方面对自己的优势和劣势作出切实的分析。

3.评估特许商是否真正具备开展特许经营的条件

（1）确定特许商是否具备开展特许经营的条件是维护自身权益的基础。《商业特许经营管理条例》第一章和第二章对从事特许经营应具备的条件进行了明确：

① 拥有有权许可他人使用的注册商标、企业标志、专利、专有技术等经营资源的企业。

② 拥有成熟的经营模式，并具备为被特许人持续提供经营指导、技术支持和业务培训等服务的能力。

③ 拥有至少2个直营店，并且经营时间超过1年。

④ 特许经营的产品或者服务的质量、标准应当符合法律、行政法规和国家有关规定的要求。

（2）正确理解《商业特许经营管理条例》中的专有术语。

① 专有技术。**专有技术**特指未公开的、未取得工业产权法律保护的制造某产品或者应用某项工艺以及产品设计、工艺流程、配方、质量控制和管理等方面的技术知识。只有同时具备"秘密的、核心的、可识别的"这三个条件才能被称为专有技术。比如"经营模式"，现在特许商吸引投资人不再只靠产品或服务，还必须有完整的、被认可的、预计可盈利的经营模式。加盟商获得成功的经营模式才能在最有利的条件下开展经营。何谓"成熟的经营模式"，没有定论。但是，经营模式是否成熟，是可以从若干方面进行衡量的，如是否拥有完备的经营管理制度和特许经营操作手册等。

② 直营店。它是特许经营成功复制的蓝本。直营店的数量、经营时间和经营业绩十分关键，两家以上成功的直营店能表明经营模式的可复制性，1年以上的经营时间是验证其经营模式是否可行的必要条件。通常，直营店在特许经营体系中的作用主要体现在三个方面：

第一，验证授权给加盟商的专有技术、经营模式等是否可行；

第二，新加盟商的培训中心；

第三，新产品、新服务及其他经营资源的实验室。

③ 其他条件。具体包括特许商具备持续提供经营指导、技术支持和业务培训等服务的能力，主要表现在特许商制度建立、人才配备、产品配送、培训、督导等方面。

4.特许商的业务要素评估

（1）评估特许商的产品或服务。了解特许经营项目应从考察特许商的产品或服务着手，重点了解产品的品质、稳定性、可复制性和特色。良好的产品或服务是开展特许经营的基础。加盟商尤其需要注意特许商的产品或服务是否具有特色，即特殊的卖点或优越性能，因为产品或服务的特色越显著，越能突显加盟店的特色。另外，为了在激烈的竞争中取胜或站稳脚跟，特许商的产品或服务也应该具有特色。

特色通常是可以设计的。比如，特许商的产品或服务并不特殊，但在采用了独特的销售方式、流通渠道或是加入独具特色的商业包装后，能够以与众不同的方式呈现给消费者时，就形成了产品或服务的特色。

此外，加盟商还应注意产品或服务的季节性。如果其季节性比较突出，那么特许商是否较好地解决了这个问题，是否进行了比较充分的试点经营？特许商是否有研发部门或人员，是否有持续的产品或服务研发计划，这也很重要。对于以出售产品、提供服务为主的特许商，加盟商可以带着疑问进行全面考察。

对于特许加盟项目的评估，加盟商还可以从以下方面来考察。

①技术性。时代越发展，技术越重要。技术性越强，则越容易形成行业的进入壁垒。

②经济性。盈利作为企业经营的根本目的，既是维持简单再生产的前提，也是扩大再生产的基础。

③先进性。落伍的产品或服务早晚要被淘汰，先进性是加盟商在相当长的时间内可以依赖特许经营事业实现自我价值和加盟目标的保证。

④竞争性。优胜劣汰是现代市场竞争的规律，未来的市场竞争只会愈加激烈，没有竞争力的特许加盟体系迟早会被淘汰。

⑤可持续发展性。加盟商要避免落入昙花一现式的特许经营体系的陷阱，应从可持续发展的角度选择加盟的方向。

⑥环保性。绿色环保是时代发展的大趋势，这也是负责任的加盟商必须考虑的问题。

⑦合法性。显而易见，加盟违法的事业赚取的不是价值和利润，而是危险和毁灭。

⑧市场性。特许经营体系所推出的产品或服务有稳定的市场需求是其不断发展的前提，加盟商一定要关注准备加盟特许经营体系的市场容量。

⑨时代性。随着社会的发展，个性化、品位化的消费渐成趋势，特许经营体系及其产品或服务的时代性是使这份事业充满活力的源泉。

⑩可复制性。如果经营模式不能为加盟商所复制和运用，那么其肯定不适合做特许加盟。

（2）了解特许经营体系建设情况。了解特许经营体系建设情况，应着重了解特许商在日常管理、经营运作、专有技术、特许经营合同的主要条款、开业支持、品牌宣传与营销、培训督导、产品供应与物流配送、企业文化建设等方面的具体做法和规定。

（3）搞清楚加盟双方的盈利模式。必须核实真正的投资成本，如加盟费、权益金、保证金、租金、设备、店铺装修费用、人工成本、流动资金、保险金、产品价格等，以便评估自己是否有充足的资金开展这样一项加盟业务。

进行投资的可行性研究，测算投资回收期，评估特许授权期限的合理性，如能否覆盖一个合理的投资回报周期。

5.特许商的管理水平评估

特许商具备明确的发展目标，对于加盟商而言非常重要。具备明确发展目标的特许商在经营过程中会特别注意运作的规范性，包括持续推广业务，尽力支援各加盟商的发展等。当然，特许商的发展目标必须是以事实为依据、真实可信的。

加盟商应通过特许商的组织结构图了解其管理运作的方式，如总部设置的机构、各机构的职能、负责人情况等，除了关注管理团队的专业性和可信赖程度外，还要关注与特许加盟体系密切相关的职能设置和资源配置。

　　管理团队的才能和经营水平是特许商不断发展的关键。管理者的才能表现为既有原则性，又有灵活性。其中，高层领导者的才能应该是首先要关注的。很多特许商的宣传手册中都会描述高层领导者的创业经历和工作经验，这是了解管理者素质的重要途径。

　　人员流失率的高低在一定程度上可以反映一个企业的经营管理水平。当然，有些企业人员流失率较低也可能是因为其薪酬福利较为优厚。但总体而言，特许加盟总部人员流失率不应该超过20%，否则就不太正常。

　　加盟商还应留意特许商其他加盟店的情况。通过了解各店的发展情况，可以更直接、全面、深入地掌握该特许商的实际运作情况，降低上当受骗的可能性。

6.特许商可提供的支援评估

　　选择特许加盟，加盟商自然希望能使用特许商已经打响的品牌，并希望在特许商强有力的支持和帮助下迅速走上正轨，取得良好的经济效益。在这里，特许商能否给予支援及能给予多大程度上的支援对加盟商来说关系重大。特许商提供的支援是否足够，可以从以下几方面来考察：

　　（1）特许商应为加盟商提供全面的培训。一般情况下，大多数制度完善的特许商都会提供一套系统的培训课程，让加盟商对如何经营和管理一家门店有较为明确的认知，其中包括：如何做计划、如何申请银行贷款、如何选择适当的开店地点、如何做预算、如何安排人力、如何开展该业务、如何进行店铺日常作业等。

　　（2）特许商应为加盟商提供业务指导和协助。加盟商在经过相应培训之后，对经营和管理一家门店有了思想上的准备和行动上的认知，但在具体开业操作时，还需要特许商凭借丰富的经验加以指导。

　　（3）特许商应为加盟商提供开业后的各种后续服务。为了使加盟店永远保持最佳状态，还需要特许商不断向加盟商提供各种后续服务，以协助加盟商拓展业务，持续盈利。这些后续服务包括：提供货源、市场调查测试、研发新产品和改进产品质量、实地监控、技术保障、整体业务咨询、市场推广等。

　　当然，特许商对加盟商的支援是多方面的，加盟商一方面要了解特许商提供了多少项支援，另一方面还要了解这些支援的效果。例如，对于特许商提供的市场推广服务，加盟商不仅要知道一年的广告费用是多少、主要的广告媒体、宣传的次数，还要了解广告的制作水平、在社会上的影响力及特许商有无指定的广告公司等。

7.特许商费用评估

　　加盟商若想使用特许商的品牌并得到其全力支援，必须向其交纳一定的特许经营费用。一家成功的特许商必须经过相当长时间的努力，才能树立起自己独特的形象，为广大消费者所接受，并使加盟店健康、有保障地发展。特许商为加盟商开创了通向成功的道路，这种付出理应得到回报。

　　特许商收取费用的方式有很多，有些是逐项逐次列明费用，有些是一次性买断特许经营权，以后各不相干，但大多数是把收费期限定得较长，以保证双方长久合作。加盟商在签订合同时，应逐项认真研究，衡量费用支付方式的利弊，最好咨询专业人士，以免将来被动。

8.合作条件及合约内容评估

特许经营合同是联系加盟者与加盟总部之间关系的纽带，是维护加盟双方权利和义务的法律保证。由于合同条款是由特许商起草的，一定会在最大限度上维护特许商的利益，因此加盟商在研读时要格外仔细，避开不利条款的陷阱。

加盟商在选择特许商时，一定要小心谨慎，不要操之过急，务必全面深入地了解特许商的经营情况和特许经营计划，然后再作决定，这样才能保证加盟创业取得成功。

三、特许经营项目的评估方法

对一个特许经营项目的评估应分为三个部分：加盟店数量、加盟店经营状况和项目整体质量。

1.加盟店数量

特许经营项目的成熟度与加盟店的数量之间是正相关关系，加盟店数量越多，项目越成熟，投资也越安全。加盟店数量与项目成熟度、风险之间的关系见表2-4。

表2-4　　　　　加盟店数量与项目成熟度、风险之间的关系

加盟店数量（家）	项目状态	风险系数
1~10	项目正处于摸索与起步阶段，许多内容正在设计或试验之中。总部为了推广该特许经营体系已投入了大量资金，目前正急于招募加盟商，加盟该特许经营体系后能否成功不得而知	较大
11~40	总部有一定的运营经验，项目虽然成熟，但结构尚未完善，各加盟店经营状况有好有坏	有一定的风险
41~100	项目已经接近完善和成熟，总部的市场运营经验丰富	较小
100以上	项目进入稳定发展阶段，品牌运营比较成熟	很小

2.加盟店经营状况

通常认为，加盟店的经营状况与加盟可行性直接相关，加盟店的美誉度、成功率、独特性、竞争性、获利性等是主要的评估对象，见表2-5。

表2-5　　　　　加盟店经营状况与加盟可行性

序号	评估对象	评估内容	评估结果	参考建议
1	美誉度	目标顾客对该项目的认可度	60%认可	可考虑加盟
			80%赞不绝口	可以积极加盟
			认可者不到30%	最好不要加盟
2	成功率	直营店	最少应有10家直营店，且9家以上是盈利的	可以加盟
3	独特性	总部的产品或服务	有独特性	可以加盟
4	竞争性	特许经营品牌的竞争地位	领导者	可以加盟

序号	评估对象	评估内容	评估结果	参考建议
		市场占有率	20%以上	
5	获利性	产品或服务的毛利率	低于25%	不要加盟
			25%～40%	可以加盟
			40%以上	最佳加盟对象
6	必需性	需要总部提供产品或服务的频率	1～2天1次	最佳加盟对象
			每周1次	佳
			每月1次	差
7	损益性	以每月营业额计算的损益平衡点	小于1 000元	最佳
			1 000～2 000元	佳
			2 001～4 000元	一般
			4 000元以上	差
8	投资额	最初投资额	25万元以下	最佳
			25万～40万元	佳
			40万元以上	差
9	难易性	外行人达到熟练经营所需要的培训时间	接受培训1周，实习1周，开店后辅导1周	可以进入，否则难度大
10	支持力	总部提供的经营策略、辅导人员素质、任职时间长短、企划活动是否有效等	有效	可以加盟
11	控制力	加盟制度是否完善，具体包括：营业管理系统及执行办法；加盟店的人力、物力、财力支援系统；顾客管理办法；订单流程管理系统；持续和分阶段的教育培训办法	完善	可以加盟
12	合作性	加盟条件、合同条款是否合理，有无律师进行有关指导和提供咨询	合理且有律师指导	可以加盟
13	未来性	是否为成长性行业，是否越来越为消费者所依赖	是	可以加盟
	总计	以上13项可按5个等级评分：优级10分，佳级8分，普通6分，略差4分，极差2分。最后考察以上13项的总分	100分以上	可以放心加盟
			80～100分	需考虑能否接受总部的缺点
			80分以下	最好不要加盟

3.项目整体素质

项目整体素质与加盟可行性之间的关系可以从六个方面进行评估，见表2-6。

表2-6　　　　　　　　　　　项目整体素质与加盟可行性

序号	评估对象	评估内容
1	综合性评估	产品或服务、连锁范围、既存店情况、加盟店歇业原因、新产品或服务发展趋势、竞争态势、加盟店分布情况、加盟条件
2	特许经营总体评估	名称、地点、是否为上市公司；若非上市公司，负责人的信用状况如何
3	财务及法律评估	专家咨询（法律、财务、经营管理）；加盟成本分析（开业资金、给付总部费用、哪些费用可以退还）；财务支援（总部是否提供资金给加盟者？如提供，利率多少？）
4	培训评估	初期培训（时间长短、费用、课程）；后期培训（课程、费用）
5	市场营销评估	如何销售产品或服务？如何获得销售指南？目标顾客是谁？总部广告预算多少？如何选择媒体？对加盟店提供何种促销支持？
6	总部的协助评估	经营者与管理者是谁？有哪些服务部门？是否有专人提供经营指导？

四、国际特许经营协会关于评估特许经营项目的四个指标

国际特许经营协会提出了评估特许经营项目的四个标准，并给出了每种标准的参考指标，见表2-7。

表2-7　　　　　国际特许经营协会评估特许经营项目的四个标准及其重要度

标准名称		重要度	
总部与加盟店的相处状况	总部的态度和服务	42%	17%
	总部与加盟店关系的评价		25%
公司成长和管理品质		22.50%	
公司稳定性		20.50%	
财务绩效		15%	

总之，行行有规矩，对一个特许经营项目的评估越详细越好。不同行业都有自身的特点，简要概括如下：

（1）便利店：投资额不高，收益稳定，关店率较低，抗风险能力强。开业初期或没有从业经验的加盟商会比较辛苦，不要期望短期内得到太多收益。

（2）餐饮店：毛利率高，分类较细。其中，火锅、快餐因标准化程度高或中央配送相对容易复制，中西式正餐较麻烦，故多以直营为主。餐饮店经营情况千差万别，是转让率最高的业态之一。

（3）家装行业：应当重点考察总部的支持力度，了解其是否有直营店，经营情况如何。加盟商需要对行业有较全面的了解，资金实力较强。

（4）美容美发：在社区中立足，毛利率很高，但业态有些混乱，应选择专业、诚信守法、商誉良好的品牌体系。

（5）教育类：以服务为主导，对教师的要求很高，口碑、店址的辐射区域往往决定经营前景，应注意是否有特殊的资源要求或设有行业门槛。

（6）美体健身：作为新兴业态，装修、器械成本较高。由于多采用预收款会员制，因此要特别注意总部是否限制加盟商发卡，是否对发卡、售卡有严格的申请和备案要求。

（7）修鞋洗衣：与店铺位置和人气有关，大品牌较有保证。

（8）连锁酒店：投资额较高，竞争激烈。

（9）汽车后服务市场：市场容量很大，行业发展前景不错，但要看其提供的服务与产品本身是否受到肯定，而且店址的选择、店铺的形态很重要。

思政园地

知己知彼，百战不殆：用全面调查保护加盟者切身利益

2022年，复旦大学教授孙金云的研究团队公布了一份《餐饮特许加盟研究报告》，这份报告的研究对象是门店在20家以上、相对头部1 004个餐饮品牌及其遍布全国的461 311家门店。调研发现，餐饮行业"特许加盟"过程中，存在着虚报收益、占用保证金、假冒名牌、兜售信息等现象，揭示出可能损害加盟者利益的不当经营行为。

面对一些非知名品牌，其加盟成本、利润等数据主要来自品牌方，加盟者无法通过第三方验证，甚至全凭品牌方的"忽悠"。

"山寨品牌泛滥"是餐饮业受到的另一个困扰。以奶茶店"鹿角巷"为例，其山寨门店数量是正牌的40倍，疑似蜜雪冰城山寨门店数则达到了1 225家。其中，"鹿角巷"品牌曾出现过"真店114家，假店7 000多家"的情况。报告还显示，不开放加盟品牌却存在虚假官网的品牌比例高达83.3%，品牌乐乐茶的虚假官网多达11个，不开放加盟品牌的平均虚假官网数为1.7个。

因此，作为加盟者一方面自己需要诚信经营，另一反面在加盟创业前需要做翔实的调查，不盲目相信广告，也不盲目跟风所谓的品牌。

资料来源　王烨捷．报告显示：餐饮特许加盟存在低报投资额、高估毛利等现象［EB/OL］．［2022-12-01］．https：//baijiahao.baidu.com/s？id=1748194672114590890&wfr=spider&for=pc.节选．

分析提示：正所谓"知己知彼，百战不殆"，加盟者需要注意"没有调查，没有发言权"，通过事前收集资料和认真分析，保护自身利益不受侵犯。

🔷 项目实训

【实训资料】

周华从中国特许展武汉站拿到了自己有意向加盟的三家企业的资料，分别是绝味鸭脖、快客便利、福奈特。三个项目分别属于不同的行业，接下来，他将进一步收集资料，进行评估，确定项目，作出最终的选择。

【实训目标】

通过考核，明确学生所掌握的收集特许加盟项目信息的方法，能够依据项目评估内容开展评估，掌握评估的方法、标准，对项目进行选择。同时，使学生体悟广泛调查、全面调查在工作中的重要性。

【实训任务】

请认真阅读特许经营项目分析表（见表2-8），查找相关背景资料，完成下列任务。

表2-8　　　　　　　　　　　　　　特许经营项目分析表

一、特许经营企业基本情况				
序号	问题	是	否	不确定
1	特许人对待我是公平和公开的吗？			
2	能否判断该企业遵守国家的法律法规开展经营？			
3	是否允许我自由支配时间，而不对我进行干涉？			
4	员工是否合格并具有专业知识？			
5	特许人是否诚实？			
6	特许人对我所有问题的回答是否令我满意？			
7	特许人的声誉是否良好？			
8	特许人的财务状况是否良好？			
9	我得到的所有材料是否清楚和易于理解？			
10	特许人和他的关键员工有无刑事犯罪记录？			
11	特许人是中国连锁经营协会的会员吗？			
12	特许人被收入《中国特许企业名录》了吗？			
13	特许人企业有内部通讯期刊吗？			
14	特许人有免费咨询电话（800）吗？			

续表

二、特许经营企业营销			
序号	问题	是	否	不确定
1	产品或服务已被证明成功了吗?			
2	产品或服务有持久力吗?			
3	这一行业的前景好吗?			
4	特许人的前景好吗?			
5	特许人的经营是全国性的吗?			
6	这一项目在我选定的区域能发展起来吗?			
7	这一项目能否实现我的个人价值?			
8	特许人有全国性的广告计划吗?			
9	特许人能否在当地广告方面对我进行帮助——或者是经济上的,或者提供广告创意?			
10	特许人是否拥有解答疑问的客户服务部?			
11	特许人能否为我提供促销指导?			
12	特许人是否提示过我市场在哪里?目标顾客是谁?核心产品是什么?			
13	我了解自己所处的竞争环境吗?			
14	特许人对开发新产品或新服务是否有计划?			
15	我有排他的地区保护措施吗?			
16	产品或服务是否受到专利法、商标法、著作权法的保护?			

三、营运			
序号	问题	是	否	不确定
1	是否需要我全职进行这一经营?			
2	我能否在家里工作?			
3	如果对问题2的回答是否定的,我能否租赁所需的设备?			
4	如果对问题3的回答是否定的,特许人是否会在店面的设计、建筑、装修或融资方面帮助我?			
5	特许人是否提供经营操作手册?			
6	我能否从特许人之外购买设备、耗材和原料?			
7	这一特许经营项目能否让我生活得更好?			

续表

序号	问题	是	否	不确定
8	在雇用员工方面我是否有自主权？			
9	各种财务比率是否令人满意？			

四、合同

序号	问题	是	否	不确定
1	加盟费多少体现了吗？			
2	特许经营权使用费多少体现了吗？			
3	从特许人处采购的要求明确了吗？			
4	广告费用多少体现了吗？			
5	被特许人的责任和义务体现了吗？			
6	特许人的责任和义务体现了吗？			
7	营业区域大小的要求体现了吗？			
8	培训需求体现了吗？			
9	合同终止条款体现了吗？			
10	合同续签体现了吗？			
11	融资帮助体现了吗？			
12	免责条款体现了吗？			

五、培训

序号	问题	是	否	不确定
1	最初培训的费用包括在总加盟费中吗？			
2	这一最初培训对我经营这一项目是否足够？			
3	在最初培训之外，特许人是否还提供持续的教育服务？			

1.进行加盟潜力自我分析。

2.分析三个特许加盟项目所属行业特征。

3.评估三个特许加盟项目。

4.根据分析结论，写出评估报告，将它们分别评为第一、第二、第三名。

【实训指导】

1.复习相关知识，精心组织，合理确定小组成员。

2.查找三个特许加盟项目的背景资料。

3.根据所学的知识对三个项目进行分析。

4.对调查信息进行评估和判断。

5.根据评估结果撰写特许加盟项目报告。

6.召开总结会议，进行交流评比。

【实训评价】

根据实训结果，填写表2-9。

表2-9　　　　　　　　　　　　　　　　　组员表现考核表

评价指标	分值	组员自评（30%）	组内互评（40%）	教师评分（30%）	最终得分
实训态度	20				
实训技能	25				
实训效率	25				
思政素养	10				
团队合作	20				
组员个人表现总得分：					

项目测试

一、单项选择题

即测即评2-1
单项选择题

1.一般情况下，当特许项目的门店达到（　　）时，可以判断该特许项目已经完全成熟。

A.1～10家　　　　　B.11～40家　　　　　C.41～100家　　　　　D.100家以上

2.在正式与特许人签约前至少（　　）日内，应向特许人索要其须公开的文件资料。

A.5　　　　　　　　B.10　　　　　　　　C.20　　　　　　　　D.30

3.一般而言，特许加盟总部人员流失率不应该超过（　　），否则属于不正常。

A.5%　　　　　　　B.10%　　　　　　　C.20%　　　　　　　D.30%

4.从经营状况与加盟可行性的角度看，特许加盟项目的获利性指标中产品或服务的毛利率（　　）为最佳加盟对象。

A.低于25%　　　　B.25%～30%　　　　C.30%～40%　　　　D.40%以上

5.加盟商多是中小投资者，本身有一定的资金压力，有些行业资金回流较慢，要根据自己期望的（　　）来选择行业。

A.毛利润率　　　　B.净利润率　　　　C.市场占有率　　　　D.资金回报率

二、判断题

即测即评2-2
判断题

1.任何潜在被特许人在加盟一个特许经营项目之前，都必须经过一番认真思考。

（　　）

2.一个刚从国外引进的成功的特许经营总部是值得信赖的，因为其有国外成功的经验。

（　　）

3.被特许人选择赚钱的热门行业，不必在乎自己的兴趣，这样也能取得成功。

（　　）

4.被特许人在经过相应培训之后，对经营和管理一家门店有了思想上的准备和行动上的认知，就可以独立营业了。（　　）

5.不做调查就没有发言权，不做正确的调查同样没有发言权。谨慎的调查研究是特许加盟工作成功与否的重要基础。（　　）

三、案例分析题

心怀创业理想的大学生袁新哲在特许展上参观了很多特许加盟的项目后，一个便利店加盟的项目引起了他的注意。对于采取特许加盟的方式创业，他也有很多疑惑：

（1）自己适合便利店特许加盟吗？

（2）他还需要掌握项目的哪些信息？

（3）有哪些信息收集渠道和分析方法？

请你运用所学知识为他解答一下疑惑。

学习评价

根据对本项目内容的学习及掌握情况，填写专业能力测评表（见表2-10）。

表2-10　　　　　　　　　　专业能力测评表

专业能力	评价指标	自测结果	备注
能判断个人是否适合加盟	正确的加盟动机 个人成熟度高 其他有利条件	□A □B □C □A □B □C □A □B □C	
收集信息能力	信息渠道准确可靠 信息全面真实有效	□A □B □C □A □B □C	
项目分析能力	评估内容要素全面 评估方法采用适当 评估标准制定合理	□A □B □C □A □B □C □A □B □C	
项目选择能力	能合理选择行业 能合理选择品牌	□A □B □C □A □B □C	
思政素养	知己知彼 全面分析	□A □B □C □A □B □C	
教师评语：			
成绩		教师签字	

注：在□中打√，其中，A为掌握，B为基本掌握，C为未掌握。

项目三
特许加盟模式选择

■ **学习目标**

　　知识目标：理解单店盈利模式、单店特许、区域特许、二级特许、复合特许的含义；理解单店盈利模式的四要素；掌握单店特许加盟模式的特点；理解区域特许加盟模式的特点。

　　能力目标：能区分不同的特许经营加盟模式；能掌握不同加盟模式的优缺点；能根据自身情况选择合适的加盟模式。

　　素养目标：通过对特许加盟盈利模式的学习，能够理解与时俱进、实践创新的精神在特许加盟工作中的重要性。

■ **项目框架**

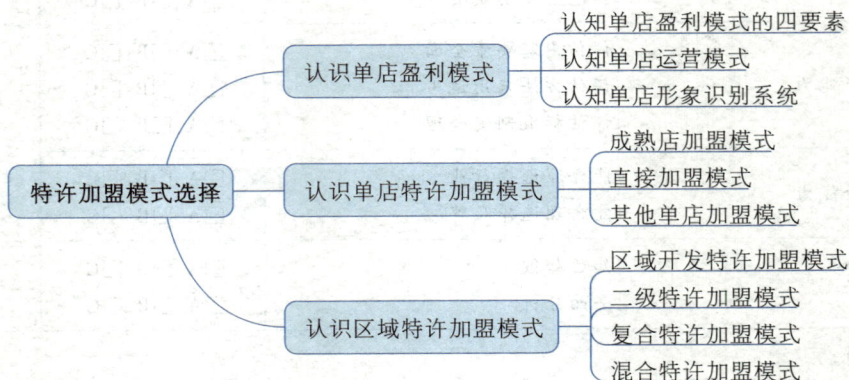

■项目导入

2022年，周新路从大学毕业，找到了一份零食专卖店的工作。经过三年的努力，她一步一步升到了店长的职位，对于零售单店的各方面业务都很熟悉。一天，她在逛街时发现了一家名叫"一点一刻"奶茶的饮品店，买了一杯，喝起来味道还不错，看看排队买奶茶的人们，周新路想或许自己也可以开一家这样的饮品店，加盟当老板。于是她开始上网搜索"一点一刻"奶茶加盟的信息。她发现，可以只开一家店铺，也可以成为某一片区域的总代理。如果成为区域总代理，可以在此区域内自由开办直营店，实现垄断式的经营，独享此区域的利润；若不开直营店，还可以发展加盟店，然后收取相关的费用，更能够得到原料的返利收入。那么，周新路究竟该选择哪一种加盟模式呢？

分析：这是一个如何选择加盟模式的问题。周新路需要了解奶茶店盈利的模式是什么，加盟模式都有哪些，每种加盟模式的特点、优缺点是什么，然后根据自己的实际情况选择适合的加盟模式。

任务一　认识单店盈利模式

盈利模式是指企业通过自身以及利益相关者资源的整合形成的一种实现价值创造、价值获取、利益分配的组织机制及商业架构。

单店盈利模式是单店获取盈利的方法和策略的组合，并且这种方法和策略的组合已经在总部的前期试点中获得了成功，从而可以作为一个固定的模式在加盟店中进行推广。单店盈利模式是单店运营系统的核心所在，也是被特许人考察选择特许经营体系的主要内容之一。下面将从顾客定位、选址模型、商品/服务组合、关键经营策略四个方面对单店盈利模式的这四个要素进行说明。

一、认知单店盈利模式的四要素

1.顾客定位

顾客定位是门店运营管理中的一个重要概念。对于特许经营体系中的单店来说，顾客定位指的是明确单店的目标顾客群，并精准地锁定目标顾客群的消费偏好。也就是说，要明确：门店所服务的顾客是谁？他们具有什么样的特征？他们具有什么样的消费观念、购买习惯？他们有什么样的独特需求？

在单店盈利模式的四个构成要素中，顾客定位是核心的要素，其他要素的设计都要围绕单店顾客定位来展开。只有事先明确了客户的需求，才能够弄明白应该为顾客提供什么样的价值，以及如何更好地为顾客提供其所需的价值，包括店面如何选址、如何营造店面氛围，提供什么样的产品和服务，采取什么样的定价和促销策略等。

【延伸阅读3-1】　　　　　**喜家德水饺精准定位顾客，打造高端环境**

2002年，高德福在老家黑龙江鹤岗开了第一间喜家德水饺店，开始专注于他的水饺事业，梦想打造出知名的水饺品牌，让全世界的人都能够尝到东北水饺的美味。如今，全国各地的喜家德门店数量超过500家，遍布50多个城市，员工数量也有8 000多人。喜家德也成为中国水饺领域的"领头羊"企业。

不同的群体有不同的饮食习惯，喜家德正是通过分析不同年龄段的人群对饮食的喜好，来精准定位目标客户群的。

处于低龄阶段的孩子们喜欢吃甜食，爱吃零食不喜正餐；18～35岁这个年龄段的年轻人，大都青睐重口味的食物，而且喜欢追寻新鲜刺激的事物，网红食品是他们就餐时的首选；年龄在35岁以上的消费者，大部分人已经有了家庭，出门就餐通常以家庭为单位，这个年龄段的人会更加注重健康饮食，关注孩子生长发育所需的营养。根据分析比较的结果，喜家德将目标群体锁定在18岁以下、35岁以上的消费者身上，并且围绕这部分群体打造更符合他们的消费理念的产品，满足他们的消费需求。

处于消费升级时代，人们对餐厅的环境要求更高了，不仅仅要求餐厅整洁、卫生，更注重用餐时餐厅能够带来的舒适体验。环境高端是喜家德的装修标准，20多年来，喜家德的门店装修成本从每平方米1 000元到如今的3 000元，只有往上抬没有往下跌的时候，并且使用高品质的材料，力求给消费者提供良好的用餐环境。

2.选址模型

（1）选址模型的概念。选址对单店经营非常重要，在特许经营投资中，与店址相关的投资是其中数额最大、周期最长，也是灵活性最小的一种投资。单店经营的成败在很大程度上依赖于其位置，门店所处位置、规模、占用方式以及成本，直接影响着目标市场定位、商品或服务组合以及单店的销售策略。但是，许多企业对选址的重要性认识不足，认为选址只是操作层面的问题，并没有将选址模型纳入盈利模式的范畴。

所谓选址模型，就是单店选址必须要遵循的原则和标准，比如商圈人口数量、收入状况，店铺位置、结构以及面积等。单店选址模型的确定应该以单店的顾客定位为基础，和其目标顾客群所在位置以及他们的心理偏好一致。选址模型是一个特许体系发展过程中所形成的选址经验的结晶，如果在单店选址过程中违反了这些基本的原则和标准，单店经营就可能会失败。

（2）选址模型的内容。不同行业、业态的选址原则和标准存在着巨大的差异，即便是同一个行业、同一种业态，不同的特许体系在选址方面也各不相同。但是，各种行业、各种业态在选址模型分析的内容及方法上存在着共性，即一般的单店选址模型都包括目标市场条件、商圈条件以及物业条件等选择的原则和标准。

①目标市场条件选择的原则和标准。所有的单店运营都在一定的市场环境之中，并受到市场环境的深刻影响。进行目标市场选择主要是选取和单店市场定位相适应的市场，目标市场的市场容量大小、顾客消费能力、政府政策以及当地的文化

与消费习俗等方面的因素必须要和单店的市场定位相吻合。比如，味千拉面在大陆市场的发展首先就选择了北京和上海等知名度高、城市人口多、生活节奏快的大城市。

②商圈条件选择的原则和标准。商圈条件选择主要考虑商圈的类型、商圈内的人口数量及结构、消费能力、竞争状况等因素。商圈的具体形态可以分为以下几类：

★商业区：为商业集中地区，各种店铺林立，其特点为商圈吸引力大、流动人口多、繁华热闹。其消费具有快速、流行、娱乐、冲动购买及消费金额高等特点。

★住宅区：此区域内住户多，一般在1 000户以上。住宅区的消费群体稳定，具有便利性、亲和感等特点，家庭用品购买力强。

★文教区：在此区域内有一所或多所学校，学生是主要消费群体，单笔消费金额普遍不高，但总量较大，饮料、休闲食品、文教用品的购买率高。

★办公区：为行政或商业办公集中区域，消费者追求便利性，在外就餐人口多，消费水平较高。

★工业区：该区域内的消费者多为企业职工，包含众多的打工一族，消费水平较低，但消费的总量较大。

★混合区：目前，商圈形态趋向复合化，有商住混合、工商混合等形态。混合区具有几种单一商圈形态的消费特色和多元化的消费习惯。

每一种商圈类型在人口结构和消费习惯方面都有各自的特征，确定商圈的选择原则和标准，可以提高选址的成功率和效率。味千拉面在选择商圈时就要求选择繁忙商业区、主要购物商场、住宅区、旅游景点及办公大楼几类区域，并对商圈的交通条件和人流量等有明确要求。

同时，在选址时除了考虑商圈类型之外，还需要考虑该商圈的流量成本。流量，就是潜在客户的数量，而流量成本，就是获得一个潜在客户的平均价格。选址时需要尽可能避开流量成本高的商圈，选择流量成本低的商圈。

③物业条件选择的原则和标准。这里的物业条件指的是实体店铺的具体状况，包括店铺位置、所处楼层、面积、基础设施、可视性以及租金等，不同的行业、业态对单店物业条件有着不同的要求。味千拉面根据其业务经营需要，在选址的物业条件方面有着明确的标准，要求建筑物为框架结构，层高不低于4.5米，面积不得小于100平方米；电力不少于20千瓦/100平方米，有充足的自来水供应，有油烟气、污水排放及生活垃圾处理装置等。

☑ 互动课堂 3-1

2021年2月，喜茶发布《茶势喜人 灵感永驻 喜茶2020年度报告》。数据显示，截至2020年年底，喜茶已在海内外61个城市开设695家门店，差不多比2019年的163家门店多了3倍。这标志着，作为新式茶饮代表品牌，喜茶已经从一个区域性饮品品牌，真正变成一家全国新式茶饮连锁品牌。2021年7月13日，喜茶完成新一轮5亿美元的融资。喜茶正在尝试从产品场景数字化、交互方式等各个角度，以更具差异化的方式，与茶饮消费者打交道。截至2020年5月，喜茶小程序的注册用户已超2 600万，复购率300%以上，门店80%以上的线上订单来自小程序。

在消费升级大潮下，除了扎实的产品、稳定的供应链及强大的营销之外，喜茶这杯"灵感之茶"能够在商业模式上获得快速发展，并非仅从几个方面下功夫，而是对企业全方位进行细致打磨，其中也包括重要的一环——门店选址开发。

收集喜茶相关资料，分析喜茶的门店选址逻辑。

互动课堂3-1

分析提示

3.商品/服务组合

（1）商品/服务组合的内涵。通常情况下，每个单店所提供的商品/服务都不只一种，这时候就需要考虑商品/服务的组合问题。商品/服务组合就是按照一定的标准将单店拟提供的全部商品/服务划分为若干类别（系列）和项目（品目），并确定各种类别和项目在单店商品/服务结构中所占的比例。

其中，商品/服务类别是指具有同类功能、性状、级别或满足客户同类需求但规格、款式、色彩、品质、材料、档次不同的一组商品/服务，它构成商品/服务组合结构体系中的第一个层次；而商品/服务项目是指同一商品/服务类别中的个别商品/服务，它构成商品/服务组合结构体系中的最低层次。如果一个单店的商品/服务类别比较多，则该单店的商品/服务线比较"宽"；如果某一个类别的商品/服务中包含的商品/服务项目（品种）比较多，则该类别商品/服务线比较"长"。

单店通过良好的商品/服务组合，可以明确自身经营的重点，并使单店所提供商品/服务组合中的各种商品和服务之间相互促进，从而获得更好的经营业绩和经济回报。

（2）商品/服务的类型。对商品/服务进行类别划分的标准有许多，其中最为常见的是根据各类商品/服务对营业收入的贡献水平，将单店的商品/服务分为主力商品/服务、辅助商品/服务和关联商品/服务。

①主力商品/服务。主力商品/服务也称主打商品/服务，是指那些销量大、周转率高，其销售量或销售金额在单店的销售业绩中举足轻重的商品/服务，如肯德基店中的炸鸡和可乐。

在一个单店中主力商品/服务通常可以占到其营业收入的75%～80%，主力商品/服务经营业绩的好坏直接影响单店经济效益的高低，决定着单店的命运。单店主力商品/服务的确定体现了单店在市场中的定位以及整个门店在人们心目中的定位。

②辅助商品/服务。所谓辅助商品/服务，是指在价格、品牌等方面对主力商品/服务起辅助作用的商品/服务，或以增加商品/服务宽度为目的的商品/服务。对于辅助商品/服务来说，盈利是次要的，其作用是配合主打商品的营销策略，丰富卖场品种系列，扩大目标顾客的范围，形成较好的卖场气氛，其定价比较灵活，如西装店里的衬衫、领带等。

③关联商品/服务。所谓关联商品/服务，是指同主力商品/服务或辅助商品/服务共同购买、共同消费的商品/服务。关联商品/服务具有方便顾客购买、增加主力商品/服务销售量的作用。关联商品/服务的配备还能够迎合顾客求便利的消费倾向，比如服装店中的鞋和手袋，麦当劳中的儿童游戏区等。

案例点评3-1　　　天美汇精心制作产品，打造极致性价比

近几年，越来越多的小吃品类被打造成品牌，让原本只存在于街边小摊的美味实现了华丽变身，成为备受众人追捧的网红美食。有一个品牌，凭着一款鸡翅包饭在短短3年内就开了200多家门店，遍布全国10余个省份的30多个城市，年销量达到1 000万份，成绩惊人。

如果不是味道足够好，销量怎么会如此之高，可见该品牌在产品制作上花了不少心思。做鸡翅包饭的商家不只一个，而天美汇在制作鸡翅包饭上采取了创新工艺，区别于其他店铺。

把鸡翅的骨头去掉后，将由香菇、玉米、青豆、花生、枸杞等18种配料炒制的糯米饭填充进鸡翅里，加料后整只鸡翅的重量有140克，分量十足。

为了让鸡翅里包裹的馅料吃起来软硬程度恰到好处，同时能保持软糯的口感，天美汇将大米和糯米的比例反复调试了很多次，才找到最合适的比例。填充好馅料的鸡翅要经过不少于300次来回翻转、烘烤，目的是让鸡翅能够受热均匀。鸡翅在半熟状态时还要用剪刀在肉较厚的地方剪开一个约0.5厘米长的小口，让水汽和油脂流出，这样制作出来的鸡翅才能保证完全熟透且外皮完整又好看。天美汇鸡翅包饭的口味独特，用料充足，性价比达到了极致，因此受到了消费者的青睐。

天美汇在产品方面下了很大功夫，其并不满足于鸡翅包饭，还紧跟潮流，推陈出新，如新品酱香大鱿鱼，将阿根廷大鱿鱼用15种秘制酱料腌制，鲜嫩脆口，肥而不柴。

在茶饮上，天美汇只卖红茶，而且只卖5款最好喝的红茶。

点评：天美汇的主力商品是鸡翅包饭，辅助商品是酱香大鱿鱼，关联商品是茶饮，看懂了消费者的这种需求，选择鸡翅包饭这个轻量小吃作为切入口，并打造独属于天美汇的羊肉串、鱿鱼串、鸡蛋仔和茶饮，升级消费场景。这种模式无疑更能受到众多消费者追捧。

4.关键经营策略

关键经营策略是指对提升单店的顾客进店率、购买率、客单价、重复购买率等指标，对提高单店盈利起到关键作用的经营策略。在不同的特许体系中，其所采用的关键经营策略可能有所不同，比如有的通过会员制模式提高重复购买率，有的通过媒体广告提高进店率，有的通过独特的现场销售流程和技巧提高购买率和客单价等，独特的经营策略往往是特许单店竞争制胜的法宝。

单店获取利润的途径可以用一个很简单的公式来表示：利润=收入-支出。无论采用怎样的单店盈利管理高招，最终总能把思路、方法和模式归于这个公式的使用上，即所谓"万变不离其宗"。从公式中我们可以看出，要想获得更多的利润，经营者所要做的就是尽量增加营业收入、减少运营成本和费用的支出，也就是所谓的"开源节流"。

📝 案例点评 3-2　　德克士以"红唇"为触点，拉近客户距离

德克士的顾客群体中，女性消费者是一个重要组成部分，堂食女性占比约60%，尤其是年轻妈妈更喜欢堂食。

近几年来，传统的"三八"国际妇女节已经逐渐转换为更加时尚的"女王节"，而对于女王的意象来说，红唇正是其中一大标志性元素。

年轻妈妈经受职场与家庭双重压力，往往没时间化妆，而作为爱美的女性，化妆能让她们更加自信，红唇又是妆容中最显眼的元素，因此这次德克士"女王节"围绕红唇营销而展开。

活动一：德克士以"红唇"这个时尚元素为主，结合德克士一直以来在英雄产品脆皮炸鸡和柠檬饮方面的优势，定制推出"热辣红唇大鸡排""柚见红唇鲜果饮""热辣红唇套餐""热辣红唇小食盒"等系列产品。

活动二：2018年3月1日到3月10日，消费者只要涂上口红到德克士，无论男女，都可享受德克士女王的权利："热辣红唇大鸡排"买一送一。这种特别的"口红就是优惠券"的活动，由于活动门槛低、趣味性强，甚至很多男性消费者也参与进来，大大增加了德克士门店顾客进店人数。

点评：活动参与人数=总顾客数×转化率，活动越复杂，转化率就越低。餐厅做活动只是为了增加参与感和趣味度，而不是为了难倒顾客，因此活动越简单越好。活动奖励也最好价值适中且与品牌相关。有些餐厅老板喜欢把奖品价值抬得很高，同时把活动难度也提升，认为这样更有噱头，但是活动难度大，消费者参与程度就会大大降低。

【延伸阅读3-2】　　外婆家——低用餐价格的盈利秘诀

外婆家餐饮连锁机构成立于1998年。外婆家，顾名思义，在外婆家吃的饭菜，名字既亲切又平民。从最初的马塍路外婆家餐厅发展至今，已成为在全国拥有200余家门店及8000多名员工的大型餐饮连锁机构。研究外婆家的菜单就可以发现，外婆家吸引顾客最主要的方式就是高性价比。别致的就餐环境、品类丰富的菜肴、良好的服务加上相对低廉的价格，让消费者觉得值。核心地段的地理位置、精致的装修、用心的服务，价格却跟小餐馆差不多，很多人质疑，外婆家的盈利模式是什么？

首先，翻台率高。

餐饮经营高峰时段一般为6小时，一天6小时，一个月180小时，是固定不变的。经营一家餐厅的收益可以用以下公式来衡量：全月营业额÷全部座位数÷180小时=每个座位每小时可产生的营业额。如果餐厅座位的周转率高，就能够创造比较高的"座位/小时营业额"。

从外婆家的装修可以看出，桌与桌之间的距离很近，这样就能充分利用空间摆放尽可能多的餐位。与陌生人过于接近的座位安排，也暗示顾客不要停留太久，以加快

翻台率，提高"座位/小时营业额"。

采用餐桌定员方法，根据每张桌子大小设定了具体的就餐人数，不仅争取了用餐高峰时段的客位空间，也人为制造了排队的效果，吸引了其他顾客关注。

其次，配送采购一体化。

外婆家连锁的每一家餐厅的厨房都严格按照相同的标准做菜和管理。不同品牌的供应商、配送体系、采购渠道以及研发力量标准都是统一的。这样既可以保证规模化采购以压低成本，也能保证连锁餐厅的食材统一、标准统一。尽管中式餐饮连锁店很难做到标准化，但外婆家通过将采购和生产环节协同，实现了资源的共享，降低了成本，获得了价值链协同带来的优势。尽管外婆家的价格便宜，但是规模化效应造就了很高的营业额，所以能跑赢其他餐饮企业。

形成了规模效应之后，很多购物商场看中了外婆家的顾客流量，纷纷以降低租金甚至免租金的方法吸引外婆家连锁餐饮店铺入驻，这无形中又节约了外婆家的开店成本，使外婆家能够在竞争激烈的餐饮环境中保持盈利。

二、认知单店运营模式

单店运营模式是指一个单店的日常运营管理和操作模式。单店运营模式以盈利模式为前提，并将盈利模式落实到可以进行标准化操作的层面。单店运营模式的设计主要包括构建保证单店各项业务高效完成的组织结构，设计单店运营的各主流程和辅助流程，并对单店的运营流程进行标准化。

单店运营流程标准化就是将单店内各项工作的具体操作程序进行明确并制定具体的量化标准，这里的标准化具有最优化的意思，即单店运营流程不是随便制定的，而一定是在实践中不断总结出来的，是在当前条件下可以实现的最优操作程序和规范。

1.单店运营流程标准化的意义

（1）有利于控制单店产品和服务的质量。特许经营模式的核心原则是标准化，单店运营必须通过流程的标准化对工作程序进行优化和固定，对细节进行量化和规范，这样每位员工都可以按照既定的流程和标准进行操作，就能够使每个单店的商品和服务质量维持在同一水平，即便工作中偶然出现失误也可以通过检查很快发现问题所在，并加以改正。例如，中餐学徒在厨房接受师傅教导的时候，得到的信息是：盐少许、味精若干、醋酌量、酱油适量，这些模糊化的计量方法让他们无法作出准确的判断，而麦当劳的操作手册上则注明：在制作薯条时，请将盐罐底部朝上，向下甩动两次，这就轻松地解决了用盐量标准的问题。

（2）有利于提高特许单店的经营效率。业务流程标准化是单店业务化繁为简的有效工具，是提高特许单店管理和运营效率的有力武器。它针对单店运营中的每一个环节、每一个部门、每一个岗位，制定细致化、科学化、数量化的标准，并严格按照标准实施管理，极大地提高了工作效率，使门店可以用最少的投入获得最大的产出，并为顾客提供快捷、高效的服务。

（3）有利于提升特许体系的发展速度。单店业务流程标准化是落实特许经营3S

原则的具体手段和方法。运营流程的标准化设计，使工作变得相对简单，易于新员工学习和掌握，新员工甚至可以通过自学标准化操作流程文件掌握工作技巧。同时，由于对工作程序进行了细化和量化，也大大降低了员工个人因素的影响，如性格特征、知识水平等方面的差异对其工作表现的影响，这都使得单店的复制变得更加容易，从而使特许体系可以以更快的速度进行扩张。

案例点评 3-3

先来想象一下肯德基的日常运作场景：33 万名员工，4 800 余家门店，分布在全国超过 1 000 座城镇。当总部决定在全国门店同一时间推出 15 款产品时，这些门店是如何做到协同一致的呢？

餐厅优化部在其中承担着重要的职责。这一部门的宗旨是"凡事皆可优化"。优化之后便转为标准化，让政策方针执行不走样。肯德基的窍门是 3S，即 Simple（化繁为简）、Short（言简意赅）、Specific（目标明确）。

在确立标准化之前，餐厅优化部会反复看体系设计是不是太复杂，是不是有太多的步骤。步骤越复杂，执行的偏差就越大，反之，步骤越简单精准度就越高。

从新产品研发开始，虽然这是由研发部门和企划部门主导，但是当新品雏形出来后，会组成一个由企划部门领导的项目小组，标准化团队成员加入其中，制定原物料包装的尺寸规格、生产操作程序、原物料人力配置、工作流的动向以及订货流程。

这一流程的合理性还需要经过模拟来检验。新品上市前，餐厅优化部联合各部门在一家门店由内部员工实景演练。从厨房物料的摆放、烹制到收银机相关产品按键的设置，逐一检验整体工作流程、动线以及食品安全情况。各部门测试认同后，项目小组要提前 90 天完成产品的操作图卡、视频光盘，为从事一线培训的工作人员提供便利。

如今借助企业内部的 e-learning 平台和微信，相关标准化培训手册可以迅速发送至全国各门店，在平台上，管理团队可以实时了解谁在学习，学习的效果如何。

肯德基在 2014 年菜单革新时，一次性推出了 15 种产品，从供应链管理到店内设备和系统升级以及人员培训，这都是大考验，33 万人同时参与其中，还要确保万无一失。

正因为有了标准化的培训手册，行动力大大提升。其速度甚至可以快到今天开会决定在所有的收银机上增加一个产品按键，明日一早开业时所有的门店均已准备妥当，由标准化带来的行动力也打破了快餐业不能做菜单整体革新的传统观念。

肯德基一年要推出 20 多种新品，每种新品涉及多种物料，各有保存期和储存条件，如果不按照标准化说明摆放，员工就会遇到进库找不到货的情况。烹制过程亦是如此。

每个产品都有一个严格的备制周期，备多了就会过了最佳赏味期，备少了断货会引起消费者不满。除了店长的经验判断，肯德基的销售系统会提供技术分析，预估在什么时点烹制何种食品，用技术手段来代替模糊的人工判断。

点评：肯德基的统一标准体现了特许经营的标准化原则，可以促进肯德基模式的复制，加强肯德基对加盟店的管理和控制。

2.单店运营流程的标准化设计

（1）单店关键业务流程分析。特许单店中存在多个业务流程，对其进行的标准化设计难以同步进行。所以，在进行单店运营流程标准化设计之前，需要对单店的运营流程进行分析，找出其中的关键流程，从而确定流程标准化的优先顺序，循序渐进地完成。

在特许单店运营中，顾客是所有工作相关决策的核心要素，因此直接向顾客提供商品和服务的流程是其主流程，也是关键流程，一般包括采购、加工、销售等环节。在进行单店运营流程标准化的过程中，应该将这些关键流程的优化放在首位。而其余的流程，诸如行政管理流程、人事管理流程、财务管理流程、设备管理流程等，主要是对关键流程提供支持，因此属于单店运营的辅助流程，可以在对单店关键流程优化后再逐步进行优化和完善。

（2）业务流程标准化管理文件编制。业务流程图是一种用来描述系统内各单位、人员之间业务关系、作业顺序和管理信息流向的图表，利用业务流程图可以使单店内各项工作的顺序和步骤以及所涉及的岗位或角色一目了然，还可以帮助分析人员找出业务流程中的不合理流向。

业务流程图的绘制就是用一些规定的符号及连线来表示某个具体业务处理过程。业务流程图有很多类型，通常采用的是矩阵式的绘制方法，即横坐标表示和流程有关的岗位或角色，纵坐标表示时间顺序，即哪些工作任务或工作步骤先完成，哪些后完成。

流程图的图示选用不要太复杂，一般可以采用四种图形：第一种图形——椭圆，表示流程开始和结束两个节点；第二种图形——矩形，表示任务或者工作；第三种图形——菱形，表示判定或者决策，例如审批环节就都要使用菱形来表示；第四种图形——带箭头的直线，用来表示流程中事件的前进方向。在绘制业务流程图时需要注意，同一个单店中在不同的情况下处理同一项业务的流程可能会存在差异，如许多单店在营业高峰时会执行相对简化的业务流程。

拓展阅读

普通营业时间的作业流程图

【延伸阅读3-3】 **麦当劳：2 000多个流程成为全球"圣经"**

麦当劳之父雷·克洛克认为，管理不是一种抽象的可供人们高谈阔论的东西，其只有实实在在体现在工作中才能发挥作用。而将管理体现在工作中的方式，是将内化的东西外化、抽象的概念具体化。比如，提高生产效率也有一个外化的指标——流程管理。

麦当劳作为快餐业领跑者，QSCV（品质、服务、清洁、价值）理念一直是其推崇的准则，为了贯彻这一准则，麦当劳用了一整套的流程手册来规范员工的工作。

　　麦当劳在成立的第三年，便编写了麦当劳运营训练手册，来规范餐厅的各项工作、步骤和方法。

　　几十年来，麦当劳不断丰富和完善自己的管理手册，比如麦当劳曾花费200万美元制作管理手册，仅目录就有600多页，里面有2 000多个制作标准和规范，这已成为麦当劳维系全球几万家店面运营的"圣经"。

　　比如，麦当劳将柜台人员的工作流程细化为六步，称之为"服务六步曲"（如图3-1所示）。

> a.微笑欢迎顾客：声音亲切，有目光接触。

> b.记录并建议点餐：促销，增加营业额（只能促销一次）。

> c.汇集产品：汉堡包、薯条、热饮、冷饮。

> d.呈递产品：把M的标记朝向顾客，餐盘轻轻推给顾客。

> e.收取款项：唱收唱付，大钞横放，背面朝上（先将零钱放到顾客手中，再将纸币一张一张地数给顾客）。

> f.感谢顾客并请他们再次光临：一定要说"谢谢"。

图3-1　麦当劳的"服务六步曲"

　　麦当劳对标准、流程的细化，其目的在于"剥夺"员工自主决定的自主权，员工柔性操作的空间越小，出品品质也就越稳定。

　　虽然雇用了很多兼职员工，但正因为这一套简单、高效、便于执行的流程，麦当劳才敢于对外宣称：全世界麦当劳汉堡包的品质都是一样的！

三、认知单店形象识别系统

　　特许经营商业模式强调统一化，其中单店形象识别系统就是特许体系必须要统一的方面之一。单店形象识别系统的统一，不仅有利于单店的复制，有利于特许经营品牌的传播，也有利于增强消费者对特定品牌产品和服务的消费信心。

　　特许单店的形象识别系统包括理念识别（MI）、行为识别（BI）、视觉识别（VI）和店面识别（SI）四个有机整合、协调运作的子系统。通过单店形象识别系统设计，可以综合运用整体传达系统将企业经营观念与精神文化传达给周围的公众或者团体，以利于产生一致的认同感与价值观。

1.理念识别（Mind Identity，MI）

　　理念识别系统是指一个企业的理念定位。特许体系通过单店理念识别系统的建设，可以形成自己独特的企业理念，从而在市场上树立起特许体系以及单店的独特形象。理念识别是单店形象识别系统的核心，它不仅是一个企业经营的宗旨与方针，还是一种鲜明的文化价值观。对外它是企业识别的尺度，对内它是企业内在的凝聚力。完整的单店形象识别系统的建立，首先有赖于企业理念的确立。企业理念包括3个基本要素：企业存在的意义（企业使命）、企业的经营理念（经营战略）和企业的行为规范（员工的行为准则）。

2.行为识别（Behavior Identity，BI）

行为识别系统是企业理念识别系统在行为规范上的外化和表现。特许体系借助行为识别系统可以将内部组织机构与员工的行为视为一种理念传播的符号，通过各种行为或活动来传达企业的理念、塑造企业的形象，这是一种动态的识别形式。行为识别系统包含的范围很广，几乎覆盖了整个特许单店的经营管理活动，主要由两个部分构成：一是单店内部系统，包括单店内部环境的营造、员工教育及员工行为规范等；二是单店外部系统，包括产品规划、服务活动、广告关系及促销活动等。需要特别说明的是，各种单店行为只有在企业理念的统一规范、指导下，保持一定的特色，才能被公众所识别、认可。

3.视觉识别（Visual Identity，VI）

视觉识别系统是以企业标志、标准字体、标准色彩为核心展开的完整的视觉传达体系，是将企业理念、文化特质、服务内容、企业规范等抽象语义转换为具体符号，从而塑造出独特的企业形象。视觉识别是静态的识别符号具体化、视觉化的传达形式，其项目最多，层面最广，效果更直接。

【延伸阅读3-4】　　　　　　　　　　至美一锅VI设计

至美一锅是一家位于广州珠江新城CBD的冒菜店，注重于精"品"汤物料理。整个品牌VI采用时尚简约的设计，以传达健康、鲜美、时尚、精致的品牌理念，符合品牌消费群的定位。

品牌设计以清新的绿色作为主色调，LOGO标志设计上以字体搭配图形为组合形式，采用极简线条的手法，将"锅"的形状与英文字母相结合，与无衬线字体设计的品牌名都凸显了品牌的清晰定位（如图3-2所示）。

图3-2　至美一锅LOGO标志

视觉设计为表达出该品牌健康优质的理念将每种原料形象地呈现出来，高饱和度的色调与食物的巧妙结合，给人强烈的视觉感受（如图3-3所示）。

图3-3　至美一锅海报设计（一）

海报的设计也凸显美感，不同菜单上的各种优质食材被整齐地摆放在一起，清新明亮的背景色，进一步突出品牌"美"的核心理念（如图3-4所示）。

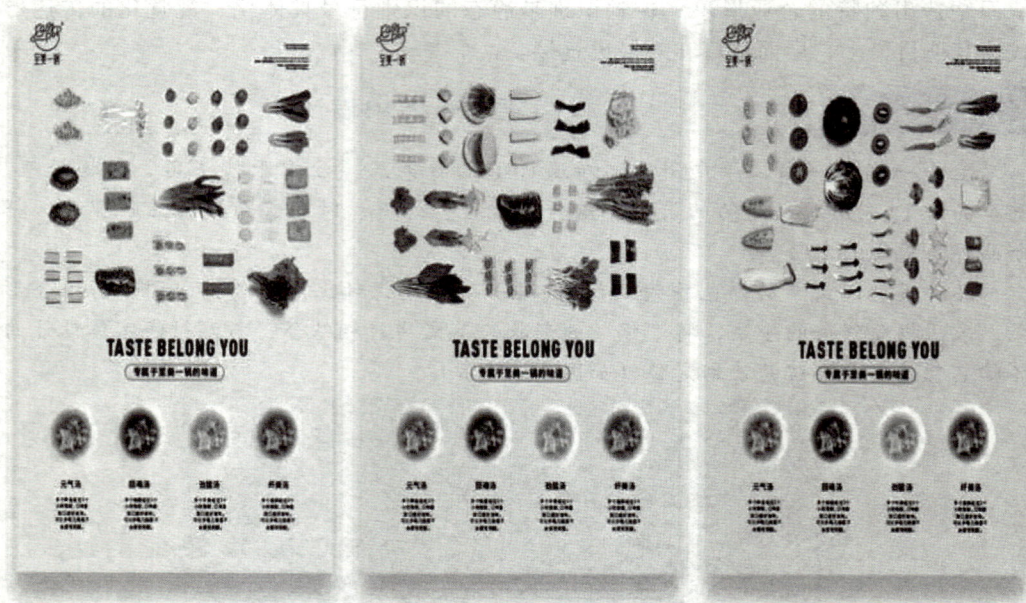

图3-4　至美一锅海报设计（二）

4.店面识别（Store Identity，SI）

店面识别也称空间识别（Space Identity），与国内的VI设计热潮不同的是，SI只是针对有特许加盟性质的企业而实施的店铺形象设计与管理系统。SI可以被视为VI在门店整体空间形象设计的延伸应用，其主要目的是在"三维空间"实施"装潢规格化"作业。与传统装潢设计最大的不同在于它是系统性设计，而非定点式设计，以适应特许经营发展中会碰到的每个店面尺寸不一的问题。

店面设计，不论是展示橱窗还是展览会场的空间设计，都是企业形象的展现，门店商业空间的视觉环境、装潢、店堂POP广告都是吸引消费者的重要因素，会对消费者的决策产生非常重要的影响。如何在有限的空间里将企业及商品的信息通过构思精巧的设计巧妙地传达给消费者，并达到行销的目的，是特许体系非常关注的问题。

进行SI设计对店铺经营具有重要的意义。第一，通过SI规划能够统一特许体系的整体形象，不会因位置不同、门店店面尺寸大小不同而产生差异；第二，通过专业的SI设计，可塑造店面独特的风格，使之较不易为他人所模仿；第三，通过SI设计，平均可缩减40%～50%的店面装修施工时间，相对也就减少了房租的负担及增加了营业的天数，同时能够降低约30%的施工费用；第四，通过SI设计，统一了各个门店的条件，使管理更简便，也更有利于控制产品和服务的品质。

SI设计主要包括整体风格统一规范、终端形象统一规范、终端形象规范示范三个方面，一般都会最终形成一本活页式的SI标准管理手册。手册通常对总则（管理原则、商圈确定、设计概念）、空间设计部分（平面系统、天花板系统、地坪系统、配电及照明系统、展示系统、壁面系统、招牌系统、POP及Display）、管理部分（材料说明、发包及施工程序、估价、协作厂商配合作业原则）三个方面内容进行详细说明。

【延伸阅读3-5】　星巴克店面设计处处都是营销心机

1.产品营销从大门开始

你还没进门，星巴克就已经开始"设计"你了。大门玻璃上，你经常能看到星巴克最新的产品介绍，而广告位置也很明显，让你不自觉就被吸引，连入门把手其实都是经过精心打造的，引导你入店消费。

2.点餐台、用餐区环环相扣的精心设计

不知道你意识到没有，你进门后需要多走几步到星巴克店铺的中间或者后方位置点单。这是为什么？其实星巴克这样设计，是为了保证客户在点餐前会路过用餐区。如此一来，在你未点单前，你就有机会看到店内的商品、就餐区的情况，更重要的是，你能看到其他客人是多么愉快地在这里享受"咖啡时光"，是不是立马消费欲大增呢？

3.头上的灯光也在悄悄地引导你消费

什么？灯光也暗藏"心机"？其实刚才已经说过，点餐区、商品展示区位于店铺的中后方，而这个地方通常是整个店里最明亮、光线最让人舒服的地方。巧妙的灯光设计能很好地吸引客人的注意力，从而激发顾客的购买欲望。

星巴克门店里使用最多的是点光，星星点点的射灯位置都很有讲究，每一盏灯的位置都是经过测算的，所以会刻意营造阴影区和明亮区，且射灯通常都可以360度旋转，方便调到最佳角度。更为重要的是，无论你坐在哪个角落，灯光都不会直射在你的脸上，让你产生晃眼的感觉，同时灯光大多会聚焦在需要强调的墙面装饰、软装、漆皮以及艺术品上，加强店面的奢华质感。

4.吧台和别处不一样

星巴克的吧台，可是经过精心设计和反复推敲的。当你点餐时，吧台上的咖啡机或者其他设备可能会加大你和店员之间的距离，同时会有一定的压迫感。为了更好地实现与客户之间的"联结"，星巴克悄悄地把吧台边缘设计得比较"窄"。

可见，星巴克的店铺设计、布置、装饰的每一个细节都被充分考虑，从消费者的角度去考虑空间布局，追求极致的用户体验。

任务二   认识单店特许加盟模式

单店特许也称单元式特许，是指特许人与受许人直接签订特许经营合同，特许人向受许人授予产品、商标、店名、经营管理模式等特许权以在某个地点开设一个单店，受许人使用这些特许权进行经营，并为此支付一定的费用。

单店特许加盟模式适用于在较小的市场区域内发展特许网点。单店特许加盟时要考虑到每家特许店的地理布置，如果授权区域过大，加盟店的经营能力不足以辐射该区域，如果授权布点太密，会导致同一特许经营品牌的恶性竞争，所以特许人在考虑单店加盟时，首先要进行区域分析，确定一个单店的经营需要多大的市场和商圈来支撑；其次还要结合市场竞争状况来考虑具有竞争优势的合理开店布局。

单店特许加盟模式在具体操作中，可以分为成熟店加盟模式、直接加盟模式及其他单店加盟模式。

一、成熟店加盟模式

1.成熟店加盟模式的概念

成熟店加盟模式也叫"熟店转让"加盟模式，即特许人将原来属于自己的经营成熟的直营店，整体转让给受许人经营的模式。

在中国，"熟店转让"的经典案例是百胜餐饮集团的肯德基和必胜客，它实行所谓"不从零开始"的特许经营策略，即将一家成熟的正在营业的餐厅，按照评估价格整体转让给通过了资格评估的加盟申请人，同时授权其在原餐厅位置使用品牌继续经营。也就是说，不是受许人自行选地址，不是受许人提供门面房，不是受许人自己装修……而是通过"转让"的形式获得一家现有的餐厅。百胜餐饮集团采取"不从零开始"的加盟策略，使得加盟店的成功率接近100%。这是现阶段百胜餐饮集团在中国市场开展特许经营的最佳方式。

【延伸阅读3-6】   **必胜客加盟模式——"不从零开始"的特许经营模式**

和此前麦当劳以及肯德基的加盟方式相同，必胜客也采取"不从零开始"的加盟模式。"不从零开始"的特许经营，就是将一家已经经营了2年以上的必胜客餐厅整体转让给通过了资格评估的加盟申请人，同时授权其使用必胜客品牌继续经营。加盟商是接手一家正在营业的必胜客餐厅，而不是开设新餐厅，加盟商不需从零开始筹建，避免了自行选址、筹备开店、招募及训练新员工的大量繁复的工作。采用这样的模式，加盟商的风险会大大降低，提高了成功的概率。

必胜客根据加盟发展规划，从现有的必胜客餐厅挑选适合的"备选加盟店"。针对通过了资格评估的加盟申请人，必胜客会在"备选加盟店"范围内推荐餐厅供其评估。百胜不接受加盟申请人指定某一家餐厅或者某一个城市进行加盟。

必胜客要求加盟者可变现的自有资金不少于300万元，个人总资产不低于600万元；餐厅的购入费至少为300万元，加上30万元左右的初始加盟费以及6万元的培训费，要获得必胜客10年特许经营权，加盟者前期投入至少为336万元——当然如果想拿下旺铺，就要付出更多的资金。

这还不是需要支出的全部。按照必胜客的介绍，购入费包括餐厅的所有设备、装修、无形资产以及人员转让费用，但这并不包括餐厅的房租、食材费用以及员工工资。加盟者可以重新雇用员工，但是必胜客承诺原店管理团队将在加盟餐厅工作至少1年。

除了前期购入费以外，每年投资者还需要缴纳餐厅营业额的11.5%给必胜客，其中6%为特许经营的持续费用，5.5%为广告和促销费用。

百胜目前仅开放"不从零开始"的加盟模式，暂不受理开新店的加盟申请。必胜客采取单店加盟形式，所有的特许加盟商都不享有区域性的或商圈的专有权。

2.成熟店加盟模式的特征

成熟店加盟模式的特征是受许人接手一家正在营业的经营状况良好的加盟店，而不是开设新的店面。新店开业一般需要较长时间的暖店期，开店前期一般会面临较大的亏损，有时候因注册资本小，甚至净资产会因此变为负数。"熟店转让"使受许人无须从零开始筹备建店，避免了自行选址、开店、招募及培训新员工等大量的工作，从而降低了加盟的风险，提高了成功的概率。不过因为接手的是一家经营状况良好的"熟店"，加盟费用会比较高。

3.成熟店加盟模式的优缺点

优点："熟店转让"模式可以避免受许人因经营不善可能给品牌带来的负面影响；更容易为受许人所接受，因为加盟店在已经盈利的状况下转让，受许人看得到投资回报；"熟店转让"模式能大幅度提高特许加盟费。

缺点：特许人前期开店的投资和风险较高，因而要求特许人在单店经营管理上具有极高的能力，否则一个单店无法盈利，也就无法进行"熟店转让"了。

> **知识拓展3-1**　　　　　　　　**影响加盟费标准的主要因素**

影响加盟费多少的因素有多种，常见的有以下几个：

1.品牌价值

品牌价值对加盟费有着重要影响。从某种意义上说，加盟费实质是一种"入门费"，体现的是特许人所拥有的品牌价值。品牌价值高，知名度和美誉度高，愿意加盟的人就多，加盟费就高，反之就低。

2.单店盈利能力

如果单店盈利能力强，加盟投资回报率高，投资回报周期短，受许人往往愿意接受相对更高一些的加盟费。

3.开发成本及其他支出

开发成本指开发特许经营权所投入的成本，包括品牌、商标、形象系统、专利技术、经营模式等。总体来说，开发成本越高，加盟费可能越高。

其他支出包括特许推广与加盟招募费用、加盟店开业前培训支持等方面的费用等。

4.区域范围与合同期限

一般来说，授权区域越大，加盟费越高，反之则越低。同样，特许经营期越长，加盟费也越高，反之则越低。

总的来说，特许人的市场价值和品牌价值越高，受许人越愿意支付更多的加盟费；特许人规模越大，加盟费越高；加盟期越长，加盟费越高；加盟的区域范围越广，加盟费越高。

二、直接加盟模式

1.直接加盟模式的概念

直接加盟模式即特许人授权受许人投资开设一个新的单店，或者在受许人原有门店基础上按照特许人的统一模式和要求改造为新的单店，由受许人负责加盟店的日常经营管理。这是最为常见的一种特许加盟模式。

2.直接加盟模式的特征

特许人与受许人直接签订特许合同，受许人亲自参与店铺的日常经营管理；受许人的经济实力普遍较弱；适合广大的创业投资者加盟，也适合一些传统业态的门店进行整体升级，因而具有很大的发展空间。

3.直接加盟模式的优缺点

优点：特许人可以直接控制加盟店；对受许人的资金实力要求相对较低，因没有区域独占，不会对特许人构成威胁。

缺点：网点发展速度慢；特许人对受许人进行支持管理的投入较大，并且单店特许限制了有实力的受许人加盟特许经营体系。

过去特许经营企业往往对单店加盟的店铺标准、加盟费和品牌定位做"一刀切"式的规定。这类企业往往定位偏中高端、对加盟者的资质审核也较为严格。虽然这样可以保证品牌形象的统一，但也将为数不少的中小投资者挡在了门外。在当前加盟店投资回报期延长的情况下，不少特许经营企业开始推出多种加盟规格的单店特许，拓展加盟店的数量。如象王洗衣在投资规模方面划分为小型店、中型店、大型店三种投资类型，这三种投资类型除了店铺租金和装修等费用外，投资额分别为30万元、46

万元、57万元左右。此外，不少特许企业将加盟店铺分成创业店、标准店、形象店、旗舰店和豪华店等不同规格供不同层次的加盟者选择；一级店、二级店、三级店的加盟方法，也是特许经营企业开始逐渐采用的方式。

如此分档定位对不同经济水平的加盟者来说比较友好，也适合加盟者循序渐进，从创业到做大做强，都有相应的成熟模式，为其保驾护航。不同规格的店铺所针对的消费者也是有一定差异的。

【延伸阅读3-7】　　　　　　　　　**永和大王的直接加盟模式**

永和大王接受单店直接加盟，经过批准和培训的受许人，需要自己选址、开设一家新的永和大王餐厅。一家餐厅的加盟期为10年，10年期满，双方都有意继续合作，可再多续10年。特许人要求受许人亲自参与加盟餐厅的日常营运管理。目前没有限制加盟城市，不过，受许人需要考虑的是，如果加盟店所在城市距离最近的永和大王配送中心超过500千米，则需要独立承担超过部分的货物运输费用。

1.加盟条件

（1）中国国籍，年龄在22周岁以上，身体健康状况良好。

（2）热衷餐饮行业，对于永和大王品牌文化有强烈的认同感。

（3）具备丰富的商业经营经验、良好的企业管理经历。

（4）愿意与永和大王品牌共同成长，以此作为长期奋斗的事业。

（5）愿意花至少3个月时间完成基础训练课程和评估鉴定。

（6）能致力于餐厅的日常运营管理。

2.加盟费用

前期固定投入大约人民币153万元，包括餐厅的设备、装修、桌椅、招牌、装饰、环保、消防等投资。

流动资金大约50万元，包括加盟费25万元、保证金25万元。

3.加盟流程

（1）申请人登录永和大王官方网站（www.yonghe.com.cn）了解详情。

（2）申请人在线完整填写资料表。

（3）总部人力资源部甄选申请人资料，并联系通过初选的申请人。

（4）如双方都有意向，则邀请初选人到永和大王上海总部，参加特许经营项目简报会，并面对面交流申请人关心的相关问题。

（5）安排初选人到永和大王一家餐厅完成3天的岗位实习评估，增进双方了解。

（6）邀请通过岗位实习评估的初选人参加面试。

（7）通过面试的候选人与永和大王签订培训协议，并到一家永和大王餐厅完成为期3个月左右的培训，完成从员工到餐厅经理的所有实地培训及课程；永和大王会在候选人培训期满2个月和4个月时，对候选人进行两次实习鉴定。

（8）通过永和大王全面鉴定的候选人注册公司，验资，与永和大王签订特许经营合同。

（9）受许人选址（须经永和大王批准）并与业主签订租赁合同。

（10）受许人在永和大王的协助下招募、培训员工，设计、装修餐厅。

（11）受许人在永和大王的协助下组织新店开业。

（12）受许人在经营期间接受永和大王管理团队的指导、鉴定和协助，并按时支付相关费用，按时与供应商结算。

资料来源　编者根据永和大王官方网站资料编写。

三、其他单店加盟模式

除了熟店转让和直接加盟模式外，特许人常常根据具体情况进行加盟模式的创新，如在不同地区、特许体系发展的不同阶段，因地制宜地采取不同的加盟模式，或将上述几种加盟模式甚至将特许经营和直营连锁加以变形，或混合使用。

1.托管特许加盟模式

所谓托管特许加盟模式，是指在特许经营合同的基础上，受许人与特许人再签订委托经营管理合同，委托特许人对加盟店进行管理，由特许人派出人员负责加盟店的日常经营管理。托管特许加盟模式是国际酒店业非常流行的一种方式，如如家、锦江之星、7天连锁酒店等经济型酒店，很多的加盟店就是采用托管特许的方式。在其他行业如餐饮业，一方面可能受许人本人不想过多参与加盟店的日常运营，另一方面特许人也想加强对加盟店的管理和控制，因而也会采取托管特许经营的方式，如全聚德、谭鱼头等餐饮企业等都采取托管特许的模式。

托管特许加盟模式的特点是：受许人之间以及受许人与特许人之间的资产都是相互独立的；特许人拥有各加盟店的经营权，但不对盈利承诺；各受许人只有建议权、监督权和利益分享权，并需要支付管理费和各项费用；除主要管理人员外，其他人员都由特许人指导招聘，但人员归各受许人管理，特许人不负担人员工资及其他责任。

托管特许加盟模式的优点是有利于总部对加盟店运营管理的掌控，但缺点是受许人没有经营自主权，工作的自主性受到限制，还会增加对特许人的依赖性；另外，特许人需要有很强的管理控制能力、人员开发与培训能力，因而对特许人的要求也非常高。

2.委托加盟模式

委托加盟模式是指特许人将现有的直营店委托给合适的受许人来经营，受许人本身并不需准备店面或负担租金，受许人发挥最大能动性，最终由特许人和受许人共同分配营业利润。这种加盟模式与普通单店特许加盟模式的不同之处在于，受许人省去了在加盟之初的资金和实物投入。实际上，"委托加盟"是一种反托管存在的形式，较多出现在更加依赖于自身灵活经营的便利店的特许加盟业务中，7-ELEVEn便利店就比较多地采用了这种模式（如图3-5所示）。委托加盟也是国内比较少见的加盟管理模式，其好处是：特许人可以为受许人提供一个获利稳定、风险低的创业机会，也可以让受许人发挥其优秀的经营管理能力。

图3-5 7-ELEVEn的两种加盟模式比较

【延伸阅读3-8】　　　　　　　　　　**探鱼的门店托管化加盟模式**

深圳探鱼餐饮管理有限公司，最文艺的烤鱼品牌——探鱼，成立于2013年，主要经营炭火烤鱼，尤以原创单品重庆豆花烤鱼最为出色。探鱼·炭火烤鱼源于重庆万州巫山，具有千年历史，是家传秘方与现代烹饪结合的独特产品，融合了腌、烤、堂烧、涮等多种烹饪技法，其鱼肉鲜嫩糯软、香浓麻辣。

2013年12月26日，探鱼第一家店在南山海岸城开业，它号称"深圳最文艺烤鱼店"，一夜之间火爆全城，每天的排队长龙堪称恐怖，日翻台率最高纪录达16次，一般日翻台率也达9次以上，成为深圳餐饮的一道独特的"景观"。2016年10月，探鱼正式启动加盟全托管，进一步确保了探鱼品牌的全国统一、标准执行、安全生产、品质保证，保障了品牌的核心竞争力。目前，探鱼已经拥有了260余家门店，已覆盖全国70多个城市，并在新加坡等国家和地区开设分店。

探鱼的要求是做100%控管餐厅，以让顾客感受到每一家品牌餐厅都具备相同的产品、服务及用餐感受。

门店托管化对于加盟商来说，省心！不仅减少经营管理上的支出，更能使加盟商实现利润最大化，实现加盟商伙伴与企业共成长，促进加盟事业的发展。

门店托管后，总部对门店进行直接管理，门店共享公司优势资源，门店营运得到改善，各方面指标得到提升，实现已托管门店营业额同比增长20%以上。

案例点评 3-4　　　名创优品的全面托管制

MINISO 名创优品（以下简称名创优品）是广东赛曼投资有限公司在中国商标网注册的品牌。目前，名创优品在亚洲地区正式营业的店铺达数百家。名创优品奉行"简约、自然、富质感"的生活哲学和"回归自然，还原产品本质"的设计主张，秉承"尊重消费者"的品牌精神，致力于为全球消费者提供真正"优质、创意、低价"的产品，在时尚休闲消费前沿市场先后刮起"生活优品消费"之风。

名创优品特许经营实行运营全面托管制，从管理、库存和账目三个方面将加盟商从烦琐的管理事务中解脱出来。

在管理上，名创优品将加盟店纳入直营店的管理模式，对全球多家店铺实行标准化、全面托管，加盟商只需要通过名创优品支付加盟店的员工工资，无须亲自过问日常运营事务。

在库存上，名创优品通过提升供应链效率降低库存成本。对于企业来说，现金流就是生命，库存过大就限制了现金流动。名创优品对加盟商采取的不是传统的订货制，而是货品保证金制度。

合作之初，加盟商一次性缴纳 75 万元货品保证金，就可以在此后 3 年的合作期内不必花一分钱进货。另外，名创优品全面托管店铺，如果商品丢失或损耗，加盟商不必负责。这样一来，加盟商就可以完全不用担心库存问题了。

在日常运营中，名创优品通过后台供需管理系统显示每家店铺的动销数据，进行小批量精准配送，平均每两天进行一次配货。

在账目上，名创优品对加盟商实行当日结算制度。毛利虽然不高，但是天天都分账，由此可以计算出每天赚多少钱、每月赚多少钱，账目一清二楚。

名创优品这套运营模式的基本思路是：用实体店或者自有资产做担保，然后通过分利宝等平台融资开店，融到的资金再以品牌使用费、保证金等形式回流到名创优品。有了金融平台强大的造血功能，名创优品才有机会在短时间内快速崛起。

点评：零售+投资加盟转直营+运营全面托管，名创优品构建了一套流程化、标准化、体系化的运行机制和管理制度，培育出独特的商业模式，实现了在全球市场上的爆发式增长。

任务三　认识区域特许加盟模式

区域特许指受许人被许可在一个独占的市场区域内开设并运营多个单店。在区域特许加盟模式中，区域受许人往往也被称为区域加盟商。

相对于单店特许加盟模式，区域特许加盟模式的优势在于特许人能够利用区域受许人的能力和资源，获得更加快速的发展，但不利之处在于对特许人的控制能力提出了巨大挑战。

根据具体的区域特许加盟内容和方式的不同，区域特许加盟模式可以分为区域开发特许、二级特许、复合特许、混合特许等加盟模式。

一、区域开发特许加盟模式

1.区域开发特许加盟模式的概念

区域开发特许加盟模式是指特许者赋予受许人（区域开发商）在规定区域、规定时间开设规定数量的加盟网点的权利。其特点是由受许人（区域开发商）自己直接投资、建立、拥有和经营加盟网点，该加盟者不得再行转让特许权；受许人（区域开发商）要为获得区域开发权交纳一笔费用；受许人（区域开发商）要遵守开发计划（如图3-6所示）。

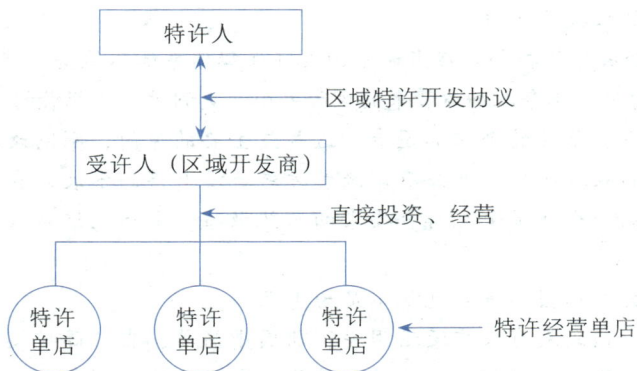

图3-6 区域开发特许加盟模式

区域开发特许加盟模式适用于在一定的区域（如一个地区、一个省乃至一个国家）发展特许网络，借助区域开发商的资金、资源和市场开发能力，使经营网点得到迅速发展，迅速获得规模效益。另外，对特许人来说，利用这种方式来开拓新市场的前期风险也比较小。星巴克、必胜客在早期进入中国市场的时候，均采取了区域开发特许加盟模式。但采取区域开发特许加盟模式，当区域开发商将经营网点发展到一定的规模时，特许人对这些经营网点的控制力非常弱，非常容易对品牌造成威胁，也不利于特许人对整体市场进行统一规划和协调。

2.区域开发特许加盟模式的特征

特许人与受许人（区域开发商）首先签署开发合同，赋予受许人在规定区域、时间的开发权；当每个加盟网点达到特许人要求时，由特许人与受许人分别就每个网点签订特许经营合同。

3.区域开发特许加盟模式的优缺点

优点：有助于特许人尽快实现规模效益；发挥受许人的投资开发能力。

缺点：在开发合同规定的时间和区域内，特许人无法发展新的受许人；对受许人的控制力较小。

【延伸阅读3-9】　　　　　　肯德基的"西安模式"

肯德基在中国有两种特许经营模式，即"西安模式"和"常州模式"。"西安模式"实际上是一种寡头垄断的模式，它要求加盟者必须有雄厚的资金和对当地市场的认知及驾驭能力。这种模式是由肯德基和我国台湾地区一位商人一同创造的。

1993年，肯德基将陕西省及其周边地区的特许经营权交给一家台资公司，成立了西安肯德基有限公司，由该公司全权负责陕西省及其周边地区的业务开展和扩张。因此，西安成为肯德基在中国大陆开展特许加盟的"发源地"，该模式也被称为"西安模式"。

采取这种方法，肯德基主要基于以下三个方面考虑：

第一，加快中国大陆市场布局速度。那个时候，肯德基的注意力全部在北京、上海、广州等发达城市，虽然也很想尽快延伸到中西部地区，但心有余而力不足。开展特许经营自然而然被提上日程。

第二，特许经营风险控制。在当时中国大陆法律体系还不健全、整体信用度不高的情况下，公司加盟显然比个人加盟带来的风险更小，更利于特许经营的开展和风险控制。

第三，缺乏符合条件的个人加盟者。这是最主要的原因，刚刚改革开放的中国大陆，居民可支配的收入极少，非公有制经营方式还没有得到发展，在这个以万元户为目标的年代，找到一个在资金上符合要求的人就很难，更何况这个人还需要有餐饮业的经营经验呢？

所以，选择公司加盟的策略也就不足为奇了。

但为什么这一模式没有被广泛运用呢？原因很简单，在"西安模式"下，加盟商的运营业绩在很大程度上依赖于自己的经营能力和对市场的判断力，但是，要开发一个市场并涉及多家餐厅的运营是这个模式的困难所在。相对于个人加盟来说，公司加盟的风险较容易控制，但在公司战略的执行过程中公司加盟者往往也比个人加盟者处于更强势的地位。所以，后来肯德基计划在西部布局时，西安肯德基有限公司显示出了公司加盟不利的一面——对肯德基的扩张要求急慢执行，死守西安等经济发展较好的城市。最终，在谈判无果的情况下，肯德基直营店直接开进了陕西省及其周边地区，这就形成了其与西安肯德基既合作又竞争的尴尬局面。

二、二级特许加盟模式

二级特许也叫分特许或分区特许，是指特许人赋予受许人在指定区域销售特许权的权利。主特许人与二级特许人（分特许人）签订授权合同，二级特许人（分特许人）要向特许人支付数目可观的特许费；二级特许人（分特许人）在其获得授权的区域范围内扮演着特许人的角色，与受许人签订特许合同（如图3-7所示）。二级特许加盟模式是开展跨国特许经营的主要方式之一。

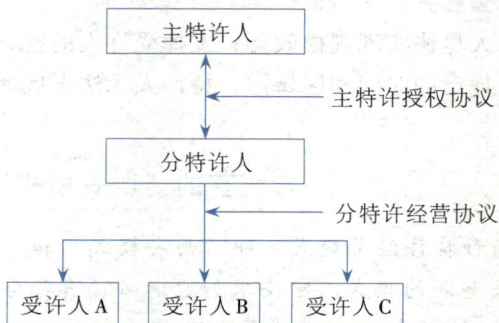

图3-7   二级特许加盟模式

　　二级特许经营的安排通常包含两份协议：一份是主特许人和分特许人之间签订的主特许授权协议，另一份是分特许人和各个受许人之间签订的分特许经营协议。在通常情况下，主特许人和分特许人之间没有直接的法律关系，但是依据某些国家的知识产权法，主特许人与分特许人之间有可能产生直接的法律关系。分特许人在授权的区域内享有主特许人的权利并承担主特许人的义务，负责监督分区特许协议的实施，促进特许网络的发展。如果受许人不能履行自己的职责，分特许人有权进行干预，通常情况下主特许人不会直接干预受许人的经营活动，但是分特许人如果未能尽到对受许人的督导之责，主特许人可以依照主特许授权协议的规定对分特许人提起诉讼。

　　二级特许加盟模式的优点主要包括：网点扩张速度快；特许人没有管理每个受许人的任务和相应的经济负担；分特许人可根据当地市场特点改进特许体系。主要缺点包括：把管理权和特许费的支配权交给了分特许人；过度依赖分特许人，特许经营协议的执行没有保证；特许经营的收入也被分流了。

　　按照特许权授予和行使方式的不同，可以对特许经营进行分类，其中出现较多且容易混淆的是分区特许经营和代理特许经营两种运行形式。

> 知识拓展3-2　　　　　分区特许经营和代理特许经营的区别

　　1.分区特许经营，是分区域开展特许经营的方式，涉及主特许人、分特许人和受许人三方当事人，主特许人把自己的产品、商标、商号等使用权出售给某个区域内的分特许人，并允许其在该区域内代表特许人向地域范围内的受许人授予特许权。在分区特许经营中，存在两份特许经营合同，一是主特许人与分特许人签订的区域总特许经营协议；二是分特许人与受许人签订的区域分特许经营协议。

　　2.代理特许经营，是特许代理商经特许人授权，作为特许人的一个服务机构，代表特许人招募受许人，为受许人提供指导、培训和各种服务。它与前述经营模式最大的不同在于其合同法律关系不同。代理特许经营中，特许人与特许代理商之间签订的是代理合同，而特许代理商在招募到受许人之后，由受许人直接与特许人签订特许经营合同，特许代理商并不构成特许经营合同的当事方。也就是说特许人与特许代理商之间的关系应按照代理关系来处理，特许代理商始终以特许人的名义进行招募活动，责任也由特许人承担。而分区特许经营合同的主体以自己的名义签订区域总特许协议和区域分特许协议。

　　当特许经营企业发展到一定的规模，为了能更快速占领更多市场，特许经营企业在单店特许加盟模式和区域特许加盟模式的基础上，设计出更为复杂也更适合公司发展的加盟模式，如复合特许加盟模式、混合特许加盟模式等。随着市场环境的发展变化，特许经营企业加盟模式的创新方式也层出不穷。

三、复合特许加盟模式

　　复合特许加盟模式是区域开发特许加二级特许（分特许）的复合模式，是指特许人将一定区域内的独占特许权授权给受许人，受许人一方面作为区域特许开发商，在该区域内可以自行投资开设加盟店；另一方面也可以作为二级特许人（分特许人）再次授权给下一个受许人投资和经营加盟店（如图3-8所示）。该受许人既有受许人身份，同时又有这一区域内的特许人身份。受许人支付给特许人的特许费一般根据区域内的常住人口数量确定，若将特许权转让给他人，那么，原先该受许人从他人手中收取的加盟费和权益金须按一定比例上交给特许人。

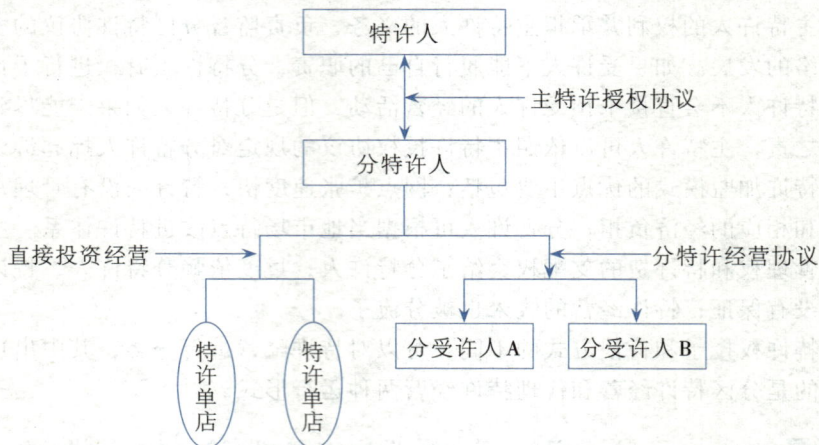

图3-8　复合特许加盟模式

　　7-ELEVEn在中国台湾和香港等地，即采取复合特许授权的模式。在台湾，7-ELEVEn的区域受许人是台湾的统一超商，从1978年开始，统一超商以自营和加盟的方式发展7-ELEVEn便利店。亚洲著名的零售集团——香港牛奶有限公司在取得7-ELEVEn在香港、澳门以及内地广东地区的特许经营授权后，也同样以自营和加盟两种方式进行发展。

　　复合特许加盟模式的优点主要包括：复合特许加盟模式兼有区域开发特许和分特许的优点，能够借助区域受许人的资源和力量快速拓展市场，在特许经营体系的发展上具有一定的灵活性，容易适应当地市场。缺点主要有：和区域开发特许和分特许一样，对总特许人来说，不容易对特许经营体系进行掌控，从这点来讲，该模式主要适合于像7-ELEVEn这样的大品牌。另外特许经营体系的收入也被区域受许人分流。因此，7-ELEVEn在中国除了分别授权香港牛奶有限公司和台湾统一超商开发广东和上海市场以外，在北京市、天津市、成都市、山东省，7-ELEVEn采取合资的方式直接开发市场。

▶ 知识拓展3-3　　　　特许经营与合资经营模式比较分析

　　特许经营与合资经营模式是两种不同的国际特许经营企业拓展方式。从特征上看，二者的核心都是特许权的转让：特许经营是特许人把特许权转让给被特许人；合资经营是特许人把特许权转让给特许人和合资方成立的合资企业。二者的不同点主要有以下几个方面：

　　控制权不同：在特许经营方式下，特许人与被特许人是相互独立的，特许人对被特许人的控制权较弱；而在合资经营模式下，董事会是其最高权力机关，有权决定企业一切重大问题，合资各方在企业经营中的地位、参与管理权限的大小，一般是由其投资比例决定的，占多数投资份额的一方通过对董事会的控制来控制企业的管理决策。

风险不同：特许人和被特许人是两个独立的法律实体，被特许人是企业的所有人，特许人没有责任和义务为企业投资，因而他们不承担风险，也不用承担被特许人的债务，虽然有时特许人帮助被特许人筹措资金，但这属于借贷性质或特许人只起到中间人的作用；在合资经营模式下，特许人作为合资方，必须对合资企业进行投资，并以投资额为限对企业债务承担有限责任。

利润分配不同：在特许经营模式下，特许人主要是收取各种费用，包括特许经营初始费、特许权使用费、广告基金等，其中特许权使用费有两种交纳方式：一种是规定固定的金额，另一种是按照一定的比例交纳，如国内一般是按照营业收入的1%～5%交纳；而合资企业是将净利润按照各方的股权比例进行分配。

资料来源　李鹤. 特许经营与合资模式比较分析［D］. 北京：对外经济贸易大学，2006.

四、混合特许加盟模式

混合特许加盟模式是指特许人将一定区域内的独占特许权授权给分特许人，分特许人自己并不直接经营特许业务，而是再次授权给下一个分受许人去经营特许业务。在下一个分受许人中，一部分分受许人是自己投资经营特许业务，另一部分也可以在授权范围内再次授权给下一级的分受许人去经营特许业务（如图3-9所示）。

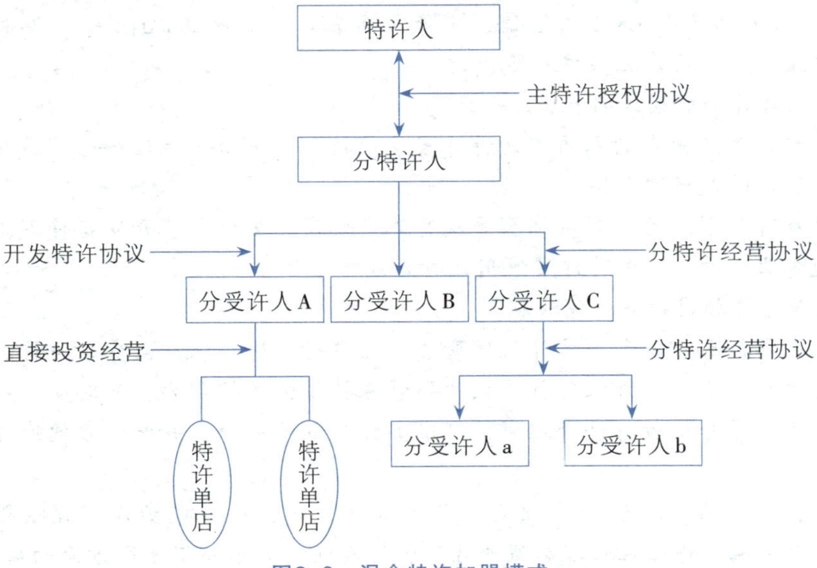

图3-9　混合特许加盟模式

混合特许加盟模式实质是二级特许加盟模式与复合特许加盟模式的结合，其结构非常复杂，能够利用分受许人的资源进行市场拓展，一般适用于跨国特许经营业务。

> **知识拓展3-4**　　　　　　　　　　**代理特许加盟模式**

1.代理特许加盟模式的概念

在代理特许加盟模式中，特许代理商经特许人授权为特许人招募受许人。特许人与特许代理商签订代理合同，特许代理商作为特许人的一个代理服务机构，代表特许人招募受许人，为受许人提供指导、培训、咨询、监督和支持。而特许经营合同则由特许人与受许人直接签署，特许代理商不构成特许合同的主体（如图3-10所示）。

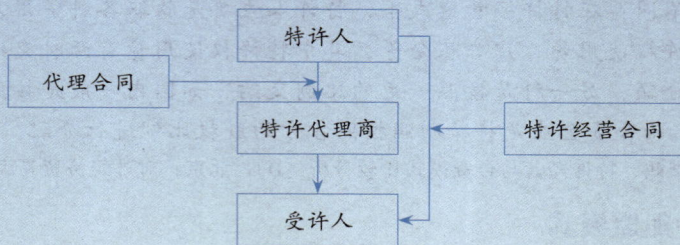

图3-10　代理特许加盟模式

源于美国的快餐店赛百味是采取代理特许加盟模式的典型。数据显示，2010年，赛百味全球收入为152亿美元，是连续17年被美国《企业家》杂志评选为第一名的连锁加盟机构。截止到2011年6月，这个以经营三明治为主的国际快餐巨头在全球98个国家拥有近3.5万家店铺，比行业巨头麦当劳多出1 012家。赛百味的快速发展得益于其运用代理特许加盟模式。

2.代理特许加盟模式的特征

代理特许加盟模式的本质不是特许经营授权，而是商事代理行为。特许人与特许代理商签订的是代理合同。

代理特许加盟实际是为特许人寻找特许代理商，主要负责开发特许网络，不参与实质的企业经营。跨国特许常采用此种方式。

3.代理特许加盟模式的优缺点

优点：特许人可以利用特许代理商的资源进行快速扩张；减少了特许人开发特许网络的费用支出；特许人对特许权的销售保持较强的控制力，并对受许人实施有效控制而不会过分依赖特许代理商；可以直接收取特许费，并能够方便地终止特许合同。

缺点：特许人要对特许代理商的行为负责，并要承担被受许人直接起诉的风险；由于大多属于跨国性代理加盟业务，特许人还需要承担汇率等方面的风险。

【延伸阅读3-10】　　　　　　　　　　**周黑鸭的特许加盟模式**

周黑鸭国际控股有限公司（以下简称周黑鸭），是一家专门从事生产、销售休闲熟卤制品的企业，主营业务为卤鸭、鸭副产品，卤制红肉、蔬菜、家禽及水产类等其他产品。截止到2021年6月，周黑鸭的门店总数达2 270间，其中直营门店1 161间，特许经营门店1 109间，已覆盖全国26个省、自治区、直辖市的212个城市。线上覆盖了64个国内主要电商平台。为了迎合主力消费群体生活习惯的改变，周黑鸭在194个城市提供外卖服务。

目前，周黑鸭有两种特许经营模式，一种是最先开放的发展式城市特许，第二种是2020年6月开放的单店式特许。

第一种发展式城市特许模式，什么样的人有资格加盟呢？首先你所在的城市必须是地级市，而且市场必须是完全空白的。然后在这个区域里你可以根据自己的能力决定开店数量。与此同时，在这个区域内，周黑鸭总部不会再接受单店特许申请。这种模式对投资人的要求极高，不仅仅体现在投资额上，在各方资源上都有极高的标准。

第二种单店式特许模式就更适合普通创业者。目前周黑鸭接受的加盟申请中，有95%的人申请的是单店式特许。但单店式特许加盟也不是随随便便就能加盟的。同样是以地级城市为单位，有直营店的城市才可以做加盟。如果在一个县城申请加盟，就对县城距离周黑鸭直营店的距离有要求，如果超过15千米周黑鸭会不建议你做，因为物流配送的成本会增加，而这部分费用是由加盟商自行承担的。

周黑鸭的单店特许加盟统一采用的是托管型，就是加盟商只需出钱，其他的一切都不用管，合同期限是5年。作为加盟商，初期投入在20万元左右，加上预留的5万~10万元的流动资金，综合算下来总投入在25万~30万元。费用具体包括：保证金5万元，合同期满后退还；入门特许费，也就是我们常说的加盟费用5万元，一次投入终身制，不退还；装修和设备费用根据门店面积会有所不同，预估在10万~15万元。另外，周黑鸭还有一项经营收入叫IT系统维护费，每年3 000元。

资料来源　佚名. 30万开一家周黑鸭？揭秘周黑鸭的特许加盟模式［EB/OL］.［2019-11-09］. https://www.795.com.cn/wz/147824.html.

思政园地

打破"潮玩=盲盒"的固有认知，五大创新破局潮玩困境

TOPTOY是名创优品上市以来推出的首个独立新品牌，定位为全球潮玩集合店，聚焦10~40岁的男女消费群体，商品线覆盖盲盒、手办、高达、BJD娃娃、雕像等八大潮玩核心品类，实现一站式潮玩消费自由。它曾一度面临潮玩的产品单一、风格单一、人群单一、品类分散、渠道分散、产能分散、竞争对手强劲等现实问题。通过实践创新，突破了现实障碍，创造了单店三天销售额达108万元的成绩。

1. 产品创新

TOPTOY将品类拓展至盲盒、手办、高达、积木、BJD娃娃、雕像等八大类，突破了以往以可爱风格的盲盒为主的品类限制。

2. 跨界合作创新

TOPTOY不仅合作了近200家品牌方，获得大量的IP授权，还大力发展自研IP，

将采购和原创比例维持在7：3，用70%的大众IP吸引更多的用户，用30%的原创IP形成品牌护城河。

3.信息技术创新

TOPTOY在一个月时间内投入数百万元，搭建完成SAP的数据系统，支撑起品牌的选品、IP等流程，能够更好地将销售端的数据反馈到供应端，根据用户消费偏好的改变及时调整产品的供应策略。

4.门店设计创新

TOPTOY在设计门店时，特地采用"店展结合"的模式，陈列有1：1还原雕像等颇具视觉震撼的潮玩产品，吸引大众进店参观。此外，TOPTOY店铺通过精心设计，打造体验式消费场景，促进用户的消费。

5.店铺选址创新

此外，在选址方面，除了关注国内一二线城市的顶级商场，TOPTOY还将拓展至更下沉的市场，让更多大众能够直接购买到潮玩产品。

资料来源　中国连锁经营协会微信公众号．

分析提示：与时俱进是商业进步的引擎，实践创新是商业企业的核心竞争力。通过案例引导学生体悟实践创新在商业破局中的重要性。

📘 项目实训

【实训资料】

自行选择当地一家发展特许经营的企业，收集相关资料。

【实训目标】

通过实训，使学生进一步理解特许经营加盟模式的分类，掌握不同特许加盟模式的优缺点，通过探索特许加盟模式，感受创新精神在工作中的重要性。

【实训任务】

1.收集调研企业的背景资料。

2.分析该企业的加盟模式类型。

3.归纳总结其加盟模式的优缺点。

4.撰写该企业的特许加盟模式分析报告书。

【实训指导】

1.复习相关知识，精心组织，合理确定小组成员。

2.确认将要调研的企业。

3.指导调研所要收集的资料。

4.对调查信息进行处理和分析。

5.根据分析结果撰写特许加盟模式分析报告书。

6.召开总结会议，进行交流评比。

【实训评价】

根据实训结果，填写表3-1。

表3-1　　　　　　　　　　　　　　　　组员表现考核表

评价指标	分值	组员自评（30%）	组内互评（40%）	教师评分（30%）	最终得分
实训态度	20				
实训技能	25				
实训效率	25				
思政素养	10				
团队合作	20				
组员个人表现总得分：					

项目测试

一、单项选择题

1.在单店盈利模式的构成要素中，（　　　）是最核心要素，其他要素的设计都要围绕该要素展开。

A.顾客定位　　　　　　　　　　　B.选址模型

C.商品/服务组合　　　　　　　　　D.关键经营策略

即测即评3-1

单项选择题

2.下列属于特许加盟模式的是（　　　）。

A.单店特许加盟模式　　　　　　　B.区域特许加盟模式

C.熟店转让加盟模式　　　　　　　D.以上都是

3.在单店形象识别系统的四大构成要素中，（　　　）处于核心地位。

A.理念识别体系　　　　　　　　　B.行为识别体系

C.视觉识别体系　　　　　　　　　D.店面识别系统

4.关于VI说法正确的是（　　　）。

A.VI是单店形象识别系统的核心

B.VI是动态的识别符号具体化、视觉化的传达形式

C.VI是企业识别系统中最具感染力和传播力的要素

D.是针对有特许加盟性质的企业实施的形象识别系统

5.下面不属于商业模式创新五大要素的是（　　　）。

A.客户价值　　　　B.业务能力　　　　C.经营逻辑　　　　D.内外资源

二、多项选择题

1.商圈的形态有（　　　）。

A.商业区　　　　　　　　B.文教区　　　　　　　　C.混合区

D.住宅区　　　　　　　　E.办公区

即测即评3-2

多项选择题

2.单店加盟模式包括（　　　）。

A.熟店转让　　　　　　　B.委托加盟　　　　　　　C.直接加盟

D.代理加盟　　　　　　　E.托管加盟

3.SI系统设计主要包括（　　　）。

A.整体风格统一规范 　　　　　　　B.终端形象统一规范

C.终端形象规范示范 　　　　　　　D.广告策划统一规范

E.公关策划统一规范

三、案例分析题

经过长时间的考察和筹备，麦当劳决定在中国启动发展式特许经营模式。所谓发展式特许经营，就是在一个特定的地理范围内，授予被特许发展商运营现有餐厅和开设新餐厅的权利，而麦当劳则按照协议在总营业额中提取一定比例作为特许经营费用。尽管制定了符合中国国情的特许经营方针，截至2015年年底，麦当劳中国也只有30%的餐厅由被特许人持有和管理，与美国本土90%的比例相比，明显偏低。

2017年1月9日，中国中信股份有限公司发布公告，宣称中信股份、中信资本控股与美国私募股权基金凯雷投资集团以20.8亿美元的价格正式收购麦当劳中国内地和香港地区的业务。收购完成后，麦当劳仅持有新组成公司20%的股份，几乎不再拥有中国区业务的决策"话语权"。

这种介于直营和完全开放特许经营之间的模式，更像是一种托管模式。有人觉得，麦当劳把特许经营权出售给更加了解本土市场的公司，应该是出于自己的战略需求，目前国内外条件都相对成熟了，包括法律、政策等外部宏观环境，以及内部统一性、标准化团队和复制技术等。麦当劳的用户接触指数小，消费者进店，直奔点餐台，点餐、付款、取餐一气呵成，需要控制的环节少，托管模式就成为更加适合中国市场的连锁扩张模式。

请认真阅读上述材料，完成下列任务：

（1）请结合麦当劳案例分析单店特许加盟模式和区域加盟模式的优缺点。

（2）查找网络相关资料，分析目前麦当劳的加盟模式属于哪一种，并分析其优缺点。

学习评价

根据对本项目内容的学习及掌握情况，填写专业能力测评表（见表3-2）。

表3-2　　　　　　　　　　　　专业能力测评表

业务能力	评价指标	自测结果	备注
认知单店盈利模式	单店盈利模式的四要素	□A □B □C	
	单店运营模式	□A □B □C	
	单店形象识别系统	□A □B □C	
认知单店特许加盟模式	成熟店加盟模式	□A □B □C	
	直接加盟模式	□A □B □C	
	其他单店加盟模式	□A □B □C	

续表

业务能力	评价指标	自测结果	备注
认知区域特许加盟模式	区域开发特许加盟模式	□A □B □C	
	二级特许加盟模式	□A □B □C	
	复合特许加盟模式	□A □B □C	
	混合特许加盟模式	□A □B □C	
思政素养	与时俱进	□A □B □C	
	实践创新	□A □B □C	
教师评语：			
成绩		教师签字	

注：在□中打√，其中，A为掌握，B为基本掌握，C为未掌握。

项目四
加盟店投资分析

■ 学习目标

知识目标：熟悉加盟费、权益金、投资回收期的含义；了解加盟所需启动资金的组成；掌握加盟店利润测算方法；掌握加盟店盈亏平衡点测算方法。

能力目标：能够测算加盟所需的启动资金；能够测算加盟店利润；能够测算加盟店盈亏平衡点。

素养目标：通过对特许加盟启动资金的测算以及加盟投资收益的分析，能够做到理性分析，了解风险防范意识在特许加盟工作中的重要性。

■ 项目框架

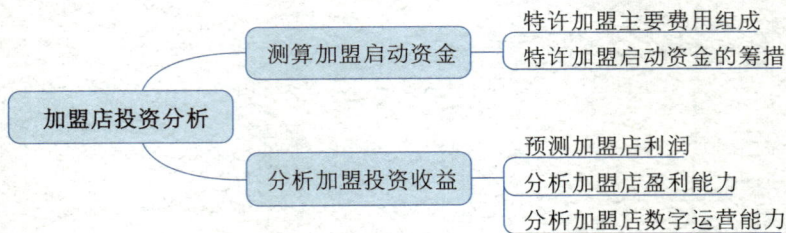

■ 项目导入

周新路打算在自己家乡的中学附近开一家"一点一刻"奶茶饮品店。她和父母说了自己的想法，父母表示支持他加盟创业。当问到她开这个店需要花多少钱，将来能挣多少钱时，周新路一时回答不上来了。现在，周新路要做的是测算加盟奶茶店的启动资金，以便为加盟店的运营筹措资金，同时预测加盟店经营的利润，分析盈亏平衡点，作出投资分析。

分析：这是一个特许加盟投资分析的问题。对自己加盟"一点一刻"奶茶店需要投入多少资金，怎样筹措这些资金，奶茶店运营起来后是否能够盈利，这些问题，周新路都要进行预测与分析。

任务一　测算加盟启动资金

一、特许加盟主要费用组成

被特许人加盟时必须有必要的投资和支付各种必要的费用，这些费用的总和就是启动资金。比如支付的开办费用、销售成本或原材料成本、店铺租金、装修费用、设备款、人员成本（人员工资、劳保、福利、奖金、服装、员工餐等）、折旧费、开业前水电费、电话费等各项办公费用等。

☑ 互动课堂4-1

阅读某小型干洗店加盟方案（见表4-1），试分析特许加盟主要费用的构成情况。

表4-1　　　　　　　　　　　某小型干洗店加盟方案

序号	设备名称	型号	价格（元）
1	全自动碳氢溶剂干洗机	MSG-8	20 800
2	全自动水洗烘干一体机	HG-15D	32 800
3	真空吸风式摇臂烫台	YTT-1500B	2 200
4	电加热蒸汽发生器	DZ-6kW	3 800
5	全蒸汽熨斗	GZY04Q	650（赠送）
	设备合计	—	59 600
	加盟费		10 000
	保证金		10 000
	总计	—	79 600
店铺要求	1.店铺使用面积30m²左右，门面宽度4米以上； 2.通风良好，水源便利； 3.电源220V、功率15kW。		

1.开办费用

开办费用是指企业在筹建期间所发生的各种费用，主要包括支付给特许方的加盟费、权益金、保证金、培训费、市场调查费、资料费、各种许可证审批费用及开业前的其他费用。

2.加盟费

加盟费也称加盟金，是指被特许人为获得特许权而向特许人支付的一次性费用。它实际上是加盟应该支付的一项入门费，或称初始费，因为被特许人的正常开业离不开特许人为其提供的一系列支持和帮助，更重要的是它体现了特许者所拥有的品牌、专利、经营技术、经营模式、商誉等无形资产的价值。一般来说，品牌的价值、知名度和美誉度高，愿意加盟的人就多，加盟费就高，反之则低。

3.权益金

权益金是指被特许人持续支付给特许人的品牌使用费和特许权使用费，又称使用费、管理费。它体现的是特许人向被特许人提供的持续支持和指导的价值。权益金从开业之日起计收，主要用于对加盟店后续支持、督导方面的支出。一般第一年的权益金于合同签订之日收缴，此后每年按年预收。

4.保证金

为确保被特许者履行特许经营合同，特许方可要求加盟方交付一定的保证金，这部分费用到合同期满后，在加盟方没有违约行为的前提下，特许方应退还给加盟方。

【延伸阅读4-1】

桂桂茶经营成本构成情况见表4-2。

表4-2　　　　　　　　　　　桂桂茶经营成本构成

	项目	金额（元）	备注
总准备金 279 500元起 （不含房租、 硬装费用等）	加盟金	48 000	三年（具体不同区域加盟金有所不同）
	保证金	5 000	无违约情况解约时无息退还
	管理费	10 000	按年收取
	信息系统费	6 500	包括收银系统、会员小程序和运营信息系统运维费用
	开店服务费	30 000	包含选址评估服务费、门店设计费、工程监理费、新店培训费、开业支持服务费等
	装修（软装）	60 000	软装按25m²标准店报价，硬装费用根据门店面积等情况而定
	设备	80 000	根据门店情况配置，由公司统一提供
	首批物料	40 000	门店开业前10天提前预留资金

资料来源　根据桂桂茶官网资料整理.

二、特许加盟启动资金的筹措

当前，被特许人尤其是大学生创业者加盟的融资渠道较为单一，主要依靠银行等金融机构来实现。其实创业融资要多管齐下才能多多益善。

1.大学生加盟筹资依靠家人的积蓄

家人多年的积蓄是大学生加盟创业筹资的主要来源，也是创业的原动力，没有家人的支持，创业就不能顺利进行。因此，在加盟创业初期，要发挥家人的力量帮助自己创业。优点是：可长期使用，不需要还本付息；缺点是：大学生加盟创业一旦失败，承担的风险较大，因而精神压力大。

2.从亲朋好友处借钱

俗话说"一个好汉三个帮"，从亲朋好友处借钱加盟创业也是筹集本钱的常见做法。优点是：从亲朋好友处借钱创业靠的是人际关系，因此方便、快捷并且具有灵活性。缺点是：一旦企业经营失败，亲朋好友可能会因收不回自己的钱而伤了感情。因此，诚信在加盟创业和经营过程中都很重要。

3.从购货商处赊购

赊购是指购买商品时不支付现金，先记账，以后一次或者分几次还款。这是一种商业信用的形式，有利于推销商品，而且贷款的利息早已经计入货价，是一种自然融资。在加盟企业成立之初，被特许人应借助总部的力量和影响力首先从供应商处赊货，这对被特许人的资金良性周转起到了有力的促进作用。

小资料4-1

"大众创业 万众创新"税收优惠政策指引

4.金融机构贷款

银行贷款是指银行根据国家政策以一定的利率将资金贷放给资金需要者，并约定期限归还的一种经济行为。银行贷款被誉为创业融资的"蓄水池"，在创业者中很有"群众基础"，但需要一定的抵押。向银行贷款，被特许人遇到最大的障碍就是担保，无法提供担保，就无法得到贷款。

5.争取特许总部的优惠政策

特许总部常常会有一系列优惠待遇给被特许人。这些优惠待遇有的是免收部分费用，有的是赠送设备等，虽不是直接的资金扶持，但对于缺乏资金的创业者来说，等于获得了一笔难得的资金。

这里需要提醒的是，加盟创业者不要因为急于创业开店而到处举债，甚至借高利贷。新店开张会有一段时间的冷淡期，无法在短时间内赚取足够多的利润，如果每天还要为了筹钱偿债，创业者就无法全身心投入到事业的经营中。

加盟创业者如果资金有限，可以先选择一些小型的加盟项目，慢慢积累资金。同时加盟者要量力而行，选择适合自己门槛的加盟费用。否则，创业者债台高筑，整日忧心忡忡，对店面的经营会造成很大的影响。

▷知识拓展4-1　　　　折旧费的计算方法

1.年限平均法（将固定资产的应计折旧额均衡地分摊到固定资产预计使用寿命内，采用这种方法计算的每期的折旧额是相等的）

公式：年折旧率=（1-预计净残值率）÷预计使用寿命×100%

月折旧率=年折旧率÷12

月折旧额=固定资产原价×月折旧率

2.工作量法（指根据实际工作量计算每期应计提折旧额）

公式：单位工作量折旧额=固定资产原价×（1-预计净残值率）÷预计总工作量

某项固定资产月折旧额=该项固定资产当月工作量×单位工作量折旧额

3.双倍余额递减法（一般应在固定资产使用寿命到期前两年内，将固定资产账面净值扣除预计净残值后的净值平均摊销）

公式：年折旧率=（2÷预计使用年限）×100%

月折旧率=年折旧率÷12

月折旧额=每月月初固定资产账面净值×月折旧率

4.年数总和法（指将固定资产的原价减去预计净残值后的余额，乘以一个逐年递减的分数计算每年的折旧额）

公式：年折旧率=（尚可使用年限÷预计使用寿命的年数总和）×100%

月折旧率=年折旧率÷12

月折旧额=（固定资产原价-预计净残值）×月折旧率

☑ 互动课堂 4-2

陈冰冰的父母经营着一家小吃店。在陈冰冰即将大学毕业之际，经家庭讨论，决定支持她创业，提高小吃店经营档次，加盟老潼关肉夹馍标准店。通过调查和咨询，她了解到加盟老潼关肉夹馍标准店的投资资金情况（见表4-3）。

表4-3 标准店单店投资预算

项目	店铺标准	说明
预估营业额（万元/月）	8	商圈适合投资
总面积（平方米）	60	指实际使用面积，含用餐区、点餐区、收银区、厨房、干货间、洗碗间
预估厨房面积（平方米）	20	含厨房区、收银区、干货间
预估座位数（个）	40	视用餐区面积及格局而定
装修金额（万元）	6	含设计费、天花板、地板、墙面、水电安装、灯光照明、菜单灯相片、价目条等装修（不含增容费、外观结构及楼梯改造）。招牌制作安装，按1 000元/平方米预算
厨房设备（万元）	1.5	包含厨房所有的设备
厨房抽排系统（万元）	0.5	厨房抽风系统和新风系统
装修配套设备（万元）	1	含空调1台、门1个、桌椅10套、监视系统、音响系统

续表

项目	店铺标准	说明
电脑收银系统（万元）	0.2	含收银机1台、收银软件一套、收银打印机1台
餐具（万元）	0.24	配套40套餐具
厨房小件（万元）	0.1	篮筐、量具、不锈钢小件用品、层架等
开办费（万元）	0.5	含开店前人员培训费用、差旅费、证照费、水电费、交际费、其他杂费。另须视需要准备开店广告促销费用、隆重开业所需费用2万~5万元。因地区差异、餐厅租赁合约不同，以实际发生费用为准
前期总投资额（万元）	10.04	
第一批原物料（万元）	0.5	预估第一批原物料费用；但须视开店地点、原物料订配货周期做调整。原物料由总部统一配送
宣传费用（万元）	0.3	推广餐厅的费用：含传单、指示牌等
总计（万元）	10.84	预计12个月收回成本

备注：此投资预算不含房屋租赁费用，城市房租因地区差异过大，视实际租赁条件而定

请认真阅读上述材料，并查找相关背景资料，完成下列任务：

（1）根据当地情况测算加盟老潼关肉夹馍标准店所需的启动资金；

（2）选择适合自己的资金筹措方法。

任务二　分析加盟投资收益

一、预测加盟店利润

对于一个特许体系而言，体系是否盈利其实就是其一家加盟店能否盈利的问题，加盟店的盈利状况决定了体系的盈利状况。不管是一家独立的加盟店，还是一个由众多加盟店组成的特许网络，加盟店的盈利问题都是被特许人追求和必须解决的首要与根本问题。加盟店为了发展壮大，必须要为自己创造良性的循环效应，而加盟店的盈利管理就成为其经营管理的核心问题。

1.加盟店盈利的基本公式

加盟店盈利最简单的一个公式就是"单店利润=收入−成本支出"，可以用下式来表示：

利润（P）=收入（I）−支出（E）

一定时期的加盟店盈利等于该时期的营业收入减去营运成本支出。由此可以看出，影响加盟店利润的因素有两个，一个是营业收入，另一个是成本支出。加盟店营

业收入越高，运营成本越低，利润越高。提升加盟店利润的基本思路和方法就是考虑如何提升营业收入，降低营运成本和费用，也就是人们常说的开源节流。

2.加盟店收入的构成

一般认为，收入是指某一个体（包括个人或者企业），在销售商品、提供劳务及转让资产使用权等日常活动中所形成的经济利益的总流入，通常包括商品或劳务的销售收入、利息收入、使用费收入、股利收入等。加盟店收入主要由三个最基本的部分组成：

（1）营业收入。营业收入包括两个部分：主营业务收入，比如销售主要商品或提供主要服务的收入；其他业务收入，比如便利店的代缴费、代售卡、代售门票、代报名、代订购、送货上门、旅游咨询服务等。

营业收入是加盟店盈利的主要来源，在成本费用相对固定或相对可控的情况下，营业收入的高低与利润大小直接相关。因此，提高营业收入也是单店提升盈利的重点。加盟店营业收入也有一个简单的公式，那就是"加盟店营业收入=客单价×购买人数"（如图4-1所示）。客单价是指一定时期内，加盟店的每一个顾客平均购买商品（或服务）的金额，即平均交易金额，购买人数是指一定时期内来店购物或消费的顾客的数量。

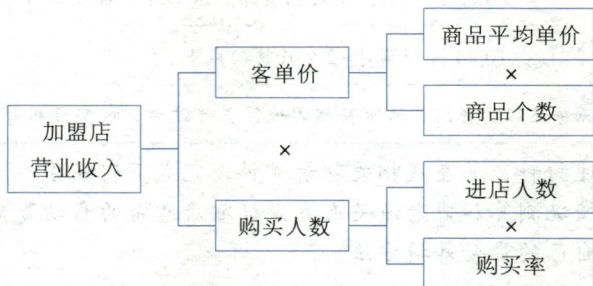

图4-1　加盟店营业收入构成

案例点评4-1　社区水果店巧妙秒杀策略，提高下单转化率

张先生在某小区开了一家水果店，其客户主要来自附近小区。凡在水果店购买过水果的人，都变成了他的微信好友，然后拉入"社群急速水果团"的会员群，群里每周都会有抽奖活动，还可以团购水果，确保新鲜、优惠，并送货上门。

张先生每次搞活动，都在水果店门口做个预热海报，标注这是第几期，几点开始抢，然后挑选出两种水果做秒杀活动，目的是刺激那些观望的、需求不急迫的人。水果促销海报如图4-2所示。

①挑选了8.9元/斤的"红心火龙果"做秒杀活动，每个1斤多，今天只要1元/斤，每人限1个；

②挑选了8.9元/斤的"山东大黄桃"做秒杀活动，今天只要1元/斤，每人限1斤。

水果卖得这么便宜，不就亏了吗？看起来是亏了，但是看看海报的下方还设置一

图4-2　水果促销海报

个条件，那就是15元起，这是什么意思呢？意思是秒杀的产品是不能单独买的，秒杀产品你可以选一个，但是同时要选择其他水果，15元起送，这样用户就会挑选一些苹果、香蕉、车厘子、猕猴桃、红提、西瓜等水果一起下单。在15元的下单价格里面，有30%的利润，就是5元左右，然后减去秒杀产品的成本，还能有2元左右的利润，但是如果用户下单金额稍微多点呢？那就可以多赚一些。这样做的目的，是通过秒杀产品吸引用户的注意力，使之有抢东西的感觉，1元1斤，不买就显得自己傻，所以就会有更多人行动起来。

　　点评：通过社群接龙，营造了一种"大家都在买"的抢购氛围，促进顾客快速决策，提高下单转化率。而相比最原始的顾客"手动接龙"，已经有越来越多的小程序帮助门店商家实现系统自动接龙和系统收款，提高了接龙、收款效率，也避免了手动操作容易出现的差错。

　　（2）投资收入。投资收入是指加盟店对外部发生投资行为所产生的回报，如被特许人用加盟店的收入或利润来进行各种各样的有形或无形物的投资获得收入。

　　（3）营业外收入。营业外收入指加盟店发生的与加盟店的经营无直接关系的各项收入，是非经营耗费所产生的收入，是非经常性的收入，如货品进场费、供应商的节日赞助费、旧设备出售收入、会员卡费等。

3.加盟店成本费用的构成

　　加盟店成本费用包含两部分，一部分是固定成本，另一部分是变动成本。

　　（1）固定成本。固定成本是指其总额在一定期间和一定业务量范围内，不受业务量变动的影响而保持固定不变的成本。通常把加盟店管理人员的工资、办公费、财产保险费、不动产税、按直线法计提的固定资产折旧、职工教育培训费等看作固定成本。固定成本又分为酌量性固定成本和约束性固定成本。酌量性固定成本指管理部门的决策可以影响其数额的固定成本，例如广告费、职工教育培训费、技术开发经费等；约束性固定成本是指管理部门无法决定其数额的固定成本，例如租金及机器设备按直线法计提的折旧费、房屋及设备租金、不动产税、财产保险费、照明费、行政管理人员薪金等。这些科目虽不能直接产生利润，却是加盟店营运得以持续良好进行的重要基础保障。

作为被特许人，加盟店费用中还应考虑计入后续应缴纳给总部的费用，如品牌使用费等。

（2）变动成本。变动成本是指加盟店在一定时期和一定业务量范围内其总额随着业务量的变动而成正比例变动的成本。例如，产品的进货成本、产品包装费、推销佣金以及按加工量计算的固定资产折旧费等。变动成本也可以分为酌量性变动成本和约束性变动成本。按销售收入的一定比例计算的销售佣金、技术转让费等可看作酌量性变动成本；约束性变动成本通常表现为加盟店的进货成本。

【延伸阅读4-2】　　　　　　　　　　　　一品正新鸡排利润分析

一品正新鸡排利润分析见表4-4。从表中我们可以看出，平日客流量200人，周末闲暇时间多，客流量300人，人均消费13元，日销售额2 600～3 900元。由此可以推算出月销售额在8万元以上。扣除成本、费用，月净利润达到2.6万元，预测年净利润在30万元以上。

表4-4　　　　　　　　　　　一品正新鸡排利润分析表

营业时间	客流量	人均消费	日销售额
平日10：00—22：00	200人	13元	2 600元
周末10：00—22：00	300人	13元	3 900元
月销售额	22×2 600 +8×3 900=88 400（元）		
月毛利润	88 400-88 400×47%=46 852（元）		
月净利润	月净利润=月毛利润-人员工资-店租-水电费-税费及其他开支-管理费-加盟费分摊 =46 852-3 500×3-4 000-3 500-200-900-830=26 922（元）		
年净利润	26 922×12=323 064（元）		

二、分析加盟店盈利能力

对于被特许人来说，最关心的就是自己投入的每一分钱，在一定时期内（如一年）能够获得多少回报，或者投资开办一个加盟店，多长时间能够收回投资。

财务盈利能力分析主要考察加盟项目的盈利水平，计算销售利润率、投资利润率、净现值、投资回收期等评价指标。

1.销售利润率

销售利润率是衡量加盟店销售收入的收益水平的指标，是一定时期的销售利润总额与销售收入总额的比率。它表明单位销售收入获得的利润，反映销售收入和利润的关系。其计算公式为：

销售利润率=利润总额÷营业收入×100%

销售毛利率与销售利润率是不同的两个指标，因为后者已剔除了期间费用，前者仍包含期间费用（如管理费用、财务费用等）。

从两者公式可以看出：

销售利润率=利润总额÷营业收入×100%

销售毛利率=（营业收入–营业成本）÷营业收入×100%

而利润总额=营业收入–营业成本–费用，因此，可以看出销售毛利率一般大于销售利润率。

2. 投资利润率

投资利润率，也叫投资回报率，计算公式为"加盟店年投资回报率=加盟店的年利润总额÷总投资额"。计算出的投资利润率应与行业的标准投资利润率或行业的平均投资利润率进行比较，若大于（或等于）标准投资利润率或平均投资利润率，则认为项目是可以考虑接受的，否则不可行。表4-5为某连锁水吧加盟店投资回报测算表，可以清楚地看到加盟投资以及回报的情况。

表4-5　　　　　　　　某连锁水吧加盟店投资回报测算表　　　　　　金额单位：万元

项目		小型店（20m²）	中型店（60m²）	备注
开店投资	首期进货资金	6	18	按3 000元/m²计算
	加盟金	0.5	1	合同期限内
	销售管理软件	0.3	0.3	一次性交纳
	装修费	1	2.3	包括吧台、门面等
	营业设备	1	1	包括电脑、POS机、包装机等
	开业费	0.2	0.5	包括注册、开业宣传等
	总投资额	9	23.1	
投资回报	年利润总额	2.8	7.05	
	年投资利润率（%）	31.11	30.52	
	资金回收期（月）	12.7	8.5	

3. 净现值

净现值是指投资方案所产生的现金净流量以资金成本为贴现率折现之后与原始投资额现值的差额，在项目计算期内，按行业基准折现率或其他设定的折现率计算的各年净现金流量现值的代数和。它是考察项目盈利能力的动态评价指标。其计算公式为：

$$NPV = \sum_{i=1}^{n}(CI - CO)_i(1 + i_c)^{-1}$$

式中：NPV——净现值；CI——现金流入量；CO——现金流出量；（CI-CO）$_i$——第i年的净现金流量；n——项目的寿命周期；i_c——贴现率。

净现值法就是按净现值大小来评价方案优劣的一种方法。净现值大于零则方案可行，且净现值越大，方案越优，投资效益越好。

4.投资回收期

投资回收期是指投资所带来的现金净流量累积到与原始投资额相等所需要的年限，即收回原始投资所需要的年限。投资回收期分为静态投资回收期与动态投资回收期两种。

如果投资项目每年的现金净流量相等，则计算公式为：

投资回收期=原始投资额÷年现金净流量

如果投资项目每年的现金净流量不相等，设投资回收期大于等于n，且小于n+1，则计算公式为：

投资回收期=n+至第n期尚未回收的额度÷第（n+1）期的现金净流量

三、分析加盟店数字运营能力

面对当下市场大环境的变化，如果继续坚持传统的经营模式不作出改变，实体门店就很难在激烈的市场竞争中保持优势。从整个市场环境来看，实体行业经过了从电商平台到全渠道再到智慧数字经营的迭代更新。门店的数字运营能力越强，在同类型的品牌中投资收益往往越高。门店数字运营能力可以参考以下七个方面来评价。

（1）开店标准化：利用大数据平台，对选址、选品，以及周边客户信息进行采集和分析，实现一站式开店。

（2）产品数字化：产品的采购与分配采用数据化流程。产品具有数字标签，根据市场需求分析实现对产品的数字化管理。

（3）门店仓储一体化：仓储和门店打通，对库存以及订单的获取进行数字化管理，保证门店充足且合理的商品库存。

（4）信息系统前置化、统一化：商品、会员、配送统一在线化，对物流系统、商品管理系统进行融合，实现线上线下协同。

（5）多业态零售数字化：全面推进新零售模式，如充分利用微信、社群营销等实现销售的持续增长。

（6）营销数字化：根据实时热点及热门活动，用数据分析客户的行为习惯，制订出符合客户习惯的营销活动方案，提升门店的运营能力。

（7）服务一体化：对加盟商开展咨询、指导、培训、策划、设计，实行从开店到营业一站式服务。选择相应的数字化工具进行巡店督导，建立加盟商评级体系等。

在不断涌现的新业态、新场景中，数字化经营不断深化线上线下一体化融合，使加盟商适应新消费环境带来的一系列挑战，抓住机遇，真正让加盟店降本增效，提升盈利。

案例点评 4-2

王先生想要通过加盟形式开一家果然鲜水果店。2018年6月，他从果然鲜总部考察后，拿回来一些资料，初步整理如下：

从所有数据中筛选出所有5月份的有关交易，制作5月交易细则表格，把5月交易细则中的账户进行分类汇总，收入与支出项目分列并合计。创建5月账户分类合计表格（见表4-6）。把5月账户分类合计表格中的数据对应到相应的损益表项目中，计算毛利率，估算5月的盈利能力。

表4-6　　　　　　　　　　　　　5月账户分类合计表

项目	金额（元）
销售收入	
商品销售收入	28 732.2
礼金收入	260
投资收入	178
销售收入净额	29 170.2
商品销售成本	
商品进货价格	19 287
包装	1 507
进货运费	1 220
销售成本合计	22 014
毛利	7 156.2
销售费用	
工资费用	3 200
房租费用	1 690
日常用品费用	171.1
水电煤气费用	126.6
其他费用	200
坏账损失	125
销售费用合计	5 512.7
营业利润	1 643.5
毛利率	0.245

点评：从表4-6中可以看出，5月的销售收入净额为29 170.2元，商品销售成本合计为22 014元。两者的差额即毛利7 156.2元。用毛利减去相关销售费用，可得出店铺的营业利润为1 643.5元。毛利率为0.245，意味着每投入1元的成本，可以赚取约0.245元的利润。

▶**知识拓展4-2**　　　　　　　　　**加盟店的盈亏平衡分析**

盈亏平衡分析是通过盈亏平衡点分析加盟店的成本与收益的平衡关系的一种方法。各种不确定因素（如投资、成本、销售量、产品价格、加盟项目寿命期等）的变化会影响加盟投资方案的经济效果，当这些因素的变化达到某一临界值时，就会影响方案的取舍。盈亏平衡分析的目的就是找出这个临界值，即盈亏平衡点，判断投资方案对不确定因素变化的承受能力，为决策提供依据。

盈亏平衡点又称保本点，通常是指全部销售收入等于全部成本时（销售收入线与总成本线的交点）的产量，是待建加盟店必须实现的最低销售额（业务量）。以盈亏平衡点为界限，当销售收入高于盈亏平衡点时企业盈利，反之，企业就亏损。盈亏平衡点可以用销售量来表示，即盈亏平衡点的销售量；也可以用销售额来表示，即盈亏平衡点的销售额。

在盈亏平衡点上，投资项目既无盈利，也不亏损，如果达不到指标，表明该加盟店项目亏损，必须放弃或另行选择。

按实物单位计算：盈亏平衡点=固定成本÷（单位产品销售收入-单位产品变动成本）

按金额计算：盈亏平衡点=固定成本÷（1-变动成本÷销售收入）=固定成本÷贡献毛利率

用图解方法来显示盈亏平衡点更加清晰，一般用横坐标表示总收益，纵坐标表示总费用。根据平衡关系：总收益=固定成本+变动成本+利润，盈亏平衡点分析如图4-3所示：

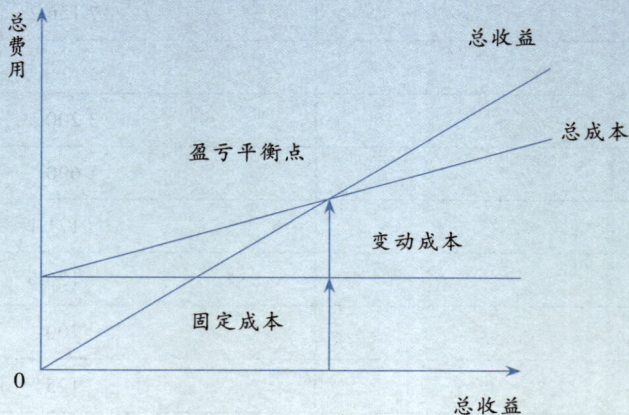

图4-3　盈亏平衡点分析

知识拓展 4-3　　零售业商品管理绩效指标（KPI）体系介绍

零售业商品管理绩效指标（KPI）体系见表4-7。

表4-7　　　　　　零售业商品管理绩效指标（KPI）体系

	绩效指标	指标公式	说明
效益指标	毛利率	毛利率=（1-进货单价/零售单价）×100% =毛利额/销售额×100%	企业商品经营能力的直观反映
	交叉比率	交叉比率=毛利率×周转率	衡量某一商品对企业贡献度的主要指标。回报率越高，代表单品表现越好
	毛利额	毛利额=（零售单价-进货单价）×销售数量	反映商品的盈利能力
	客单价	客单价=销售总额/来客总数	衡量企业经营效益
效率指标	日均销售数量	日均销售数量=一个周期销售数量/周期天数	表示商品销量多寡的指标，数值越大，代表每日销售数量越多
	销售额	销售额=零售单价×销售数量	所有KPI指标的基础数据
	周转率	周转率=已售商品的成本额/平均存货	衡量商品周转水平的重要指标，反映商品的流转速度
	断货率	断货率=统计周期内断货商品品种数/总品种数×100%	衡量供应链效率和物流管理水平的核心指标，有时也受到供应商的影响
	平效	平效=销售额/经营面积	衡量单位面积产出
	品效	品效=单品销售额/本品类商品销售额×100%	衡量该单品在商品结构中的重要程度。品效越高，表示该商品销售贡献越大
	损耗率	损耗率=损耗金额/销售额×100%	损耗金额通常以成本价计算，损耗率是衡量企业商品损耗管理的主要指标。损耗率低，表示商品损耗少；反之，则多
	促销占比	促销占比=促销期销售金额/此期间总销售金额×100%	衡量促销的效果
顾客服务指标	单品客单数	单品客单数=购买此款商品的账单数	衡量商品对于顾客日常需要的重要程度指标
	退货率	退货率=单品退货账单数/购买此单品的客单数×100%	通常作为衡量商品质量的指标
	顾客投诉处理率	顾客投诉处理率=顾客投诉该单品的处理数量/顾客投诉总数×100%	衡量顾客对此商品的不满意程度

资料来源　中国连锁经营协会．SB/T 11200-2017零售业商品管理绩效指标（KPI）体系[S]．2017.

☑ 互动课堂4-3

某加盟店的费用统计见表4-8，请计算其盈亏平衡点。

表4-8　　　　　　　　　　　某加盟店费用统计表　　　　　　　　　金额单位：元

费用	序号	项目	计算方法	合计	费用月摊销额（2年）
装修硬件费用	1	装修费	100×3 600	360 000	15 000
	2	电脑系统	2 000×5	10 000	416.6
	4	空调设备	6 000×2	12 000	500
	5	报警系统	4 200	4 200	175
	6	办公设备	10 000	10 000	416.6
		费用合计		396 200	16 508
		装修硬件费用总计		396 200	

费用	序号	项目	计算方法	合计
日常（经营）固定费用	1	广告宣传费	按10月份广告计划	6 400
	2	人工费	3 000×10	30 000
	3	水电、电话费	5 000	5 000
	4	办公费及其他	1 200	1 200
	5	租金	以各地实际租金为准	40 000
	6	办公用品及耗材	700	700
		维修费		
		物流费		
		刷卡手续费		
		税率：5.2%		
		盘损		
		宿舍费用	3 000×2	6 000
		加盟费		20 000
		日常（经营）固定费用总计		109 300
		经营费用总计		125 808
		每月盈亏平衡点	盈亏平衡点=店铺经营费用÷毛利率	

注：预算毛利率为35%～45%

思政园地

警惕："低报投资额、高估毛利"现象

据调研，"低报投资额、高估毛利"是一些餐饮品牌特许人吸引加盟者时采用的普遍手段，其中，"外带"品类的低报投资额问题最严重，占85.0%；而比例最低的正餐品类也有68.8%的品牌低报；基础毛利率，是另一个对加盟者决策起决定性影响的因素。调研显示，各特许加盟餐饮品牌的预估毛利率为35%~80%，而实际测算的基础毛利率为35%~75%。根据复旦大学教授孙金云研究团队的测算，品牌方预估毛利率均值为60.91%，实际堂食毛利约为59.28%，而含外卖实际毛利仅为49.74%，相差约10%。这种"预估不准"会给加盟者的投资回报带来较大影响。以某奶茶品牌为例，品牌方宣传的加盟单店投资额为20万元、毛利率为70%，但经实际测算，投资额却是29.62万元，实际含外卖的综合毛利率是59.57%。而调查发现，很少有品牌会主动告知该信息，其还会对毛利率进行修正。

分析提示： 从以上调研数据可以看到，在餐饮行业低报投资额和高估毛利率的现象还是很常见的，被特许人在考察项目时切记不要盲目相信特许人提供的相关数据，脑子一热就签订协议，而是应该对相关行业和品牌进行全面分析，多方考证，做到理性加盟，防范风险。

项目实训

【实训资料】

上海杨国福企业管理（集团）有限公司前身杨国福麻辣烫品牌始创于2003年，系专业从事麻辣小吃及特许经营的全国大型餐饮连锁企业。2007年，杨国福成立哈尔滨杨国福麻辣烫餐饮服务有限公司。经过12年的沉淀，于2015年将集团总部设于上海。2018年10月迁址集团大厦——杨国福全球中心，开启新的战略篇章。杨国福集团秉承"健康、匠心、美好"的价值观，一路领跑中国麻辣烫行业。2019年，公司有加盟店5 500余家，遍布全国23个省市、400座城市，并对海外市场进行了战略拓展。2020年，推出品牌歌曲《麻辣传奇》，门店数量拓展至6 000+，立足上海，面向全球，打造餐饮连锁行业黄金品牌。

作为中国麻辣烫行业领军品牌，"杨国福"设立五大统一标准：统一商标、统一店面设计、统一操作和服务规范、统一产品品质和口味、统一广告宣传。严格按照快餐行业标准化模式拓展全国店面（见表4-9、表4-10），科学研发食品创新。公司先后与国内外一线调味品供应商、乳制品供应商达成战略同盟，为"杨国福"提供辅料配方。公司董事长杨国福先生亲自配伍地道香辛料秘方，升级麻辣烫汤底配方，牢牢稳固汤底技术全行业领先地位。

【实训目标】

通过考核，使学生能够对加盟投资进行科学合理的分析，从而为资金筹措等提供依据。

表4-9 店面标准化模式

店面规模	面积	上海	北京	广州、深圳	其他直辖市及地级市	乡镇、县级市
简约店	60m²			25 900 元/年	21 900 元/年	17 900 元/年
标准店	80m²					
形象店	100m²	39 900 元/年 49 900 元/年	25 900 元/年			
旗舰店	150m²					
品牌信誉保证金		30 000 元	20 000 元		10 000 元	

表4-10 费用标准化模式 单位:万元

营业面积	60m²以上	80m²	100m²
日均最低营业额	0.13	0.2	0.4~0.45
年营业额	46.8	72	144~162
原料成本	23.5	36	72~81
房租	2~5	5~10	12~20
人员工资	4~5	6~7	10~12
商业水电费	1~1.5	1.5~2.0	3
促销产品	1	2	3
不可预知费用	1	2	4
年毛利率最低50%	23.4	36	72~81
年纯利润	10~15	15.5~20	40~50

【实训任务】

1.分析杨国福麻辣烫单店投资项目的内容。

2.计算单店投资额。

3.完成资金筹措方案。

4.撰写加盟投资分析报告。

【实训指导】

1.复习相关知识,精心组织,合理确定小组成员。

2.参考杨国福麻辣烫背景资料,对其进行实体店调查分析。

3.根据所学的知识对杨国福麻辣烫的投资进行分析。

4.对调查信息进行统计处理和分析。

5.根据分析结果撰写加盟杨国福麻辣烫的投资分析报告。

6.召开总结会议，进行交流评比。

【实训评价】

根据实训结果填写表4-11。

表4-11　　　　　　　　　　　　　组员表现考核表

评价指标	分值	组员自评（30%）	组内互评（40%）	教师评分（30%）	最终得分
实训态度	20				
实训技能	25				
实训效率	25				
思政素养	10				
团队合作	20				
组员个人表现总得分：					

项目测试

一、单项选择题

1.被特许人加盟时必须有必要的投资和支付各种必要的费用，这些费用的总和为（　　　）。

A.开办费用　　　　B.启动资金　　　　C.销售成本　　　　D.固定资产

2.被特许人为获得特许权而向特许人支付的一次性费用是指（　　　）。

A.权益金　　　　　B.保证金　　　　　C.押金　　　　　　D.加盟费

3.（　　　）是指纳税人销售货物或者应税劳务向买方收取的全部价款和价外费用，但是不包括收取的销项税额。

A.销售额　　　　　B.销售利润　　　　C.销售净利　　　　D.销售毛利

4.加盟店的（　　　）通常是指加盟店的全部销售收入等于全部成本时（销售收入线与总成本线的交点）的销售量或销售额。

A.利润点　　　　　B.盈亏平衡点　　　C.收支点　　　　　D.销售点

5.只有从提升客流量和客单价这两个角度考虑，分析所有影响客流量和客单价的因素，然后采取有针对性的措施，有效提升客流量和客单价，才能够提高（　　　）。

A.销售额　　　　　B.投资回报率　　　C.销售收入　　　　D.销售成本

二、判断题

1.加盟店的经营成本由以下几个方面构成：固定成本、变动成本、混合成本、原材料成本。　　　　　　　　　　　　　　　　　　　　　　　　　　　　（　　　）

2.折旧费的计算方法有年限平均法、工作量法、双倍余额递减法、年数总和法。

（　　　）

3.门店的数量是影响门店客流量的主要因素。　　　　　　　　　　　　（　　　）

4.加盟店的盈亏平衡点又称零利润点。　　　　　　　　　　　　　　　（　　　）

即测即评4-1
单项选择题

即测即评4-2
判断题

5.固定资产不包括场地租金。　　　　　　　　　　　　　　　　　　　　　（　　）

6.参加特许经营展后，小王对拟加盟项目的投资收益情况进行了科学测算并充分评估了自身资产的状况后再进一步与特许人洽谈加盟事宜。　　　　　　　　（　　）

三、案例分析题

小李在大学期间所学专业为平面设计，毕业后在连锁经营的某设计公司从事设计工作3年，积累了一定的工作经验，于是决定采取加盟方式投资35万元创业。筹集资金时，其自有积蓄为10万元，向原同事和朋友借款10万元，其余15万元以向银行抵押贷款的方式获得。扣除加盟费、房租和设备及装修等支出，小李已经所剩无几。新店开业后，小李一方面需要不断支付人工等经营费用、新添置各种用品；另一方面还要偿还银行贷款。结果，小李常常为资金烦恼，以至于无法集中精力从事设计工作，公司经营更是无从谈起。不到一年的时间，小李的加盟店便因经营无利可图最终以亏损而结束营业。

请问：小李创业失败的根本原因是什么？

◆ 学习评价

根据对本项目内容的学习及掌握情况，填写专业能力测评表（见表4-12）。

表4-12　　　　　　　　　　　　　　专业能力测评表

业务能力	评价指标	自测结果	备注
预测启动资金	启动资金组成 启动资金筹措	□A □B □C □A □B □C	
预测投资收益	加盟店利润测算 加盟店盈亏平衡点计算	□A □B □C □A □B □C	
思政素养	理性思考 风险防范	□A □B □C □A □B □C	
教师评语：			
成绩		教师签字	

注：在□中打√，其中，A为掌握，B为基本掌握，C为未掌握。

项目五
加盟店选址

■ 学习目标

知识目标：熟悉选址、商圈、定量法的含义；掌握商圈调查的方法；了解店址评估的要素；熟悉店铺租赁的程序。

能力目标：能够进行商圈调查；能够进行店址评估；能够避免店铺租赁常见陷阱。

素养目标：通过对商圈调研，门店选址租赁内容的学习，培养学生求真务实、实事求是的职业素养。

■ 项目框架

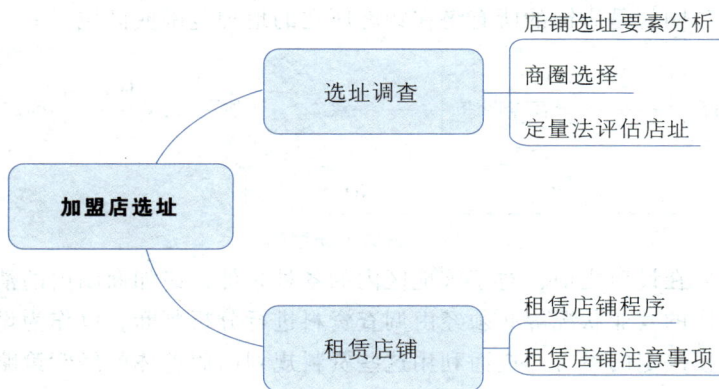

■ 项目导入

　　大学期间，王雨晴在食品工程专业学习了3年，临近毕业时她在一家名叫"街角小屋"的甜品店实习。企业优良的文化氛围、良好的管理、清洁的环境、高效的运营、雇员成长和提升的机遇让王雨晴在工作中充满了干劲。她精心设计新产品，制作的面包、三明治、蛋糕各具特色。王雨晴进步很快，而且她坚信毕业后在家乡开一家甜品店、成为一个独立被特许人是最好的创业选择。现在，王雨晴想知道的是：家乡的哪个位置最适合开设一家甜品店呢？又该如何租赁店铺呢？

　　分析：这是一个店铺选址的问题。王雨晴要对她的家乡进行详细的市场调查，来确定具体哪个位置最适合开设甜品店，并把店铺租下来。

任务一　选址调查

　　选址，是指在开店之前对地址进行论证和决策的过程。首先是指设置的区域以及区域的环境和应达到的基本要求；其次是指设在具体的哪个地点、哪个方位。店铺选址流程如图5-1所示，首要的准备工作就是对商圈及聚客点进行周密的调查，拿出一份详尽的选址调查报告，从而对备选店址进行评估，分析每个店铺的利与弊，最后确定该地址是否适合店铺的运营。

一、店铺选址要素分析

　　选择店址之前，要进行商圈调查，所谓**店铺的商圈**，是指以店铺所在地点为中心，沿着一定的方向和距离扩展，那些优先选择到该店来消费的顾客所分布的地区范围。换言之，商圈就是店铺的所有潜在顾客所在的地理范围或区域。

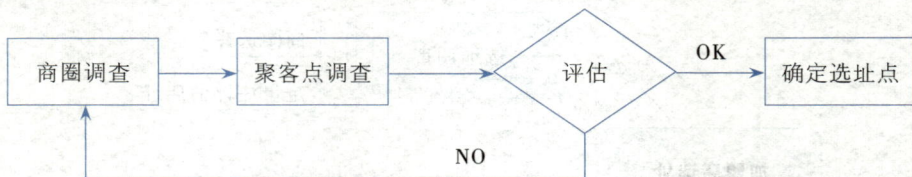

图5-1　选址流程图

　　一家加盟店在设店之前，对于该地区内的各种条件，诸如商圈内的消费者购买能力、同业竞争店的营业状况等必须经由调查资料进行分析判断，以作为设店时营业额预测及门店规模决定的参考。进而利用这些资料规划门店整体的经营策略、经营的收益计划、设备资金计划以及经营的价值等。

　　门店商圈调查分析的内容非常多，包括人口、消费能力、交通、竞争等诸多因素，但归纳起来可以将这些因素归结为三大方面来分析。

1.商圈潜力调查

　　一个门店的生存和发展，依赖于商圈范围内有供其吸收的充足购买力，没有理想的购买力，门店将难以为继。商圈潜力调查，就是调查该地区内消费者生活方式、生活状态的资料，了解商圈范围内有多少人口、多大的潜在消费额、居民的消费行为等，以确定其发展前景如何。

（1）商圈人口调查。人口调查包括以下项目：人口数量；人口性别比例；人口密度；人口职业构成；家庭结构；教育结构；小区构成等。

除了对目前的人口结构进行调查之外，还要注意分析有没有人口增加的潜力，对有关过去人口集聚、膨胀的速度及将来人口结构的变迁也要加以预测。在一个人口逐渐增加的新区开店较易成功，在一个人口逐渐减少的老区开店则易失败。家庭结构是人口结构的基础资料之一，可据此对家庭户数变动的情形及家庭人数、成员状况、人员变化趋势等情况进行了解，进而可以由人员构成的比率，洞悉城市化的发展与生活形态的关系。

在商圈人口调查过程中，要注意三点：门店所要求的商圈人口数量根据规模、地点、竞争情况不同而有所不同，店铺规模越大要求的人口越多；空间障碍因素，如河流、沟壑、大型十字路口、立交桥等会阻止部分顾客；竞争店因素，竞争店会瓜分市场占有率。

（2）商圈客流量调查。"客流"即"钱流"，在车水马龙、人流熙攘的热闹地段开店，成功的概率肯定要比普通地段高出许多，因为川流不息的人潮就是潜在的客源。客流量的大小是门店成功与否的关键因素。客流包括现有客流和潜在客流，除固定商圈内居民外，流动的消费者也是门店一个重要的客户来源。随着交通便利度的提高、人们出行方式和生活方式的改变，流动人口的消费比例有所增加。

①分析道路特点。选择开店地点还要分析道路特点与客流的关系，运输道路、商流道路、郊区道路、连接道路等具有不同特性的道路，会有不同类型的人经过，所以也各适合不同类型的店铺，在选择地段时应考虑不同地段道路的特性。

②分析客流目的、速度、停留时间。不同地区的客流规模可能相同，但客流目的、速度、停留时间各不相同。如火车站前的机动车道的客流多，但客流的目的不是购物，虽然可能顺便或临时购物，但客流速度快、停留时间短。

③分析街道两侧的客流规模及客流规律。由于交通条件、公共设施的影响，街道两侧的客流规模也有所不同。

在门店经营中如何才能低成本获客一直是大多数商家和运营人员考虑的问题。获取顾客的成本越低，所获得的利润才会越高，这就要降低流量成本。流量成本就是在每一个渠道，获得一个潜在客户的平均价格是多少。用公式表示为：

流量成本=销售成本÷潜在客户数

从公式可以看出，只有潜在客户数越大，流量成本才能越低。

（3）潜在消费额调查。潜在消费额是在对人口调查的基础上，进一步调查消费者的收入水平和消费水平测算出来的。通过调查消费者的收入水平，可以了解消费的可能性，进而利用家庭、人口的资料，得知每人或每一家庭的收入水平。消费水平是地区内消费活动的直接指标，也是开店最重要的指标。调查商圈内主要相关店铺每人购买金额，一个月及一次的购买金额，据此可以了解每个人或每个家庭的消费情形，并针对消费内容依商品类别分别预测各种商品的消费额，也可以知悉商圈内购买力的情况。

（4）顾客购物倾向调查。顾客是上帝，店铺能够成功经营自然离不开顾客，所以在开店之前必须了解顾客消费情况。

① 购买行为调查。内容包括顾客购买的动机与消费习惯；购买的时间与频率；购买的地点和购物出行方式等。

② 消费意愿调查。内容包括顾客感兴趣的商品与服务；对未来有何期望等。

在进行商圈潜力调查时，还可以利用互联网大数据的统计分析平台，如以百度海量网民行为数据为基础的数据分析平台百度指数（Baidu Index），使用其人群画像进行分析。以往需要花费大量精力开展的调研，现在只要在平台输入关键词，就可获得用户年龄、性别、区域、兴趣的分布特点等资料，并且数据比较真实和客观。

2.城市结构调查

通过对地域内实际生活的空间，包括中心地带及周围区域城市机能的调查，了解该地域内设施状况、交通状况、活动空间等环境的现状。

（1）地域与气候。对地域内地形状况和气候的特殊性进行调查，因为店铺的经营状况与气候因素有相当紧密的关系。

（2）交通状况。门店位置选择交通要道比较好。因为交通网密布的地方往往是人口集中或者流量特别大的地方，自然是开店的理想地点。所以调查时对于商圈内的地铁站、公交车站分布、交通路线与车辆往来都要考虑。

（3）各项城市机能。商圈内的各种行政管理、经济流通、娱乐、商品销售等机构汇集之处必然成为人口流量中的焦点。在此处开设店铺需调查分析究竟以公务人口为主体还是以购物、社交、娱乐、休闲的人口为主体。

（4）城市发展规划。除了城市结构的现状外，有关将来发展的方向，诸如行政中心的迁移、交通网的开发计划、社区发展计划及商业区的建设计划等，均是设店时在地点因素上所必须考虑的要点。

3.商圈内竞争店调查

同一商圈范围内的竞争店是影响门店竞争激烈程度的最重要因素，对于门店的销售、盈利等经营要素影响重大。因此，对于商圈内竞争店情况的调查与分析是商圈调查分析的重中之重。

竞争店调查主要立足于商圈范围内，重点是那些具有相关竞争性的店铺。做好开店前的竞争店调查可以做到心中有数，以便做好决策。对于商圈内竞争店基本情况的调查主要包括：

（1）综合调查。首先对竞争店的情况进行综合调查，包括选址、用地、规模、业态、门店构造等。

（2）商品调查。商品品质高、结构优是门店成功的重要因素，商品调查主要对竞争店经营的商品结构、价格、货源等情况进行调查，以便进行市场定位；或与自己的店铺进行比较，找出双方差异，以求改进。

（3）门店调查。门店调查包括对竞争店店铺外观、店堂布局陈列等内容进行调查。店铺外观调查主要包括店名、店标、招牌、停车场及商品搬运入口的调查。店堂布局陈列调查主要包括竞争店的楼面构成、平面布局、面积分割及商品陈列等方面的调查。

（4）营运调查。营运调查主要包括对理货、陈列、补货、营销及组织活动状况等门店营运方面的调查。

二、商圈选择

选择商圈之前，需要对附近商圈进行调查。商圈调查方法有很多，比如查阅有关统计资料；走访城市或所选区的各种主管部门，比如统计部门、规划部门、商业部门等；实地观察法；访谈法；问卷抽样调查；网上资源搜索；从中介、信息公司购买资料等。下面主要介绍两种方法：

1. 实地观察法

客流数量的调查方法通常采用实地观察记录法。针对店中店和独立门店通常会用到类似表5-1至表5-3这样的调查表格。

表5-1　　　　　　　　　　（　　）店铺客流量调查表

调查日期：＿＿＿年＿＿＿月＿＿＿日　星期＿＿＿＿　　　　　　　　　　调查人：

人数　　地点　时间	主入口街道		主入口进店	××门进店	××门进店	进入目标楼层	进入对等店
	由左向右	由右向左					
9：00—11：00							
11：00—13：00							
13：00—16：00							
16：00—19：00							
19：00—21：00							

表5-2　　　　　　　　　　（　　）街道人流量调查表

调查日期：＿＿＿年＿＿＿月＿＿＿日　星期＿＿＿＿　　　　　　　　　　调查人：

人数　　地点　时间	主入口街道		进入对等店
	由左向右	由右向左	
9：00—11：00			
11：00—13：00			
13：00—16：00			
16：00—19：00			
19：00—21：00			

表5-3 （　　　）店选址及店面评估表

A.选址地点及交通概况	地点	市___区___路___号		
	交通状况	□主干道 □次干道 □支道 □有隔离带 □无隔离带 □ 店前隔离带有出口 □ 店前隔离带无出口 路宽____米，距站牌____米，公交车____路，距离路口____米		
	地址属性	□主要商业街道 □步行街 □校内学生商圈 □校外学生商圈 □居民区 □企业附近 □医院附近 □车站 □其他人员聚集区		
B.店铺结构概况	室外	主楼高____层，楼龄____年，店铺____楼，门面宽____米、高____米， 招牌宽____米、高____米，门前空场____平方米		
	室内	室内平面形状：□正方形 □长方形 □不规则 使用面积____平方米、深____米、宽____米、高____米 卷闸门：□有□无，洗手间：□有□无，仓库：□有□无		
C.租赁条件概况		先前租户从事____行业，租期____年，每月租金____元，押金____元； 租金调幅：□租期内不调 □每年上调____%，转让费____元		
D.商圈分析概况	邻铺概况	左右两边五家店铺依次为左：_____、_____、_____、_____、_____； 右：_____、_____、_____、_____、_____； 500米内同类商家有：____家，同类商家的定位：____； 开门营业时间平均为：____时，晚上关门时间为：____时； 空铺左____家、右____家		
	商圈	周围人群15~28岁约占____%，学生约占____%，上班族约占____%， 从商人员约占____%，当地居民约占____%，游客约占____%		
		人流统计（以每5分钟计算）： 周一至周五9：30—11：30____人，双休日____人； 周一至周五13：30—15：30____人，双休日____人； 周一至周五17：00—19：00____人，双休日____人； 周一至周五20：00—22：00____人，双休日____人		
E.商圈内店铺营运分布概况及竞争对手分析（半径500米内）	店铺营运分布概况	大型超市：□有□无，日平均客流约____人，距选择店____米；学校 有____家（其中小学____所，学生约____人，距选择店____米；中学____ 所，学生约____人，距选择店____米；大学____所，学生约____人，距 选择店____米）		
	竞争对手分析	竞争店：□有□无，有____家。 第一家距选择店____米、营销模式____、规模____平方米，经营品种____； 营运状况：□优 □一般 □差 第二家距选择店____米、营销模式____、规模____平方米，经营品种____； 营运状况：□优 □一般 □差 第三家距选择店____米、营销模式____、规模____平方米，经营品种____； 营运状况：□优 □一般 □差		

续表

F.合作商概况	姓名		籍贯	
	联系电话		联系地址	
	预计资金投入		预计开业时间	
	行业经验			
	合作方式	□公司直营　□承包经营　□合作经营　□特许经营		
	对公司的意见及需公司支持的力度			

2.问卷调查法

针对消费者，可以运用问卷法调查消费者的基本情况、消费动机、购买行为、态度、消费观念、消费倾向等。问卷样例见表5-4。

表5-4　　　　　　　　　　关于（　　　）餐饮消费行为的调查问卷

您好!

我们正在做一项关于×××餐饮消费行为的调查研究，希望您能花点时间协助我们，整个调查只会占用您5～10分钟的时间。您的意见将对我们的研究起着极为重要的作用，对您提供的信息，我们将进行严格保密。谢谢您的帮忙!

一、餐饮偏好消费调查

1.您经常光顾的餐厅有哪些?（按频繁程度依次选两个，用数字①、②表示）

□ 本地菜　□ 西餐厅　□ 特色小吃　□ 特色餐厅　□ 其他（请列明）

2.您通常去餐厅就餐的主要原因?（按频繁程度依次选两个，用数字①、②表示）

□ 工作应酬　□ 朋友聚会　□ 家人聚会　□ 恋爱交友

□ 其他（请列明）

3.您通常每月去餐厅就餐几次?（单选）

□ 1次以下　□ 1次　□ 2次　□ 3次　□ 4次　□ 5次　□ 5次以上

4.您若去餐厅就餐，一般会和几个人一起去?（单选）

□ 独自　　□ 1～2人　　□ 3～4人　　□ 4人及以上

5.您通常去餐厅，平均每人每次就餐消费多少?（单位：元）（单选）

□ ≤50　□ 51～100　□ 101～150　□ 151～200　□ 201～300　□ 301及以上

6.您选择去餐厅就餐的主要考虑因素有哪些?（按重要程度依次选三个，用数字①、②、③表示）

□ 良好的就餐环境　□ 便利的交通条件　□ 离家（或工作地）距离近

□ 性价比高　□ 食物口味好　□ 档次高　□ 市场口碑好　□ 停车方便

□ 其他（请列明）

续表

7.您希望餐厅的营业时间最晚到晚上几点结束营业？（单选）

□10点 □10点半 □11点 □11点半 □12点半 □其他（请列明）

8.您认为本地区餐饮行业有哪些方面需要改进？（按重要程度依次选三个，用数字①、②、③表示）

□丰富菜系 □提高餐厅档次 □提高就餐环境 □提高餐厅的集聚性

□打造餐厅品牌 □提高餐厅规模 □便捷的停车场地 □其他（请列明）

二、受访者背景资料

1.受访者的性别

□ 男 □ 女

2.受访者的年龄

□ 18岁以下 □ 19～25岁 □ 26～35岁 □ 36～45岁 □ 46～55岁

□ 56～60岁 □ 61岁以上

3.您从事什么工作？

□ 公务员 □ 外企职员 □ 主妇 □ 学生 □ 私营业主 □ 退休/待业

□ 文化/教育/医疗/科研人员 □ 营业代表/推销员/保险经纪人 □ 普通工人

□ 其他（请列明）

4.您的教育程度是？

□ 研究生及以上 □ 本科 □ 大专 □ 高中/技术学校程度 □ 初中

5.您的婚姻状况？

□ 未婚 □ 已婚 □ 已婚未育 □ 已婚已育（几个子女：）

6.您的家庭成员有多少？

□ 2人 □ 3～4人 □ 5人以上

7.您的家庭年收入？（单位：万元）

□ ≤2 □ 2～3 □ 3～5 □ 5～8 □ 8～15

□ 15～20 □ 20以上

三、定量法评估店址

1.定量法评估店址原理

定量法是指将影响地址选择决策的一系列指标因素列出来，为其分别赋予一定的数值，然后以不同的权重将各指标的数值加总求和，最后以每个候选地址的各指标得分高低来排列地址的优先顺序并选出最终的店址的方法。

2.定量法评估店址步骤

（1）确定影响地址选择决策的指标因素。不同的行业、不同的企业、不同的店面性质等方面都共同影响某地址的选择与最终决策。一般对于一个城市或县城、乡镇而言，表5-5中各指标常常是影响店址决策的因素，被特许人在确定自己的单店选址影响因素时，应根据自己店铺的实际情况有所增删或细化。

表5-5　　　　　　　　　　　　　　　影响店址选择的指标因素

序号	指标名称	指标细化		
1	地理位置	距离市中心位置	市中心	
			市中心与郊区之间	
			郊区	
		店前道路	主干道	有通向店的开口
				离通向店的开口较近
				离通向店的开口较远
				无通向店的开口
			次干道	有通向店的开口
				离通向店的开口较近
				离通向店的开口较远
				无通向店的开口
			普通街道	
			小巷胡同	
		沿街位置	十字路口	
			丁字路口	
			普通沿街	离路口近
				离路口远
		所在商圈性质	行政区	
			商业区	
			文教区	
			金融区	
			居民区	
			厂矿区	
			娱乐区	
			综合区	

续表

序号	指标名称	指标细化
2	城建规划	无拆迁规划
		即将拆迁
		2年后拆迁
		5年后拆迁
3	店址房产	所在建筑楼层数
		所在楼层
		门面尺寸
		面积
		举架高度
		水电气等配套设施
		改造容易程度
		门前停车场
		招牌可见度
		和邻居店协调性
		店前有效人流量
		其余物业配套程度
4	周边人口	数量
		男女比例
		年龄结构
		固定流动比
		学历
		收入结构
		职业结构
5	商圈内邻	政府机关
		写字楼
		住宅小区
		学校
		大型商场超市
		医院
		公园景点
		影剧院
		竞争者
		其他人群聚集处

续表

序号	指标名称	指标细化
6	周边交通	公交车站
		地铁站
		火车站
		飞机场
		出租车停靠站
		立交桥
		天桥
		地下通道
7	周边区域未来发展趋势	商业区
		行政区
		文教区
		金融区
		居民区
		厂矿区
		娱乐区
		综合区
8	商品配送	供应商方便程度
		顾客方便程度
9	成本	租金或售价
		款项支付方式
		未来房租或房价增长趋势
10	收益预测	销售额
		利润率
		投资回收期

（2）按照影响地址选择决策的指标因素给每一地址打分。为此，需要首先确定一个打分的标准，即把前面确定的指标因素赋予一定的数值，把定性的指标数量化。每个指标因素的打分标准都是不一样的，具体标准需要加盟店根据自己的实际情况来确定。

比如"距离市中心位置"这个指标，它下面又分为三个更细的指标，即"市中心"、"市中心与郊区之间"和"郊区"。那么选址者可以这样规定：地址位于"市中心"、"市中心与郊区之间"及"郊区"时，其对应的分值分别为10分，10~2分之间（距离市中心越近，分值越大）和1分。

比如"店前道路"这个指标，它下面的更细化指标的分值可以采用如表5-6所示的打分方法。

表5-6　　　　　　　　　　　　　　"店前道路"细化指标打分标准

指标名称	指标细化		得分
店前道路	主干道	有通向店的开口	距离≤3米：9分； 3米~5米：8分； 5米~8米：7分； 8米~10米：6分； 10米~15米：5分； 15米~20米：4分； 20米~25米：3分； 25米~30米：2分； 30米~40米：1分； 40米以上 0分
		离通向店的开口较近	
		离通向店的开口较远	
		无通向店的开口	扣10分
	次干道	有通向店的开口	5分
		离通向店的开口较近	距离≤3米：4分； 3米~5米：3分； 5米~8米：2分； 8米~10米：1分； 10米以上 0分
		离通向店的开口较远	
		无通向店的开口	扣15分
	普通街道		2分
	小巷胡同		扣15分

（3）对于影响选址的各指标因素，如表5-5中的地理位置、城建规划、店址房产、周边人口、商圈内邻、周边交通、周边区域未来发展趋势、商品配送8个因素，分别赋予总和为1的权值。

对于权值的确定，可以凭借被特许人的经验、行业的习惯、专家的意见、企业的需要等给出定性或定量的具体数值，也可以采用相对比较打分法来确定。

相对比较打分法的具体运用如下：将上述8个指标分别按横向和纵向排列成一个表格，并将指标进行两两对比，得出每个指标的重要度分值。得分的规则如下：如果纵列的指标比横向的指标更具有优势地位，那么就在横向与纵列的交叉点处记得分

"1"，否则为"0"。指标自己与自己比较，其值应为"0"，最后，将每一横向的0~1值相加即可得到对应于左侧纵列的各指标的重要度分值。

以上述8个因素为例，按照上面的方法就可以得到表5-7所示的各指标的重要度分值，见最右列。

最后得到的地理位置、城建规划、店址房产、周边人口、商圈内邻、周边交通、周边区域未来发展趋势、商品配送等指标的重要度分值分别为7、1、2、3、3、2、0、5。分值越大，表示该指标对于企业的选址决策而言越重要。然后，以各指标的重要度分值除以总分值23，便可以得到各指标的权重分别为0.3、0.04、0.09、0.13、0.13、0.09、0、0.22，见表5-7的最后一行。

表5-7　　　　　　　　　　　各指标的重要度分值计算表

指标名称	1.地理位置	2.城建规划	3.店址房产	4.周边人口	5.商圈内邻	6.周边交通	7.周边区域未来发展趋势	8.商品配送	总分
1.地理位置	0	1	1	1	1	1	1	1	7
2.城建规划	0	0	0	0	0	0	1	0	1
3.店址房产	0	1	0	0	0	0	1	0	2
4.周边人口	0	1	1	0	0	0	1	0	3
5.商圈内邻	0	1	1	0	0	0	1	0	3
6.周边交通	0	1	0	0	0	0	1	0	2
7.周边区域未来发展趋势	0	0	0	0	0	0	0	0	0
8.商品配送	0	1	1	0	1	1	1	0	5
总分	—	—	—	—	—	—	—	—	23
各指标权重	0.3	0.04	0.09	0.13	0.13	0.09	0	0.22	—

（4）计算每处候选地址的加权总分。计算方法是将第二步得出的各指标的打分乘以第三步得出的各指标权重，结果就是每处候选地址的加权总分。

（5）选择店址。按照加权总分大小顺序排列各候选地址，并选择最终地址。加权总分最高的为最符合要求的地址。

案例点评5-1　　　麦当劳如何利用公式选址

国际快餐巨头麦当劳的选址一向以精准著称，以至于很多餐企紧紧跟随，纷纷在其周围选址，到底麦当劳是运用哪些方法进行选址的呢？下面介绍麦当劳常用的一种选址方法：CKE模型选址法。

CKE模型是由卡尔·卡彻·恩廷设计的。这一模型是通过掌握充分的市场资料，运用多元回归分析法来预测和评估某一餐厅的位置优劣。

1. 需要的有关数据

对于某一餐厅的位置来说，如果要进行评估，必须获得如下有关本区域的数据：

① 附近街道上每天的车辆数。

② 本区域内所有餐厅的座位数。

③ 本区域内蓝领工人所占比例。

④ 10分钟内即可到达餐厅的公司职员人数。

⑤ 周围10分钟内就可到达的人数。

⑥ 本区域内人口的平均年龄。

⑦ 营业区域内连锁餐厅数。

⑧ 10分钟内可以到达的所有人口数。

2. 需要达到的指标

① 本区域内所有餐厅座位数不少于1 200个。

② 75%的人口属于蓝领阶层。

③ 平均年龄在26～32岁之间。

④ 10分钟内有10 000名职员可以到达这家餐厅。

3. 计算公式

在获得以上数据的基础上，运用下列回归方程计算：

$$Y = a - XA + XB + XC + XD$$

其中：Y——这家餐厅的预计销售额；

A——本区域内所有餐厅座位数；

B——本区域内蓝领工人所占比例；

C——本区域内人口的平均年龄；

D——10分钟内能够到达本餐厅的职员人数；

a——经验系数；

X——用来衡量A、B、C、D四个因素的系数。

点评：餐厅选址需要周密的计划，进行审慎的定性、定量分析。这是一个需按科学程序执行的预测、决策过程。餐厅拟建规模越大，这个过程就应越严格、精密。正因为麦当劳的选址坚持掌握市场的全面资讯和执行对位置的评估标准，才能够使开设的餐厅无论是现在还是将来，都能健康稳定地成长和发展。

▷知识拓展5-1　　　　　　　　大数据辅助选址

怎样提高选址的准确率？其实现在信息技术特别发达，可以用互联网上的大数据来辅助线下进行选址。下面介绍一下大数据辅助选址的步骤。

（1）建立数据库。可以使用Excel制作电子表格，录入数据。

（2）建立数据模型。这个稍微有点难，可以找加盟品牌，让总部提供数据模型分析的工具，有了数据模型，提炼出要从事的业态的数据标签，就可以根据这些标签进行对比和分析。

（3）数据清洗。采集的数据中，可能有一些是没用的，那么怎么清洗呢？一般是反复用几种方法来做排列组合，比如要筛选出50元客单的中式快餐，第一步是筛出餐饮类的数据，其他都去掉；下一步只留50元客单的；再下一步，只保留100平方米左右店面规模的。经过几轮清洗后，留下来的数据就是真正有用的数据。经过清洗的数据，去掉了无用和干扰的部分，可能就比较容易看出轮廓了。

（4）数据的分析和决策。一般来说，会从以下几个角度进行分析：

哪些品牌和我有关系？分析的第一步，是确定分析对象。如果准备开服装店，当然要研究类似的服装品牌，但此外，要不要研究不一样的服装品牌？比如你是普通品牌，商圈内的高端品牌服装要不要研究？可能要。还有别的品类，比如要不要研究便利店、零食店、餐饮店？如果要研究，研究哪一类……也都是需要考虑的。

除了经营状况，还要研究这些商铺周围都有什么样的商户、物业和人流，这些商铺的人流和它们的位置的关系，和我们是什么关系。比如店铺是在物业的出口处还是入口处是完全不同的。在入口处，会第一个把客流截下来；在出口处，剩多少就有多少，不剩就没有了。所以，对动线的选择也很重要。

此外，还要研究选址与品牌DNA的相似度，比如一个上海的品牌，现在要在北京开店，能完全照搬上海经验吗？北京和上海都是一线城市，但北京和上海商圈的构成完全不同，上海的模式在北京就不一定成功，失败的概率可能高达70%。所以，不能把上海的DNA直接搬到北京。

除了城市的DNA，我们选址时可能更多要考虑的是商圈的DNA。比如说，川菜相对平民化，会在平民化的地方分布更多；粤菜相对高端，会在较高端的地区分布较多。这两个地区在商圈上是有明显区别的，但与城市关系就不大。当你的研究和分析深入到商圈的DNA，深入到一个建筑物的不同楼层的时候，选址才会是正确的。

资料来源　编者根据盟享加网站（http://www.mxj.com.cn/）资料整理.

☑ 互动课堂 5-1

王先生居住在深圳市，他想要加盟一家茶叶店，经过网上收集信息和实地考察，选择了"山国饮艺"这个品牌。他在深圳市罗湖区人民南路附近寻找合适的开店位置。目前有四个可以选择的商铺，A店位于国贸大厦的一层底商，临近北门方向，距离地铁站1 000米，临近城市主干道人民南路。B店位于金光华广场北门的一层，距离地铁站400米，距离公交车站500米。C店位于彭年酒店旁边的写字楼一层底商，临近城市主干道嘉宾路，距离公交车站600米，附近没有地铁站。D店位于凯利宾馆的一层底商，店铺临近辅路，附近没有公交车站或者地铁站。门店具体位置如图5-2所示。

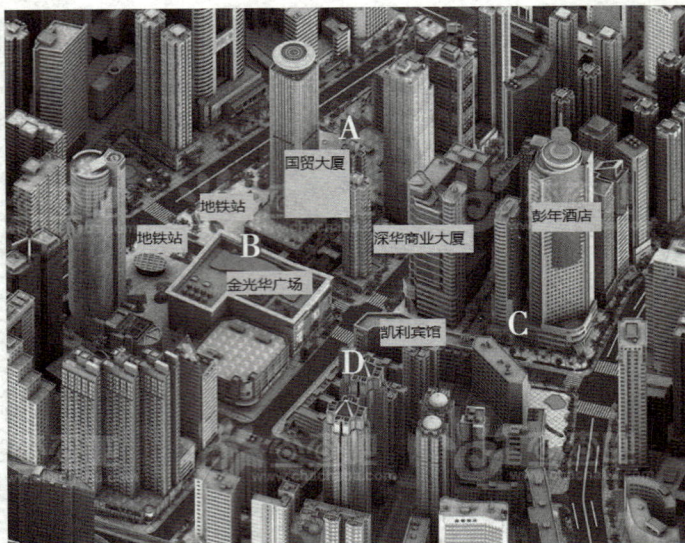

图5-2 门店位置示意图

请认真阅读上述材料，并查找相关背景资料，完成下列任务：

（1）分析消费群体状况。

（2）分析周围的单位和交通情况。

（3）A、B、C、D四个位置中哪个最适合开一家"山国饮艺"茶叶店？

任务二 租赁店铺

一、租赁店铺程序

店铺租赁本身至少有三种情况，如从一般房东处租赁、从代理中介处租赁、从特许人处租赁。下面我们以从一般房东处租赁为例进行介绍。

如图5-3所示，选定店址后，潜在加盟商需要了解该店址情况，随后与房东业主谈判，双方达成租赁意向后，签订租约。

图5-3 租赁店铺流程图

1.了解情况

租到一个合适的店铺，并不是那么简单的事，还涉及一个如何保障自己合法权益的问题。因此，在办理房屋租赁手续前，必须对以下几个方面有一个详细的了解。

（1）出租人是否有权出租房屋。根据有关法律规定，不是谁都可以出租房屋，也不是什么样的房屋都可以出租。判断出租人是否有权出租房屋，首先，要看他是否有不动产权证书（或房屋所有权证），与非房屋所有权人签订的合同是无效的，不受法律的保护，但是经房屋所有权人授权或委托出租、转租的合同除外。其次，要看出租人的身份证，并按照不动产权证书（或房屋所有权证）上的记录加以核对。如果出租人是受房屋所有权人的委托代其出租房屋的，最好还应与房屋所有权人见面，弄清楚其中细节，不能见到房屋所有权人的，还可以向当地社区居委会等机构核实受托人的真实性和委托书的合法性。

（2）该房屋是否有出租权。有很多房屋是不能出租的，所以在租房之前，首先必须了解一下该房屋是否有出租权，房屋出租人有不动产权证书（或房屋所有权证），这是房屋能出租的基本条件。其次要看出租者是否办理过相应的房屋出租文件，如房屋租赁许可证，这是判断租房是否合法的依据。只有这两证都齐全的房屋，才是可以安全租赁的房屋。

（3）房屋实际情况。房屋使用条件的好坏将直接影响店铺以后的经营活动，所以一定要仔细查看。查看的内容包括房屋内的所有情况，包括门面大小、举架高度、墙壁、天花板、地板、排水设施、电路、燃气、供暖、网络、通信、安全等是否满足经营的需要，确认公共设施供应的计量表位、容量、收费标准、缴费方法、管理和维修、可营业时间等，并估量其中哪些缺陷可以忽视，而哪些缺陷必须仔细考虑。如果发现房屋某些情况将直接影响经营，则应考虑放弃。

另外，一些行业有特殊要求的，如餐饮行业的上下水、排烟，有的汽车售后服务项目的排污等，都应结合房屋实际情况予以评估和考量。

（4）周边店铺租金情况。周边店铺租金情况将提供一个大致的租金水平，了解了这个水平，就有利于与房主谈判。另外，还可以了解一下周边店铺的经营状况和打算租赁的房屋以前的经营状况等。

（5）租赁期。作为一个可持续的事业投资，合理的租赁期保障是必须考量的因素，如租期短于特许授权期将给加盟事业带来诸多不稳定的变数。

2.业主谈判

不要以为只有外交家才需要谈判，生活中其实处处都需要谈判，特别是生意场上，巧舌如簧也许会带来更多的利润。

（1）谈好房租价格。和商务谈判一样，在谈价时，不能失了先机。不要过早表露对房子的好感。即使自己看中的房子，也不要冲动，要冷静思考到底它是不是真的适合自己。不要轻率作决定，签合同前仔细阅读每一条细则，如有疑问要马上提出并解决。

多听少说，尽量让房东多介绍自己的房子，你只要认真听，并适时提出意见。交流中引导房东尽可能多地讲述房子的方方面面，比如上一个租户的基本情况、退租原因、房屋周边的配套设施、近期有无政策调控会对房屋造成影响等，掌握更多的信息，能增加你谈判的砝码，也能帮助你冷静思考权衡。

认真观察房屋，结合房东的描述，挑战他的说法。如果发现他的描述与实际情况不相符合，告诉他这造成了你的心理落差，要结合自己的情况再好好考虑考虑。或者可以说房子的条件虽然好但并不符合自己的需求，花费超预算的钱去消费自己根本不需要的条件是否值得，这一点你还需要再斟酌下。攻破房东心理防线的同时，为自己争取更平等更坦诚的方式去商讨各项事宜。

在谈及具体的条件前，传递给房东一个信息：你并不急着租下来，还有很多房源没有查看，机会有的是。或者告诉房东，你已看中其他房子并付了定金，但也喜欢他的房子，能否再便宜点儿，以补偿不能退回定金的损失。

如果房东着急把房子租出去，催促你赶紧作决定，千万不要妥协。急躁往往会使你作出不明智的决定。只要你时间充足，可以设法拖延谈判的时间，这样胜算就会很大。有心租给你的房东会拉着你让你加一点钱，不要当场妥协，可以稍微坚持一下，说"差不多了吧""我已经给得挺高了"，在房东想租但又实在租不了这么低价的时候，适当加一些，估计就可以成交了。带现金去和房东谈，告诉他你真的很有诚意。只要价钱合适可以马上付定金，但定金金额不宜过多。如有必要，也可以将损失降至最低。实在谈不下去，就只好放弃。

此外，明确租金时有可能涉及附加面积和附属设施等内容，必须编制清单，注明完好程度，以作为租赁合同的附件。

（2）谈好缴付方式。房租的缴付方式有多种，最常见的有按月结算、定期缴付和一次性付清三种。最理想的是先支付一个月的租金并缴纳一个月的押金，以后按月支付租金。租赁期限届满时如不续租，由出租方退还押金或最后一个月不再支付租金。另外，也可以考虑按季支付或半年支付一次租金。最好不要按年支付租金，因为这种方式资金的占用非常大。总的来说，开店成本中租金占成本的比率很高，所以必须谨慎考虑。

（3）谈好附加条件。与房东谈判，除了谈租金之外，还要注意谈妥有关的附加条件，经营者不要小看这些附加条件，实际上它可以节省一大笔开支。首先，在租房前应对店面内现有的情况，包括装修状况、设备状况等都了解清楚，然后根据了解的情况，通过谈判，请房东帮助整修一部分。如拆除原有已报废无法再利用的设备和装修，对店面的屋顶、地板、墙壁作基本的修缮，添置或维修水电设施等，或者要求房东承担相应的费用，或在租金中予以抵扣。其次，可以通过谈判要求免付押金。一些黄金地段的门面房押金也往往是比较可观的，虽然这笔钱最终是退还的，但如果一直经营下去，这笔钱就一直不可能返还。对于资金紧张的创业者来说，这是一个极大的浪费。如果经营者能通过谈判使房东免收押金，将使经营者减少一笔成本，而可以在其他经营上加大投资。

3.签订租约

经过了解情况、谈判，确定租赁店铺后，接下来进入实质阶段，即交易阶段，双方签订《房屋租赁合同》，并向房屋所在地的房地产管理部门登记备案。

二、租赁店铺注意事项

被特许人往往被创业、获取融资、选择加盟项目等环节搞得疲惫不堪，以至于忽视了租赁协议中的大量细节，为确保正确有利的租赁行为，被特许人应注意以下几个方面。

1.调查商铺的档案

承租商铺之前，应当赴该商铺所在地房地产交易中心进行产权调查，确认以下几个重大信息：

（1）房屋的用途和土地用途。必须确保房屋的类型为商业用房性质、土地用途是非住宅性质方可承租作为商铺使用，否则，将面临无法办理营业执照以及非法使用房屋的风险。

（2）房屋权利人。确保与房屋权利人或者其他权利人签署租赁合同。

（3）房屋是否已经存有租赁登记信息，若已经存有租赁登记信息，导致新租赁合同无法办理登记手续，从而导致新承租人的租赁关系无法对抗第三人，也会影响新承租人顺利办出营业执照。

2.免租装修期

商铺租赁中，免租装修期经常会出现在合同之中，通常免租期为30～45天，主要是由于承租人在交房后需要对房屋进行装修，实际不能办公、营业，此种情形下，出租人同意不收取承租人装修期间的租金。但"免租装修期"不是法律明确规定的概念，因此，在签订租赁合同时一定要明确约定免租装修期起止时间、免除支付的具体费用，一般情形下只免除租金，实际使用房屋产生的水费、电费等还需按合同约定承担。

3.营业执照

承租商铺的目的在于开展商业经营活动，而开展商业经营活动的首要条件就是必须合法取得营业执照，因此，在签订商铺租赁合同时，许多条款都要围绕着营业执照的办理来设置，主要涉及以下几个方面：

（1）原有租赁登记信息没有注销，新租赁合同无法办理租赁登记，从而导致无法及时办理营业执照。

（2）已经使用商铺地址注册了营业执照，而该营业登记信息没有注销或者迁移，从而导致在同一个商铺上无法再次注册新的营业执照。

（3）房屋类型不是商业用房，无法进行商业经营活动，从而导致无法注册营业执照。

（4）涉及特种经营行业（娱乐、餐饮等）的，还需要经过公安、消防、卫生、生态环境等部门检查合格，取得治安许可证、卫生许可证等证件后，方可取得营业执照。

（5）出租人材料缺失会导致无法注册营业执照。

对于上述第（1）（2）（3）（5）项情形，可在合同中设定为出租人义务，并给予出租人合理宽限期，超过一定期限还无法解除妨碍的，应当承担相应的违约责任；上述第（4）项情形，可设定为无责任解约情形，以保障承租人万一无法办出营业执照时可以无责任解除合同。

4.装修的处置

商铺租赁中，往往需要花费大额资金用于铺面装修，为了确保装修能够顺利进行，以及保障装修利益，在合同中应当注意几个问题：

（1）明确约定出租人是否同意承租人对商铺进行装修，以及装修图纸或方案是否需要取得出租人同意等，若有特别的改建、搭建的，应当明确约定清楚，对于广告、店招位置也可约定清楚。

（2）解除合同的违约责任，不应仅仅考虑违约金部分，因为违约金常常会约定等同于押金，数额不高，往往不及承租人的装修损失。因此，应当约定在此情形下，出租人除承担违约金外，还需要承担承租人所遭受的装修损失费用。

（3）明确租赁期满时，装修、添附的处置方式。

5.水、电、通信等

因商铺经营的特殊性，对于水、电、通信均可能有特殊需要，这些公共资源的供应又会受到各种因素影响，建议承租商铺前，应当先行考察是否满足使用需求；若不满足，确定如何办理扩容或增量，以及办理扩容或增量所需费用，并在合同中明确约定相关内容，以及在无法满足正常需求的情形下，承租人免责解除合同的权利。

> **知识拓展 5-2**　　　　　　　　　**接手转租店铺技巧**

商铺市场中商铺层层转租现象并不少见，不少"二房东"甚至"三房东"通过赚取差价获得收益，这其中就存在转租的问题。俗称的"转租"其实涵盖了法律规定的两种变更方式："转租"和"承租权转让"。依法律规定，"转租"是指上手租赁关系不解除，本手在此建立租赁关系，而"承租权转让"是指上手租赁关系解除，新承租人直接替代原承租人与出租人（业主）建立租赁关系。在这两种形式下，需要注意以下问题：

（1）在接手铺面之前一定要记得查看原始租赁合同，看看转让方是否具有铺面转租权。如果没有铺面转租权，而受让方在不知情的情况下与转让人签订了转让合同，就会造成业主与受让方之间的纠纷。查看原有租赁合同可以很好地避免转让方恶意抬高租金，受让方在租赁铺面时就可参照原有合同的租金价格了。明确商铺的产权登记情况也很有必要。房屋产权登记证就好比个人身份证，明确了房屋的归属信息。因为只有房屋的产权问题弄清楚了，才能进行营业执照、烟草专卖零售许可证等证件的办理。最后，还要看看铺面的转租期限。商铺的租期要按业主与转让方签订的原始合同算起。比如，业主与转让方签订的是一份5年的合同，转让方经营了2年，那受让方的转租期就只能签订3年，超期无效，所以承租人在接手前务必要搞清楚租期。

（2）转租必须取得出租人书面同意，同样，在承租权转让中，解除原租赁合同和重签新租赁合同，也需要征得出租人同意。

（3）原承租人往往向新承租人主张一笔补偿费，主要补偿装修、存货或设备转让损失等，此笔费用不属于法定承租人应承担费用，但法律亦没有明确禁止，因此，只要双方当时协商同意，亦会受到法律保护。

📝 案例点评 5-2

2019年4月份，张小姐加盟开了一家"珂洛丽"美甲店，花了3.5万元，在红旗大街接手租下了一个不足20平方米的铺面，生意不好做，连续亏了一年，于是张小姐决定将该铺面转租出去。因为地段的原因，该商铺挂出转让的牌子后完全不缺看铺的人，但却迟迟转租不出去。张小姐每次带下家去和房东签转让协议时，下家都会要求房东租期一次签2～5年，租金递增；但房东却要求商铺租期一年一年地签，"因为很可能明年要收回来自己做"。因此，房东每次提出这一要求，原本有意接手商铺的下家都不能接受。

张小姐意识到，虽然当时和房东签的转让协议上清楚地写明：该商铺可以转让。但是，只要房东不松口，该商铺是铁定转让不出去的。于是张小姐找到房东协商，谁知房东却提出另一个要求：转让费五五分，而且如果4月5日合同到期该商铺还没转让出去，张小姐就必须交下一年的租金；如果不交租金，房东就要以张小姐违约为由将该商铺收回。

如果再交一年租金自己就还得亏一年，而且一年后同样要面临商铺转让的问题；如果继续转让，按房东现在的态度，在合同到期前肯定无法转租出去。一旦房东收回商铺，自己3.5万元的转让费和装修费就全打水漂了。无奈之下，张小姐只好同意了房东的要求，加上装修总共转让了3.6万元，分了1.8万元给房东，自己硬生生地亏了1.7万元。

点评：很多人转让商铺都只考虑如何约定好自己租赁期的条款，基本上不会考虑到转让给第二承租方中间过渡的问题，这就被不少房东利用，表面上同意租客转让商铺，但事实上房东的限制条款让租客根本转让不出去，从而提出要分转让费等要求。所以，一定要在签合同时就约定好当铺面要到期之时，自己有权转让铺面，房东有义务配合与第二承租人签订时间期限不超过规定年限的租赁合同。总之，合同越细致越好，可加一些弹性条款，以保护自己的权益。如果之前没有把这些细节约定好，房子要到期的时候，就会很被动。

☑ 互动课堂5-2

2022年6月，李霞经过几年在百货店销售童装，积累了一定的销售经验和资金。现在，她想加盟"快乐宝贝"品牌，需要租一个20平方米左右的店铺。她进行了前期的调查，确定了在建设路上开店。但是建设路上目前没有待租商铺，这令她很苦恼。终于她找到一个正在经营的服装店，门口挂了"商铺转让"的牌子，店主说正好想转租该店铺，除了每年的房租之外，还要李霞交纳3万元的转租费。店主拿出了他与房主签订的"房屋租赁合同"，李霞看到租赁合同是2021年9月签订的，租期为5年。现在，李霞既为找到了店铺感到高兴，又很担心这个转租店铺会有问题。

请认真阅读上述材料，并查找相关背景资料，完成下列任务：

（1）如果李霞接收该店铺，还可以使用几年？

（2）除了李霞看到的"房屋租赁合同"，她还需要店主提供哪些材料？

（3）李霞应该接手该转租店铺吗？

思政园地

选址专员的辛劳谁知？

按字面意思，选址专员就是从事店铺选址工作的岗位。选址专员是一个非常具有挑战性的工作，因为商铺的位置本身是一种稀缺资源，好的商铺位置更是难得！

选址专员不光要具备基本的沟通能力（和房东谈租金），还要能吃苦。他们风餐露宿，几乎每天都在外面跑，经常没有周末，没有轮休，没有节假日，从零下30℃到零上30℃，从沿海到黄沙，从冬天到夏天，一天可以跨越大半个中国，不是在选址就是在去选址的路上。只有勤快地"扫"街，才能选到理想的店铺。很多特许品牌都有选址的标准和要求，选址专员只能按照要求去找，市场上空铺很多，但是要符合公司要求的肯定是少之又少，而且并不是你一家在选址，同行也在找，压力还是相当大的。选址专员光跑光看还不够，还得把嘴巴带上，顺便问问附近商店的经营情况或其他与经营无关的事情，兴许还会得到意想不到的收获。

现在虽然借助智能选址技术，可以很方便地对数据进行综合研判，但在缩小意向落位点目标范围后，实地勘察以及一些补充信息的获取还是省不掉的环节。

分析提示：成功的开店离不开成功的选址，要选到理想的店铺需要辛苦的付出，需要求真务实、实事求是地评估店址的各项指标。

项目实训

【实训资料】

某三线城市，当地还没有福奈特洗衣店，城市人口30万人左右，城市消费水平中等偏上，并已有一些其他洗衣品牌进驻并开店，生意较好。现有两处同面积、同面宽的店址供客户选择：

店址1：地处该城市的二类街道，双向四车道，交通便利，人车流量较大，店铺周边有居住区、写字楼和商场，商业氛围较好，有超市、服装店、美容店等，该店铺年租金20万元。距该店铺200米左右有一家开业5年的其他品牌洗衣连锁店。

店址2：地处该城市一较高档社区，是临街商铺，距城市繁华街区有一定距离，交通便利，店铺周边餐饮业较多，还有一些小型便利店、水果店等，该店铺年租金8万元。周边也有两家小洗衣店，价格便宜，生意看似也不错。

【实训目标】

通过实训，使学生明确商圈调查的内容，掌握商圈调查的方法，能够开展商圈调查，并根据加盟项目要求选择合适的店址。

【实训任务】

1.分析该商圈的商业性质、客源、消费者属性。

2.分析道路交通及停车能力。

3.分析商圈内的竞争业态。

4.判断该店址是否适合开店。

【实训指导】

1.复习相关知识，精心组织，合理确定小组成员。

2.网络搜索福奈特的背景资料。

3.指导学生根据案例信息进行分析。

4.指导学生根据所学的知识评估该被特许人。

5.出具是否同意加盟的建议书。

6.召开总结会议，进行交流评比。

【实训评价】

根据实训结果填写表5-8。

表5-8　　　　　　　　　　　　　组员表现考核表

评价指标	分值	组员自评（30%）	组内互评（40%）	教师评分（30%）	最终得分
实训态度	20				
实训技能	25				
实训效率	25				
思政素养	10				
团队合作	20				
组员个人表现总得分：					

项目测试

一、单项选择题

1.被特许人与特许人签订合同后，以下（　　）行为必须得到总部的批准。

A.中途停止合同　　　　　　　　　B.将生意迁移他地

C.将生意转让他人　　　　　　　　D.以上都是

即测即评5-1

单项选择题

2.我国《商业特许经营管理条例》规定，特许人从事特许经营活动应当至少拥有（　　）个直营店，并且经营时间超过（　　）年。

A.1；1　　　　　　　B.1；2　　　　　　　C.2；1　　　　　　　D.2；2

3.（　　）指商店有一定地理界限的销售范围，它是以商店所在地点为中心，沿一定距离形成不同层次的吸引顾客的区域。

A.商圈　　　　　　　B.单店　　　　　　　C.店面　　　　　　　D.展会

4.（　　）不适宜作为特许经营店铺的地址。

A.商业活动频繁或历史悠久的中心商业区

B.同行集聚的街道或集市

C.人口密度高的居民小区及周边地区

D.以上都不是

5.店铺选址时也可以利用GIS技术进行商圈选址评估，其中GIS是（　　）的缩写。

A.全球定位系统　　　　　　　　　　B.地理信息系统

C.企业形象识别系统　　　　　　　　　D.以上都不是

即测即评5-2

判断题

二、判断题

1.特许人与被特许人因合约确定的关系是两个相互独立的民事主体之间的商业契约关系。　　　　　　　　　　　　　　　　　　　　　　　　　　（　　）

2.通过商圈分析，可以确定特许经营店铺促销活动的范围。　　　　（　　）

3.特许经营店在选定店铺地址后要对该店址进行评估。　　　　　　（　　）

4.特许人向被特许人进行信息披露应当包括特许人及特许经营活动的基本情况。
　　　　　　　　　　　　　　　　　　　　　　　　　　　　　　（　　）

5.被特许人应尽的义务包括缴纳加盟金、保证金等。　　　　　　　（　　）

三、案例分析题

日本有个叫通口俊夫的企业家，以经营连锁药店而闻名。初创时，通口先生在京板铁路沿线京桥、干木、梅云这三个地方分别开了小药店。因为这三家药店在一条直线上，销量总是上不去。

一年夏天，他坐电车下班，无意中发现在他前边的几个小学生都把手套在三角尺的窟窿里，用另一只手转着玩，他突然豁然开朗。联想到他以前看到的有关部队打仗的书籍，一下子就找到了药店不景气的原因：直线排列点很容易被外力阻断，三足鼎立，点和线才能连起来，就能守住中间的三角形部分。想到这里通口激动不已。

回家后，他拿来了地图，展开一看，果然，他所开的三家药店分布在一条直线上。于是，他就关掉了梅云的老店，在德阁又开了一家新药店。调整后的三家药店完全按照他的"三角形"结构布局。成功总是偏爱有心人，没多久，三家药店的营业额开始回升，并越做越火，业务量不断扩大。如今，通口已拥有一千余家连锁药店。

请问：通口俊夫调整了门店位置后为什么会获得成功？

◆ 学习评价

根据对本项目内容的学习及掌握情况，填写专业能力测评表（见表5-9）。

表5-9　　　　　　　　　　　　　　专业能力测评表

业务能力	评价指标	自测结果	备注
能进行商圈调查，并选择合适店址	商圈调查内容	□A □B □C	
	加盟店选址流程与方法	□A □B □C	
能租赁店铺并防范租铺陷阱	租赁店铺程序	□A □B □C	
	租赁店铺注意事项	□A □B □C	
思政素养	求真务实	□A □B □C	
	实事求是	□A □B □C	
教师评语：			
成绩		教师签字	

注：在□中打√，其中，A为掌握，B为基本掌握，C为未掌握。

项目六
特许经营合同签订

■ 学习目标

　　知识目标：熟悉特许经营合同、商业秘密的含义；掌握特许经营合同的主要内容；了解特许经营合同中的法律保障与法律约束；掌握特许经营知识产权法律制度的内容。

　　能力目标：能够与特许人谈判并签订合同；能够履行特许经营合同。

　　素养目标：通过对特许经营合同内容以及合同受法律制度约束和保障的学习，培养学生遵纪守法、诚信经营的职业素养。

■ 项目框架

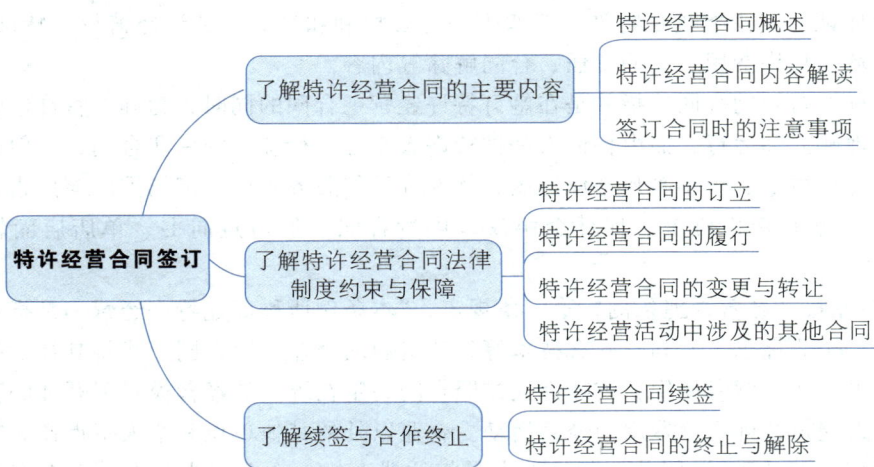

■项目导入

　　王雨晴在完成选址分析之后，决定加盟"街角小屋"这个品牌，但是对于总部给的特许经营合同，她有一些迷茫。合同的内容、对双方的约束与保障、合同续约与终止等，都需要她深入学习、研究。

　　分析：加盟是基于特许经营合同而展开的活动，整个过程包括前期的合同签订、期间的履行及后期的终止、解除。作为加盟商，需要认真阅读特许经营合同，明确特许经营活动过程中双方的职责及义务。

任务一　了解特许经营合同的主要内容

　　特许经营合同是特许经营关系赖以存在和发展的基础和关键，它关系到特许经营双方的切身利益，同时也是解决特许经营有关纠纷的根本依据。从加盟商的角度考虑，特许经营合同是保护自身权益的最重要文件。

一、特许经营合同概述

1.特许经营合同的概念

　　特许经营中的法律性文件有很多，其中最重要的就是特许经营合同。**广义的特许经营合同**指特许人和被特许人之间签订的用于规定双方权利、义务，确定双方特许经营关系的所有法律契约，包括特许经营主合同（即人们通常所理解的特许经营合同）和特许经营辅助合同。

　　特许经营主合同，由特许人和被特许人双方签订，是双方建立特许经营关系的正式法律凭证。其主要规定特许经营双方的主要权利和义务、特许经营权、特许期限、特许区域、特许费用、违约责任、合同解除等内容。

　　特许经营辅助合同，指的是在签订特许经营主合同的同时，为确保特许经营关系更切实地建立和运行，而由特许人和被特许人双方另行签订的一些合同，一般包括商标使用许可协议、防止腐败合作协议、软件许可与服务协议、市场推广与广告基金管理办法、竞业禁止协议、保证金协议、供货合同、加盟意向书、单店店面转租合同等。

　　《商业特许经营管理条例》第三条规定："本条例所称商业特许经营，是指拥有注册商标、企业标志、专利、专有技术等经营资源的企业，以合同形式将其拥有的经营资源许可其他经营者使用，被特许人按照合同约定在统一的经营模式下开展经营，并向特许人支付特许经营费用的经营活动。企业以外的其他单位和个人不得作为特许人从事特许经营活动。"因此，如经营者是将注册商标、企业标志、专利、专有技术等经营资源中的一个或多个以合同形式授权其他经营者使用，并规定了统一的经营模式，即使双方签订的合同名称不是"特许经营合同"，或者合同条款表面上是"合作""服务"，双方一旦发生纠纷，法院也会基于合同内容和双方的合作性质，认定合同为商业特许经营合同，立案案由定为特许经营合同纠纷。

2.特许经营合同的内容

特许经营合同的主要内容包括：

（1）特许人、被特许人的基本情况；

（2）特许经营的内容、期限；

（3）特许经营费用的种类、金额及其支付方式；

（4）经营指导、技术支持以及业务培训等服务的具体内容和提供方式；

（5）产品或者服务的质量、标准要求和保证措施；

（6）产品或者服务的促销与广告宣传；

（7）特许经营中的消费者权益保护和赔偿责任的承担；

（8）特许经营合同的变更、解除和终止；

（9）违约责任；

（10）争议的解决方式；

（11）特许人与被特许人约定的其他事项。

二、特许经营合同内容解读

特许经营合同涉及诸多的法律、技术和管理的专业问题，对于合同中出现的一些专业用语，如"特许经营体系""商标许可使用""区域保护""加盟费""特许经营使用费""产品和服务的内容"等，因对其理解不同，特许经营双方经常会发生纠纷。为了避免出现这种情况，在合同中对这些专业用语的内涵和外延进行明确界定具有重要意义。

（1）特许经营权的内容和范围。特许经营合同中应明确授予的特许经营权的内容，通常包括许可使用的商标、商号、专利、专有技术和经营诀窍等。合同中应明确规定它们的名称、登记号及有效期、许可使用的内容、方式和地区等事项。签订合同时，加盟商应该审核有关权属证书的原件，可要求将相关复印件作为合同附件。

（2）特许经营权的期限和地域。通常，特许经营合同的期限即特许经营权使用的期限。特许经营合同的期限短则一两年，长则十年甚至二十年，通常为三至五年。合同期限的长短与行业特点、加盟店的投资额、投资回收期等因素有关。同时，合同中应规定续约（展期）的条件和期限。

特许经营合同通常会明确规定加盟店的经营地点及地域范围。负责任的特许人还会将某地域范围设定为该加盟商的商圈保护范围，即规定不在该地域范围发展其他加盟商或限制加盟商的数量。商圈保护条款对加盟商是十分有利的，能避免因特许人在一个地域内随意发展加盟店而造成同一体系内加盟店间的恶性竞争。

商圈保护范围的设定方式通常有：以店址为圆心按一定半径划分、按行政区域划分、在地图上直接标明、指定某卖场等。

（3）特许人的权利和义务（见表6-1）。

（4）加盟商的权利和义务（见表6-2）。

表6-1   特许人的权利和义务

项目	内容
特许人的权利	①为确保特许经营体系的统一性和产品、服务质量的一致性，按照合同约定对被特许人的经营活动进行监督。 ②对违反特许经营合同的规定、侵犯特许人的合法权益、破坏特许经营体系的被特许人，按照合同约定终止其特许经营资格。 ③按照合同约定收取特许经营费和保证金。 ④合同约定的其他权利
特许人的义务	①按照条例的规定及时披露相关信息。 ②将特许经营权授予被特许人使用并提供代表该特许经营体系的营业象征及经营手册。 ③向被特许人提供开展特许经营所必需的业务或者技术上的指导、培训及其他服务。 ④按照合同约定以合理价格及时向被特许人提供货物。除专卖商品及为保证特许经营品质必须由特许人或者特许人指定的供应商提供的货物外，特许人可以规定其应当达到的质量标准，提供若干供应商供被特许人选择，但特许人不得强行要求被特许人接受其货物供应。 ⑤特许人对其指定供应商的产品质量应当承担保证责任。 ⑥合同约定的促销及广告宣传义务。 ⑦合同约定的其他义务

表6-2   加盟商的权利和义务

项目	内容
加盟商的权利	①获得特许人有权授予他人使用的注册商标、商号、专利、专有技术、著作权、经营模式等经营资源； ②获得特许人提供的培训和指导服务； ③按照合同约定的公平价格，及时获得由特许人提供或安排的货物； ④获得特许人统一提供的促销支持服务； ⑤合同约定的其他权利
加盟商的义务	①按照合同的约定开展营业活动； ②支付特许经营费、保证金； ③维护特许经营体系的统一性，未经特许人许可不得转让特许经营权； ④向特许人及时提供真实的经营情况、财务状况等合同约定的信息； ⑤接受特许人的指导和监督； ⑥保守特许人的商业秘密； ⑦合同约定的其他义务

（5）特许经营费用。

①一次性加盟费。加盟费是被特许人进入特许经营体系的门槛费，即使被特许人悔约，此费用也不予退还。一个特许经营加盟期限需要且仅需要交纳一次加盟费，特许经营合同到期后，如果双方续签，那么被特许人需要再为下一个特许经营加盟期

限交纳一次加盟费。

②特许经营持续费。它是指在特许经营合同的持续期间，被特许人需要持续地向特许人交纳的费用。特许经营持续费主要包括两类：特许权使用费和市场推广及广告基金。

③其他费用。除了上述两类最基本的费用外，还会有一些其他形式的费用。需要注意的是，这些费用并不是特许经营这种模式所独有的费用，即使在其他契约式的经营模式中，如经销、代理等，这些费用也是不可避免的。所以，其他费用并不是每个特许人都要收取的，因特许人的不同而不同，包括履约保证金、品牌保证金、培训费、特许经营转让费、合同更新费、设备费、原料费、产品费等。

（6）保密和竞业禁止条款。**商业秘密**是指不为公众所知悉、能为权利人带来经济利益、具有实用性并经权利人采取保密措施的技术信息和经济信息。商业秘密的属性是实用性、保密性。特许经营合同的核心是无形资产的许可使用，其中对特许人的经营诀窍、专有技术、专利等商业秘密的保密十分重要。因此，健全的特许经营合同都有保密条款。

（7）合同终止。特许经营合同通常会规定合同终止的条件和程序，并规定合同终止后相关后续事宜的处理。

（8）违约责任。其主要说明特许人和被特许人在不同的情况下违约应该承担的责任。

（9）合同纠纷的处理方式。特许经营合同的期限一般较长，在合同有效期内，如出现一些意外情况，经双方约定可以提前终止合同。如协商不成，可通过诉讼或仲裁的方式解决，合同当事人可以在合同中约定采用何种方式以及司法管辖权属于哪个行政区域。

小资料6-1

商业特许经营合同（单店通用版）

三、签订合同时的注意事项

被特许人在签订加盟合同之前，应深入了解合同的内容，以确保自身的权益。在此提供以下十点注意事项，供被特许人签约时参考：

1.加盟项目的真实性

选择加盟项目时，首先要探究该项目的真实性。夸夸其谈的"投资十万元年收入百万元"的招摇广告，其虚假性显而易见，但那些隐形陷阱，被特许人却很难识别、防范。可列入隐形陷阱队列的有：特许人夸大投资回报率，特许人无经营成功经验也不具备完善的特许经营体系（物流配送、运营指导、信息管理等），国外项目尚无本土化特许成功案例等。

为了避免踩上这类"地雷"，选择加盟项目时就要求证加盟项目的真实性。依据自2007年5月1日起施行的《商业特许经营管理条例》第七条的规定，特许人从事特许经营活动应当拥有成熟的经营模式，并具备为被特许人持续提供经营指导、技术支持和业务培训等服务的能力；特许人从事特许经营活动应当拥有至少2个直营店，并且经营时间超过1年。

除了考察特许人的资质外，还需要考察总部组织机构是否完备、招商广告宣传是否真实、特许经营体系是否完备、本土经营成功的经验是否存在，在此基础上，再进一步考察加盟项目的营利性。

由于被特许人加盟特许经营项目最终要使用特许人的特许经营资源，因此对特许人开展背景调查期间，尤其应注意对特许人的资质及特许经营资源的考察与核实。被特许人可以利用相关政府部门的网站进行初步了解。例如，通过商务部商业特许经营信息管理系统（http://txjy.syggs.mofcom.gov.cn）了解特许人的基本备案信息、联系方式、法定代表人、营业场所、特许经营资源以及在中国境内的加盟门店的分布情况；如特许人的经营资源涉及专利、商标等知识产权，被特许人可以登录国家知识产权局商标局网站（http://sbj.cnipa.gov.cn）查询商标注册情况和专利授权情况。如果被特许人还想进一步了解特许人的涉诉情况，可以通过中国裁判文书网（http://wenshu.court.cn/）查询特许人与其他被特许人之间历来的裁判文书信息，以全面、充分地了解特许人的实际情况。

📝 案例点评 6-1

李女士交了 8 800 元给一家名为郑州椒派餐饮连锁有限公司的餐饮连锁店作为加盟费，学习该店的骨汤麻辣烫做法。本以为学到真技术后自己马上就能够开店，可是培训了几天后，李女士发现在总店学习的一周时间里，只是帮忙端盘子、擦桌子，真正教学的时间很少，师傅只是在有空的时候说两句。于是她以学习进度慢为由要求退款，但对方不同意。李女士回家后找出当初和该餐饮连锁店签订的加盟协议和收据，发现该协议加盖的公章并不是其加盟公司的，而是另外一家餐馆的，而且加盟费不是 8 800 元，而是 8.8 万元。

随后，她找到该公司负责人孙先生，孙先生说加盟费被写成了 8.8 万元，这是笔误，与加盟培训无关。至于加盟协议上为什么盖的是另一家餐馆的公章，孙先生未作任何解释。郑州市市场监管局二七分局的工作人员核查后发现郑州椒派餐饮连锁有限公司是不存在的。原来，"郑州椒派餐饮"在市场监管部门注册的并不是公司，而是个体工商户。"个体工商户是无法开展特许加盟经营的，最多只能开个分店。他和李女士签订的加盟协议是无效的。"工作人员说。在市场监管部门的协调下，在扣除了一些实际的项目花费之后，孙先生退还给李女士 4 400 元钱。

点评：被特许人应该了解餐饮加盟的基本流程、餐饮业的基本运作方式，如考察特许人的店面，看看一天的销量如何，了解成本是多少，成本是怎么算出来的，最好细致到食材价格、辅料价格、包装价格、水电价格等，这样才能做到心中有数，加盟的时候不容易被忽悠。此外，被特许人还可以通过"企业法人营业执照"来考察特许人是否有特许经营资质。"2个直营店"和"经营时间超过1年"是特许人需要具备的基本经营资质，被特许人需要对这两点充分了解。同时，被特许人应该了解相关法律知识，签订合同的时候仔细看清楚，懂得维护自己的利益，必要时用相关手段维权。

2.权利金的支付方式

一般而言，特许人会向被特许人收取三种费用，分别是加盟金、权利金及保证金。所谓加盟金，指的是特许人在被特许人开店前帮助被特许人做整体的开店规划以及教育练习所收取的费用。权利金指的是加盟店使用特许人的商标，以及享用商誉所需支付的费用。这是一种持续性的收费，只要加盟店持续使用特许人的商标，就必须按期付费。支付可能采取按年、按季或是按月支付的形式。至于保证金，则是特许人为确保被特许人切实履行合约并准时支付货款而向其收取的费用。

其中，由于权利金是持续性的收费，某些特许人会在签约时，要求被特许人一次性开出合约期限内全额权利金的支票。例如，合约期限为5年，权利金采取年缴方式，某些特许人便要求被特许人一次性开齐5张权利金支票缴交给特许人。曾有这样的案例发生：某一特许经营体系的被特许人开店两年，由于生意不佳而关门，但早在签约时，已开齐5年权利金的支票缴交给特许人了。按理说，后面3年既然已经不再使用特许人的商标、商誉，就不需要再支付权利金了，然而特许人却仍将已收取的支票兑现，害得这位被特许人不仅赔了两年生意，还得另外支付这些已开出的支票金额。所以，被特许人若遇到特许人要求一次开齐合约期限内全部权利金的支票面额情况，务必记得在合约上加注一点，即当被特许人收店不再开立时，特许人必须退回未到期的权利金，以保障自身的权益。

3.总部供货的价格问题

在一般的加盟合约中，特许人都会要求被特许人一定要从总部进货，不得从其他渠道进货。这往往是总部与加盟店纷争最多的条款。由于加盟店常常认为总部的供货价格偏高，于是纷纷自行采购。但是特许人基于连锁体系品质的一致性，往往要求加盟店必须统一向总部采购，于是争端便产生了。较为公道的方式是被特许人在签订合约时，即要求总部供货的价格不得高于市场价，或是高出市场价百分之多少是可以接受的，以免事后双方为了价格问题争执不休。

4.商圈保障问题

通常，特许人为确保加盟店的营运利益，都会设有商圈保障，也就是在某个商圈之内不再开设第二家分店。因此，保障商圈的范围有多大，被特许人必须十分清楚。常见的情形是：特许人在保障商圈以外不远处再开设第二家店时，常因影响到原加盟店的生意而引发抗议。特许人若把店开在保障商圈以外的地方，加盟店就没有抗议的权利。但需要注意的是，某些特许经营体系由于加盟店增多或已达到饱和状态，在商圈保障下，已很难再开新的加盟店，于是便取巧发展第二品牌，即使用一个新的品牌名称，而营业内容与原来的品牌完全相同，这样就可以不受原有品牌的商圈保障限制了。因此，被特许人为保障自身权益，在签约时，最好在特许经营合同中载明特许人不得再发展营业内容完全相同的第二品牌。

5.竞业禁止条款

所谓竞业禁止，就是特许人为保护其商业秘密及经营技术等知识产权不因开放加盟而外流，要求被特许人在合约存续期间，或合约结束后的一定时间内，不得从事与原加盟店相同业务的规定。此规定旨在保护特许人的知识产权，无可厚非，但是竞业禁止的年限应该多久才公道？如果太长，恐怕会影响被特许人之后的经营权益。所以被特许人在签约时必须考虑清楚，以免影响日后生计。

6.治理规章的问题

一般的加盟合约条款少则十几条，多则七八十条甚至上百条，但通常都会有这样一条规定："本合约未尽事宜，悉依总部治理规章办理。"假如被特许人遇到这样的情形，最好要求特许人将治理规章附在合约后面，成为合约的附件。由于治理规章是由总部制定的，总部可以将合约中未载明事项全部纳入其治理规章中，随时修改、随心所欲，届时被特许人就只能任由总部摆布了。

7.关于违约罚则

由于加盟合约是由特许人拟定的，所以对特许人较为有利，在违背合约的罚则上，通常只会列出针对被特许人的部分，而对特许人违背合约的部分可能只字未提。被特许人对此应提出相关要求，明确特许人违约时的罚则条文，尤其是划定特许人应提供的服务项目及后勤增援项目，要求特许人切实履行。

8.关于纠纷的处理

一般的加盟合约上都会列明管辖之法院，而且通常以总部所在地的地方法院为管辖法院，目的是万一将来有需要时，总部职员来往法院比较便利。需要注意的是，曾有特许人在合约中约定，被特许人向法院提起诉讼前，需先由总部的调解委员会调解。遇此状况，被特许人应先了解调解委员会的组成成员为哪些人，假如全是总部的职员，那么调解当然会偏袒特许人，而不利于被特许人。碍于合约的规定，被特许人又无法越过调解委员会而直接向法院提起诉讼，因此建议被特许人遇到类似条款，应要求特许人删除。

9.合约终止的处理

当合约终止时，对被特许人而言，最重要的就是要回保证金。此时，特许人会检视被特许人是否有违背合约或积欠货款的情况；同时，特许人可能会要求被特许人自行将招牌拆下，假如一切顺利且无积欠货款，特许人即退还保证金。发生争议时，是否要拆卸招牌往往成为双方角力的重点。某些特许人甚至会自行雇工拆卸招牌，被特许人遇此情况，需视招牌原先由何者出资而定。如果是被特许人出资的话，那么招牌的所有权就应归被特许人所有，特许人固然拥有商标所有权，但不能擅自拆除。若真想拆，就必须通过法院强制执行，假如总部自行拆除，即触犯了相关法律。

10.保存特许合同

这是最后一个应注意的事项，就是在合约签订之后，双方务必各执一份。被特许人切记自己留存一份，这样才能清晰了解合约的内容，确保自身的权益。

当然最重要的，仍是要把合约内容看清楚再签，有任何不明了或不明确的地方，都应该向总部职员询问清楚。唯有在签约前仔仔细细地了解合约，才能避免或减少日后的纷争。

实践中，由于特许经营合同往往是由特许人提供的格式合同，一般不允许被特许人进行修改，因此，在签订特许经营合同时，被特许人应该仔细阅读合同内容，对合同中双方的主要权利和义务、特许人做出的承诺甚至是广告宣传中涉及的重要内容等，都应仔细研读并充分了解；对于加盟合同的解除、加盟费等费用的退还等重要条款，应要求特许人在合同中予以明确约定。如果特许人不同意添加或更改，只做口头承诺，被特许人应保留好双方的沟通记录，以便未来发生纠纷时主张相关权利。

> **知识拓展 6-1**　　　　　　　　　　**特许经营信息披露**

按照《商业特许经营管理条例》的规定，特许人应当在订立特许经营合同之日前至少30日，以书面形式向被特许人提供本条例第二十二条规定的信息，并提供特许经营合同文本。

特许人应当向被特许人提供以下信息：

（1）特许人的名称、住所、法定代表人、注册资本额、经营范围以及从事特许经营活动的基本情况；

（2）特许人的注册商标、企业标志、专利、专有技术和经营模式的基本情况；

（3）特许经营费用的种类、金额和支付方式（包括是否收取保证金以及保证金的返还条件和返还方式）；

（4）向被特许人提供产品、服务、设备的价格和条件；

（5）向被特许人持续提供经营指导、技术支持、业务培训等服务的具体内容、提供方式和实施计划；

（6）对被特许人的经营活动进行指导、监督的具体办法；

（7）特许经营网点投资预算；

（8）在中国境内现有的被特许人的数量、分布地域以及经营状况评估；

（9）最近2年经会计师事务所审计的财务会计报告摘要和审计报告摘要；

（10）最近5年内与特许经营相关的诉讼和仲裁情况；

（11）特许人及其法定代表人是否有重大违法经营记录；

（12）国务院商务主管部门规定的其他信息。

任务二　了解特许经营合同法律制度约束与保障

一、特许经营合同的订立

特许经营合同必须具备当事人、意思表示、标的这三个要素。特许经营合同中的意思表示需由当事人合意，即双方意思表示一致，特许经营合同方能成立。

1.特许经营合同订立阶段对被特许人的法律约束

（1）被特许人需签订保密协议。保密协议的签订依据是诚信原则和忠实义务。诚信原则是民事法律关系中的"帝王条款"，它要求民事主体行使民事权利，与他人之间设立、变更或消灭民事法律关系，均应诚实，在不损害他人利益和社会利益的前提下寻求自己的利益，应该恪守信用，履行义务；不履行义务给他人造成损害时，应自觉承担责任。特许人为了保护自己的商业秘密，一般在进行相关信息披露时会要求被特许人签订保密协议，以此保护自己的"商业秘密和与知识产权相关的保密事项"。

在特许经营关系中，特许人和被特许人之间往往存在信息不对称的情况，因此，被特许人在特许经营开始之前有权要求特许人进行初始信息披露。初始信息披露是指特许人按照法规或者政府规章，向特定或潜在的被特许人事前提供相关特许经营合同、特许经营资源信息以及其他相关的重要信息等。在我国，特许人向潜在的被特许人履行的初始信息披露义务属于法定义务，而不是约定义务。当出现特许人不真实、不充分和不准确地履行该义务的情形时，特许人对此应当承担法律责任。

《商业特许经营信息披露管理办法》第七条规定，特许人在向被特许人披露信息前，有权要求被特许人签署保密协议。也就是说，被特许人需签署保密协议，才可以获得特许人的相关商业秘密信息。

（2）被特许人需支付特许经营权使用费。特许经营合同是有偿合同，对被特许人而言，其应向特许人支付一定的费用，即特许经营权使用费。按照商业惯例，被特许人支付的费用包括初始特许费和后续特许费，至于具体数额，由当事双方在合同中约定。前者包括转让费、培训费、广告费等；后者主要依据被特许人的年销售额或营业额的一定比例计算。当然，支付的具体数额和方式，依据合同自由原则，当事人可以自行协商，并无一定之规。

（3）被特许人需履行实质性投资义务。被特许人对营业活动进行实质性投资，即以货币或实物进行投资，是购买特许权后的必然选择。实质性投资与其说是被特许人的义务，不如说是被特许人支付特许权使用费后的一种必然选择。

2.特许经营合同订立阶段对被特许人的法律保障

（1）被特许人有权要求特许人进行信息披露。特许人信息披露制度是对被特许人进行保护的最重要也是最有效的制度。特许经营合同中应当规定特许经营信息披露的主体是特许人；详细规定特许人信息披露的时间、披露形式、披露内容以及违反信息披露义务的法律责任。

（2）被特许人在"冷静期"内可以单方面解除合同。《商业特许经营管理条例》第十二条规定，特许人和被特许人应当在特许经营合同中约定，被特许人在特许经营合同订立后的一定期限内，可以单方面解除合同。这就是通常所说的"冷静期"的规定。在此期间，被特许人享有单方面解除合同的权利，但要特别注意的是，"冷静期"仅适用于初次签订特许经营合同，合同续订、展期和转让都不适用"冷静期"的说法。即使特许经营合同没有成立，在保密协议的法律规范下，被特许人也不得泄露或者不正当地使用特许人的商业秘密。

在特许经营关系中，被特许人对商业秘密达到了"实际利用"的标准，就视为"冷静期"的结束。

📝 案例点评6-2　关于管理费征收问题的特许经营合同法律纠纷

徐先生加盟了"SF Coffee"，在××路上经营连锁门店。合同到期后，双方未续约，但徐先生仍以"SF Coffee"品牌经营。为此，"SF Coffee"向法院起诉，要求解除合同，请求判令徐先生立即撤换营业场所内特许经营体系特有的装修、装饰、颜色配置、布局、家具、设备等，并支付拖欠的管理费及利息。徐先生辩称，双方签订加盟合同后，由于"SF Coffee"管理上的混乱，营业后既没有供应"SF Coffee"的产品，也没有对人员进行培训，构成重大违约。"SF Coffee"没有履行管理职责，无权要求徐先生支付管理费及利息，并认为"SF Coffee"的主张已过诉讼时效。法院最终支持了原告的诉讼请求。

资料来源　染白鬓发. 关于特许经营合同的法律纠纷案例［EB/OL］.［2019-05-26］. http：//www.jmw.com.cn/rdgz/17596874.html.

点评：管理费，又称特许权使用费、权益金，是被特许人在使用特许经营权的过程中按照一定的标准或比例向特许人定期支付的费用。它体现的是特许人向被特许人提供的持续支持和指导的价值。管理费一般采用定额和营业总额提成两种方式定期收取。

二、特许经营合同的履行

1.特许经营合同履行阶段对被特许人的法律约束

（1）被特许人需接受特许人的监督与检查。为了保证被特许人生产、转售的商品或服务的质量达到约定或法定的标准，特许人会进行定期与不定期的监督与检查。从另一个角度分析，接受特许人的监督和检查也是被特许人的一项权利，特许人通过对被特许人经营状况、财务状况的检查，可以帮助被特许人及时调整营销方案，使被特许人获得最大化的经济利益。

（2）被特许人需保守特许人的商业秘密。被特许人在整个特许经营存续过程中甚至在协议期满后，由于受到保密协议的约束，不得擅自将特许人的商业秘密泄露给第三方，不得向公众开放，不得擅自许可他人使用。此外，对于掌握特许人商业秘密的被特许人的雇员，被特许人也有义务要求其签订保密条款。

商业秘密包括：①特许经营手册；②商业计划和战略信息；③产品资源、配方及菜单；④客户和供应商的资料；⑤计算机软件和专有技术等。

（3）被特许人有竞业禁止义务。合同期内的竞业禁止义务，是指在合同有效期内，被特许人在合同约定的地域范围内行使特许经营权，同时在该地域范围内不开展与特许人相竞争的经营活动。

2.特许经营合同履行阶段对被特许人的法律保障

（1）被特许人有权享有特许人的经营技术及商业秘密。特许经营合同是有偿合同，其有偿性体现为特许经营合同的双方互为支付对价，被特许人在向特许人支付特许费用后，特许人就必须向被特许人提供有关的知识产权、商业秘密、实用技术等。

（2）被特许人有权享有特许人提供的培训和指导：一种是初始服务，另一种是后续服务。在初始服务中，特许人应对被特许人进行基本技能培训，如经营管理和控制、业务程序、雇员选择等基本技能。此外，特许人还应帮助被特许人选择营业地址，设计店内外装潢以及准备其他开业前的工作。在后续服务中，特许人应定期访问被特许人的店铺，以便发现并解决被特许人经营中出现的问题。有时，特许人进行技术创新或被特许人经营不善需要再培训的，被特许人的雇员一般也需要由特许人协助进行培训。因此，特许人对被特许人提供持续的技术服务是特许经营正常运转不可或缺的。

（3）特许经营关系维持过程中的反不正当竞争行为。在特许经营存续关系中所出现的反不正当竞争行为主要涉及不正当竞争和垄断、指定购买与搭售、联合定价以及区域限制等。

①指定购买与搭售。指定购买是指一方在提供商品或服务时，限定另一方购买其指定经营者的商品或服务的行为。搭售是指提供服务或出售商品时搭配出售其他商品或服务的行为。通常，在特许经营关系中，被特许人对特许人提供的从货品采购、分装到装运、补货甚至器材等必须全盘接受，不得有异议，自主权非常小。这些对被特许人而言看似不合理的行为却并非非法行为，在特许经营关系中，制造商的指定行为和质量控制两项被视为合法。

第一，制造商的指定行为。制造商针对承租人或购买者所做的一些指定性行为，往往为后者最大限度地享有产品或服务所必需。这种指定行为并不是反托拉斯法所限制的非法搭售行为。特许经营中作为特许人的制造商常常会指定专营人按照他规定的一些条件、标准或规则从事交易活动，而其中有不少指定性行为基于经济或制度的合理性而获得了合法地位。

第二，质量控制。如果特许人为了控制产品质量而在合理限度内要求被特许人只能从其指定处购买相关原料或产品，那么特许人质量控制的目的便成了合理的抗辩理由，使这种限定购买行为与非法搭售相区别。

但是从另一个角度来看，如果特许人的供货出现问题或者不能及时供货，使被特许人的经营受到影响，便构成了指定购买与搭售的不正当竞争行为。

②联合定价。联合定价指几个同类产品厂商以协议、安排、同谋或协同行动方式共同固定或提高其产品或服务的价格水平。特许人在特许经营关系中有价格建议权，但倘若几个被特许人联合将商品价格抬高，并且促使特许人同意此抬高价格，被特许人之间便形成了"横向联合定价"，被特许人和特许人之间形成了"纵向联合定价"，这种市场行为很可能构成了价格垄断。

③区域限制。区域限制是特许经营限制竞争行为最主要的表现形式，其限制竞争的性质也体现得最为明显。这里的区域是指被特许人可以出售特许经营产品或提供服务项目的地理区域，即特许人授予被特许人区域独占权，在该区域内不再许可其他人经营特许业务。同时，被特许人也被限制在合同中指明的区域开展营业活动，不得擅自扩大经营规模或另往他处经营。区域限制行为主要有如下几种：

第一种，直接地区限制，即特许人在合同中明确规定，被特许人必须在指定的区域销售，不准作域外销售，否则构成违约。

第二种，间接地区限制，也称独家经营，即特许人分配给被特许人一个销售地区或一个责任区，双方当事人都认识到任何第三方均不会获得在该地区从事特许经营的权利。

第三种，域外销售限制，即有些特许人允许被特许人作域外销售，但被特许人要按域外销售金额的大小向被他"侵犯"的区域被特许人作利润补偿。

第四种，位置限制，即被特许人未经特许人的同意不得变更或新设、增加经营场所。

三、特许经营合同的变更与转让

一份真实有效的特许经营合同，在经过特许人和被特许人协商一致后，可以进行内容的变更。合同的转让是指该合同内容并未发生变化，仅合同主体发生了变化。特许经营双方达成合意之后，也可以进行特许经营合同转让，从而实现合同权利、义务的全部转让。在特许经营合同法律关系中，被特许人享有优先受让权。

☑ 互动课堂 6-1

北京某图书零售特许经营企业与沈阳某加盟商刘某签订了特许经营合同，合同规定，该特许经营企业授权该加盟商在沈阳某地点开设某品牌图书零售连锁店。合同还规定，该图书零售连锁店只能由刘某自己投资经营，非经甲方（特许人）书面同意，乙方（加盟商刘某）不得擅自出租、转让该图书零售连锁店的经营权。特许经营合同签订后，刘某在约定的地点承租了房屋，并开设了该品牌的图书零售连锁店。加盟一段时间后，由于店铺经营惨淡，刘某无意继续经营。经与特许人协商，特许人同意在找到合适的投资人后由刘某将该店铺转让出去。同年11月，特许人通知刘某，沈阳有人有意接手该店，并通知刘某与该人联系。但刘某的反应冷淡。后来，特许人才知道，刘某未经特许人同意，已经将该店转让给了贾某。接手该店的经营者贾某根本不与特许人联系，也不遵守特许经营合同的相关规定。特许人与刘某联系，要求其收回该店自己经营，或者转让给经特许人同意的受让方。刘某认为，店铺已经转让，他无权收回。关于店铺新的经营者违约，特许人可以通过法律手段解决，但此事与他无关。

协商未果后，特许人委托律师给刘某和贾某分别发去律师函。律师函指出，特许人与刘某签订的特许经营合同合法有效，该合同规定未经特许人同意，刘某不得擅自将其开设的图书零售连锁店转让给他人。但是，刘某违反上述约定，在未征得特许人同意的前提下，将该店铺转让给他人，上述转让行为无效。因此，律师认为，刘某的上述行为违反了合同的规定，特许人有权解除特许经营合同，并要求刘某赔偿相应的损失。此外，由于贾某与刘某签订的加盟店转让合同未经特许人的同意，因此该合同是无效合同。

资料来源　佚名. 关于特许经营合同的法律纠纷案例［EB/OL］.［2019-05-26］. http://www.jmw.com.cn/rdgz/17596874.html.

本案是因特许经营权转让产生的法律纠纷，关于加盟店的转让条件，你怎么看？

互动课堂 6-1

分析提示

四、特许经营活动中涉及的其他合同

1. 租赁合同

如果被特许人开店的时候发生租赁行为，就会产生租赁合同。租赁合同是指出租人将租赁物交付给承租人使用、收益，承租人支付租金的合同。在当事人中，提供物的使用或收益权的一方为出租人；对租赁物有使用或收益权的一方为承租人。租赁物需为法律允许流通的动产或不动产。租赁合同包括房产租赁合同、融资租赁合同、房屋租赁合同、汽车租赁合同、厂房租赁合同、土地租赁合同、商铺租赁合同等。

2.劳动合同

被特许人雇用第三方参与特许经营活动时，必须要同第三方当事人签订劳动合同。劳动合同是劳动者与用人单位之间确立劳动关系、明确双方的权利和义务的协议。按照我国《劳动法》的规定，订立劳动合同应当采用书面形式。

任务三　了解续签与合作终止

一、特许经营合同续签

特许经营合同在规定期限到期之后，被特许人继续经营该特许项目的，需要进行特许经营合同的续签。在续签过程中，需要注意如下事项：

1.商标、商号等的使用权

商标是一个专门的法律术语。品牌或品牌的一部分在政府有关部门依法注册后，称为"商标"。商标受法律的保护，注册者有专用权。国际市场上著名的商标，往往在许多国家注册。中国有"注册商标"与"未注册商标"之分。注册商标是在政府有关部门注册后受法律保护的商标，未注册商标则不受商标法律的保护。

商号，即厂商字号或商业名称。商号作为企业特定化的标志，是企业具有法律人格的表现。商号经核准登记后，可以在牌匾和商品包装上使用，其专有使用权不具有时间性，只在所依附的厂商消亡时才随之终止。在一些生产厂家中，某种文字、图形既是商号，又用作商标。但对大多数生产厂家来说，商号与商标是不同的。一般而言，商标必须与其所依附的特定商品相联系而存在，而商号则必须与生产或经营该商品的特定厂商相联系而存在。

在绝大多数特许经营体系中，特许总部都拥有上述无形资产。在签订加盟合同时，被特许人应清楚特许总部拥有的无形资产，以及授权加盟店使用这些无形资产的种类和范围。

2.合同期限

合同期限就是加盟双方关系持续的时间。这一时间有长有短，短则3~5年，长则10年以上，没有具体的标准。此外，在合同中还应注明允许加盟店有延展期限的权利。如果合同中没有注明延展期限，而总部又不愿意签订期限较长的合同，这很有可能表明将来加盟店要续约时，不得不付一笔高额的加盟费。

3.总部提供服务的种类

特许经营合同中要详细说明总部将对加盟店提供哪些服务项目，包括开业前的初始服务和开业后的后续服务。

初始服务：主要有选址、加盟店装修、培训、开店设备的购置、融资等。

后续服务：包括总部对加盟店的活动实施有效监控，以帮助其保持标准化和维持企业利润；总部进行操作方法的改进及革新并向加盟店传授；总部进行市场调查研究并向加盟店传送市场信息；总部开展集中、统一的促销与广告活动；总部向加盟店提供集中采购的优惠货源；总部专家向加盟店提供管理咨询服务等。合同中详列这些服务项目，是对加盟店利益的一种法律保护。

4.加盟店的义务

加盟店取得总部各种无形资产的使用权，并得到总部的各项服务支持，使自己的经营迅速站稳脚跟，走上正轨，必须付出一定的代价，并承担相应的责任。为了让加盟者明确自己的责任与义务，也为了约束加盟者履行职责，必须将这些事项也详细列入加盟合同中。

虽然在加盟合同中只有总部和加盟者作为立约人，但总部为建立一套完善的业务制度，都会加入一些条款来确保其他加盟店及公众的利益，因为任何一家加盟店不能维持应有的水准，或多或少都会对特许经营体系的声誉造成损害，继而影响其他加盟店的盈利，所以在加盟合同中应列明双方在合作中的义务，以维持彼此的利益。

一般情况下，操作手册中会有一些内容涉及加盟者应履行的义务，并作为加盟者开业后的经营活动参考指南。随着特许经营体系的发展，操作手册还将不断更新和完善。

5.对加盟店的经营控制

特许经营的最大特点就是在经营业务及方式上高度统一，使各自独立的加盟者在合同的规定下树立统一的外在形象。如果其中一个加盟店没有按总部的统一要求去经营，就会破坏这一整体的外在形象，使整个特许经营体系的声誉受到损害。

因此，总部必须对加盟店实施有效的控制，以保证经营的标准和规范得到彻底的贯彻。总部采取什么样的方法控制加盟店的经营，应详细列入合同中，以获得加盟者的理解和接受。

6.加盟店的转让

加盟者可能会由于种种客观原因而无法继续经营加盟店，这就涉及加盟店转让或出售的问题。加盟店能否转让、如何转让、转让给何人等都必须列入合同中，以免将来产生纠纷。

也有一些加盟合同明确表明，如果加盟者要转让自己的加盟店，总部有购买的优先权，或者有权选择转让对象。在这种情况下，一定要注意说明加盟店的转让价应以市场价为准。

7.仲裁

加盟双方难免会发生一些冲突，解决冲突较适宜的方式是仲裁。仲裁实际上是由双方选择的仲裁人进行的私下诉讼，它的优点在于整个程序都是在私下进行的。为了节省时间和费用，双方可以事先在合同中设定仲裁规则，至于仲裁的时间可以视当时发生冲突的情况而定。在这里，选择什么样的人做仲裁人十分重要，如果仲裁人选择不当，作出的决定不公平或不客观，会使双方或其中一方不满意，最后反而会扩大矛盾，以致双方走向法院。

二、特许经营合同的终止与解除

1.特许经营合同的终止

（1）特许经营合同终止的含义。根据《中华人民共和国民法典》第五百五十七条的规定，有下列情形之一的，债权债务终止：债务已经履行；债务相互抵销；债务人依法将标的物提存；债权人免除债务；债权债务同归于一人；法律规定或者当事人约定终止的其他情形。

合同解除的，该合同的权利义务关系终止。

在特许经营法律关系中，当特许人和被特许人一方未按照合同约定履行义务时，特许经营合同终止。

在特许经营合同终止后，双方当事人都要履行其后续合同义务。例如，针对有形资产，特许人一般会要求返还设备，拆除相关标识标志，销毁与特许经营有关的文件资料；而针对无形资产，由于部分涉及特许人的商业机密，一旦掌握便无法返还，因此特许经营合同中往往会要求被特许人在合同终止后负有保密义务，部分特许人甚至还会提出一定期间内的竞业限制要求。

（2）合同的自动终止。特许经营合同的期限一般较长，在合同有效期内如出现一些意外情况，双方可以约定提前终止合同。如某些特许经营合同规定，本合同在下列条件下自动终止：

① 乙方或加盟店遭受严重亏损而无力或不可能继续经营；

② 乙方或加盟店破产、无偿还能力或开展清算程序；

③ 乙方财产的主要部分被法院强制执行；

④ 乙方解散。

2.特许经营合同的解除

特许经营合同的解除需要满足三个要件：首先，需要以有效成立并继续存在的合同为标的；其次，解除必须具备法定解除条件或者约定解除条件；最后，解除必须有解除行为。合同自解除通知到达对方时解除（《中华人民共和国民法典》第五百六十五条），这种解除行为是当事人的行为，因为我国法律并未采取当然解除主义，不过法院基于情势变更的裁决解除不需要解除行为。

【延伸阅读6-1】　　　　　　　　　　　　**合同僵局下的合同解除权**

案例：（杭州）某餐饮管理有限公司特许经营合同纠纷

【案件摘要】

2020年12月15日，被告与原告签订"品牌许可协议"，约定由被告将"久一司"品牌的特定区域经营权授予原告。相应地，原告需向被告支付品牌许可费以及保证金，且原告店内装修由被告统一设计规划，开店所需物料皆需向被告买入。

2021年6月8日，原告委托律师事务所向被告发出律师函，要求解除合同。被告则认为本案的合同不能继续履行是原告经营不善所致，不能要求被告承担责任。

【法院观点】

原告签订"品牌许可协议"后已经实际开店，现有证据不足以证明被告存在导致合同无法继续履行的违约行为，原告以被告迟延履行合同义务或其他违约行为为由主张解除合同，缺乏依据。至于合同未约定"冷静期"，鉴于"品牌许可协议"已经进入实质履行阶段，原告表达解除合同的意愿也是在订立合同近6个月后，该点亦不足以作为原告单方解除合同的理由。

但是，原告在2021年6月8日向被告发函，明确其解除合同的意思表示，同时在6月份关闭其门店，以实际行为终止了双方的合同关系。本案合同并不适于强制履行，现原告解除合同的意愿已非常明确，合同已无继续履行的必要，故对于原告解除合同的诉讼请求，本院予以支持。但原告系因自身原因解除合同，仍应承担相应的违约责任。

资料来源 编者摘自《2019—2021年度中国特许经营合同纠纷裁判白皮书》.

💠 思政园地

2020年度重点省份法院审理特许经营合同纠纷案件情况

根据案例检索平台搜集到的资料，2020年度我国各地区（香港、澳门、台湾地区除外）各级法院就"特许经营合同纠纷"案件合计出具判决书3 387份，相比2018年全国法院审理并公开的"特许经营合同纠纷"案件2 034件上升66.5%。由此可见，"特许经营合同纠纷"案件具有一定的规模。其中，广东省、北京市、浙江省、江苏省、上海市法院裁决的文书数量位列全国各省区市的前5位，且裁决数量均在300件以上。涉诉案件多为特许经营合同解除返还加盟费款项纠纷，标的额在1万～10万元的案件数量最多，占比54.4%。同时，"特许经营合同纠纷"案件审理时间较长，目前大部分"特许经营合同纠纷"案件需要一年左右的时间才能审理完毕。在纠纷判决案件主体分布方面，案件主体为自然人的判例占绝大多数，多为特许经营被特许人起诉特许人。

资料来源 编者摘自《2019—2021年度中国特许经营合同纠纷裁判白皮书》.

分析提示：当前，"特许经营合同纠纷"案件数量呈现上升趋势，一旦发生纠纷，涉及的时间长、费用高。因此，在特许经营体系中，特许双方遵纪守法、诚信经营是必要条件，否则就会引发官司。

💠 项目实训

【实训资料】

FamilyMart（全家）品牌源自日本，自1972年成立以来，已成为亚洲最大的国际连锁便利店之一，其服务网点遍及日本、韩国、泰国、美国等国家和地区，店铺数超过12 000家。2002年在中国大陆成立上海FamilyMart筹备处，2004年上海福满家便利有限公司获商务部批准成立，FamilyMart品牌正式进入中国上海市场，开始中国大陆地区便利店的经营事业。请同学们以全家便利店为背景，模拟进行特许经营合同的签署，明确在合同订立、履行和终止阶段双方的权利和义务。

【实训目标】

通过实训，学生要进一步提升特许经营法律实务的操作能力，掌握特许经营知识产权法律实务的操作能力，初步具备特许经营合同实务的操作能力，进一步了解特许经营加盟活动中可能出现的法律纠纷以及处理法律纠纷的正当方式。此外，通过实训，培养学生的调研能力和团队合作能力，提高其综合素养。

【实训任务】

1.签订特许经营合同。

2.审核特许经营合同。

3.简述加盟商在特许经营过程中享有的权利。

4.简述加盟商在特许经营过程中需要履行的义务。

5.了解特许经营合同存在的法律风险。

【实训指导】

1.复习相关知识，精心组织并合理确定小组成员。

2.讨论背景资料。

3.指导学生根据案例信息进行分析。

4.指导学生根据所学的知识评估该被特许人。

5.出具是否同意加盟的建议书。

6.召开总结会议，进行交流评比。

【实训评价】

根据实训结果填写表6-3。

表6-3　　　　　　　　　　　　组员表现考核表

评价指标	分值	组员自评（30%）	组内互评（40%）	教师评分（30%）	最终得分
实训态度	20				
实训技能	25				
实训效率	25				
思政素养	10				
团队合作	20				
组员个人表现总得分：					

即测即评6-1

单项选择题

项目测试

一、单项选择题

1.商标权人依据一定的法律程序将注册商标许可他人使用，并就给予的使用权取得报偿的制度称为（　　　）。

A.商标权　　　　　　　B.特许权　　　　　　C.商标许可使用　　　D.专利权使用

2.国家专利机构依照法律规定的条件和程序，授予申请人在一定期限内对某项发明创造享有的独占权称为（　　　）。

A.专有技术　　　　　　B.专利权　　　　　　C.特许权　　　　　　D.知识产权

3.《特许经营操作手册》《VI手册》《CI手册》《培训手册》《宣传手册》等都属于特许经营知识产权中的（　　　）。

A.商标权　　　　　　　B.特许权　　　　　　C.商业秘密　　　　　D.著作权

4.特许经营合同约定的特许经营期限应当不少于（　　　）。

A.1年　　　　　　　　B.2年　　　　　　　　C.3年　　　　　　　　D.5年

5.特许经营合同双方互为支付对价，被特许人向特许人支付特许费后，特许人就必须向被特许人提供有关知识产权、商业秘密、实用技术等的使用权。从这一角度分析，特许经营合同是一份（　　　）。

A.有偿合同　　　　　　B.买卖合同　　　　　C.无偿合同　　　　　D.格式合同

二、判断题

1.被特许人在"冷静期"内可以单方面解除合同。（　　　）

即测即评 6-2

判断题

2.特许人要求被特许人在订立合同前支付费用的，可以非书面形式向被特许人说明该部分费用的用途及退还条件、方式等。（　　　）

3.接受特许人的监督和检查也是被特许人的一项权利，特许人通过对被特许人经营状况、财务状况的检查，可以帮助被特许人及时调整营销方案，使被特许人获得最大化的经济利益。（　　　）

4.在特许经营关系终止时，被特许人可以根据自己的需求销毁或继续使用特许经营活动中的商业工具——计算机软件系统。（　　　）

5.特许权使用费是指被特许人在使用特许经营权的过程中按照一定的标准或比例向特许人定期支付的费用。它体现的是特许人向被特许人提供的持续支持和指导的价值。（　　　）

三、案例分析题

A公司是一家从事特许经营的餐饮企业，已经在全国发展了40多家加盟店和连锁店。成都的B公司两年前曾与A公司商谈过在成都地区开设加盟店，并且签订了一份没有生效的特许经营合同。后来，B公司在当地注册了一家餐饮企业，并把A公司注册商标中的文字用在了自己的企业名称中，且店堂内外的装饰、装潢以及用餐器具都与A公司的非常相近。

请认真阅读上述材料，完成下列任务：

（1）请阐述B公司的行为触犯了哪些特许经营法律规范。

（2）请分析B公司的行为可能引起的法律纠纷是什么。

学习评价

根据对本项目内容的学习及掌握情况，填写专业能力测评表（见表6-4）。

表6-4   专业能力测评表

业务能力	评价指标	自测结果	备注
特许经营合同的主要内容	特许经营合同的概念 特许经营合同的内容 对特许经营合同的解读	□A □B □C □A □B □C □A □B □C	
特许经营合同的法律制度约束与保障	特许经营合同的订立 特许经营合同的履行 特许经营合同的变更与转让 特许经营活动中涉及的其他合同	□A □B □C □A □B □C □A □B □C □A □B □C	
续约与合作终止	续约 合作终止	□A □B □C □A □B □C	
思政素养	遵纪守法 诚信经营	□A □B □C □A □B □C	
教师评语：			
成绩		教师签字	

注：在□中打√，其中，A为掌握，B为基本掌握，C为未掌握。

项目七
加盟店的筹建与运营

■ 学习目标

知识目标：熟悉特许经营手册、连锁加盟店运营管理、客单价的含义；了解加盟店筹建的一般流程；熟悉加盟店开业的主要工作事项；了解加盟店铺运营的重要事项；熟悉加盟店铺日常经营管理的主要内容。

能力目标：能够运用特许加盟店筹建的知识，进行加盟店筹建；能够合理利用特许经营手册；能够和特许人建立良好的特许经营关系；能够合理利用特许人提供的资源，提升加盟店的业绩。

素养目标：通过对加盟店筹建和日常运营知识的学习，培养学生的责任担当、精益求精等职业素养。

■ 项目框架

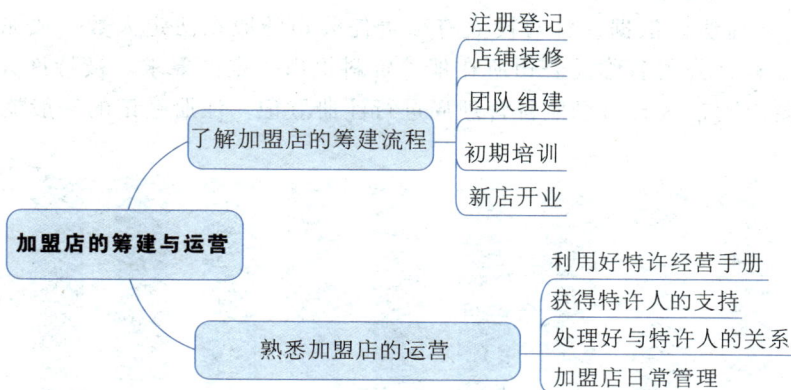

项目导入

王雨晴在签订了特许经营合同之后，在总部的指导下，通过房地产公司介绍，谈妥了一家位于商务楼宇集中地段、面积为20平方米的物业。之后，该品牌作为特许人履行了自己对加盟店进一步指导的义务，公司告知王雨晴加盟店的筹建需要哪些准备工作，同时在开业筹备工作完成之后，作为被特许人应该注意哪些日常管理事项，以保证店铺良性运作。

分析：这是一个特许加盟店筹建与日常经营管理的问题。加盟商在加盟店筹建过程中需要完成特定工作，在加盟店日常的经营管理中又需要注意特定环节。

任务一　了解加盟店的筹建流程

被特许人在选址结束及签署了特许经营合同之后，最为关键的任务就是筹建自己的加盟店，按照特许经营体系的要求做好相关准备工作，接受必要的培训、指导，争取早日顺利开店。被特许人在筹建加盟店的过程中一般要经历注册登记、店铺装修、团队组建、初期培训以及新店开业这几个步骤（如图7-1所示）。

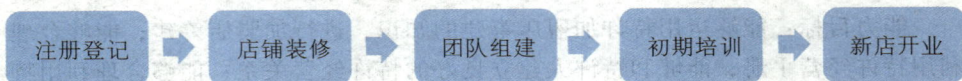

图7-1　加盟店筹建的一般流程

一、注册登记

特许经营商业模式的特点之一，就是特许人与被特许人均是独立的经营主体，被特许人拥有加盟店的所有权和经营权。因此，被特许人必须按照我国的法律规范进行开业注册登记手续的办理。这是指以《中华人民共和国公司法》（以下简称《公司法》）为法律依据，针对设立有限责任公司的股东法定人数、股东认缴出资额、公司章程、公司名称及公司所在地等资料提出一定的要求。被特许人应按《公司法》的要求到市区县市场监督管理局进行注册登记。注册登记的一般流程如图7-2所示。

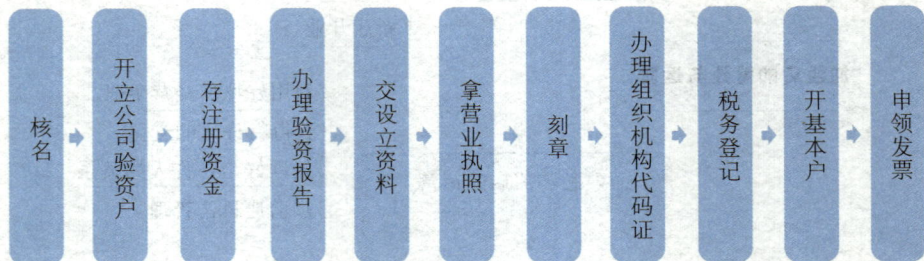

图7-2　注册登记的一般流程

1.核名

核名，即被特许人到市区县市场监督管理局领取"企业（字号）名称预先核准申请表"，填写公司名称，然后由市场监督管理局上网检索是否有重名，如果没有重名，就可以使用这个名字，核发一张"企业（字号）名称预先核准通知书"。

2.交设立资料

被特许人到市场监督管理局领取公司设立登记的各种表格，包括设立登记申请表、股东（发起人）名单、董事经理监理情况、法人代表登记表、指定代表或委托代理人登记表。填好后连同核名通知书、公司章程、房租合同、房产证复印件一起交给市场监督管理局。

3.拿营业执照

被特许人携带准予设立登记通知书、办理人身份证原件，到市场监督管理局领取营业执照正、副本。

4.刻章

被特许人凭营业执照到公安局指定的刻章点去刻公司公章、财务章、合同章、法人代表章、发票章。

5.办理组织机构代码证

被特许人凭营业执照到市场监督管理局办理组织机构代码证。

6.税务登记

被特许人到当地税务局申领税务登记证。

7.开基本户（纳税户）

被特许人凭营业执照、组织机构代码证去银行开立基本账户。

8.申领发票

被特许人到当地税务局申领发票。

二、店铺装修

在店铺装修方面，一般来说，加盟创业比独立创业要轻松省事。被特许人只要严格按照特许人制定的连锁店统一的企业视觉形象（VI）系统和门店形象（SI）系统的相关要求去做就可以了。

一般门店装修分为店外装修、店内装修、店内系统施工及氛围装饰，但不同行业、不同项目有很大差别，各特许品牌的规定或要求也不相同，以下仅作常识性介绍。

1.店外装修

一般门店外部装修主要包括店招、外墙、橱窗、大门等外立面部分的装修。店招灯箱部分一般可找当地专业的店招灯箱制作商制作安装。图7-3是麦当劳店外装修的效果图。

2.店内装修

店内装修主要涉及天花板、地面及墙面（柱面），这三者不仅是构成加盟店内部空间的要素，也是构成营业、消费、服务环境的重要因素。它们既具有独立的机能，又能彼此协调，应该作为一个整体来考虑，以获得良好的整体视觉效果。图7-4是麦当劳餐厅内部座位效果图。

图7-3　麦当劳店外装修效果图

图7-4　麦当劳餐厅内部座位效果图

3.店内系统施工

一般营业性场所的店内系统施工主要涉及强电配电及布线、照明系统、通风设施、空调系统、音响系统、消防设施、网络系统等。

4.氛围装饰

在成熟的特许经营体系的门店形象系统中，一般都会有统一的店面装饰品，而且会根据不同季节、不同节日、不同促销季提供专门的装饰品、宣传品，加盟商应按照特许人的要求和规定布置或装饰。

＞知识拓展7-1　　　　国内特许人在加盟店装修方面的三种操作方式

一是特许经营总部按照特许经营合同的要求，包揽加盟店全部的设计、装修工作，被特许人到期按标准验收，并按合同规定的造价支付全部费用即可。

二是特许人只提供店面的装修和设计图、特殊设施的要求、装修物料的标准、VI及SI规范，由被特许人找装修公司进行工程的施工，特许人只派人做简单指导，并按统一标准进行形象方面的验收。

三是特许人只提供VI及SI规范、形象店效果图供被特许人参考，被特许人需请装修公司按照统一规范，参考形象店效果图进行门店的装修、设计，在符合特许人的要求且预算合理的情况下，再委托装修公司进行施工。

三、团队组建

被特许人至少要在加盟店试营业前一个月开始团队组建工作，以便留下足够的时间进行初期培训。加盟店团队组建工作也可以和门店装修工作同步进行。相对于自主创业者，加盟创业者在团队组建的过程中往往可以根据特许经营体系的指导，确定其团队员工的标准，同时可以参考直营店铺中员工录用的情况。但是，作为独立的经营体，被特许人必须有自己对团队成员的考量标准，切勿完全依赖特许人。通常，一家加盟店进行团队组建的程序包括团队人力需求诊断、制订招聘计划、人员招聘与面试、录用等（如图7-5所示）。

人力需求诊断 ➡ 制订招聘计划 ➡ 人员招聘与面试 ➡ 录用

图7-5　团队组建流程

1.人力需求诊断

在加盟店成立前，被特许人要根据门店职能，确定门店团队成员的类型以及数量，填写人力需求表。人力需求表的内容一般包括以下几个方面：

（1）所需人员的岗位；

（2）工作内容、职责、权限；

（3）所需人数以及何种录用方式；

（4）人员基本情况（年龄、性别等）；

（5）要求的学历、经验；

（6）希望其拥有的技能、专长；

（7）其他需要说明的内容。

2.制订招聘计划

（1）确定录用人数及达到规定录用率所需要的人数。录用人数的确定要兼顾录用后人数的配置及晋升等问题，确定为了达到规定录用率至少要吸引多少人前来应聘。

（2）确定从候选人应聘到雇用之间的时间间隔。因为根据劳动力市场上时间的变化，可能会出现无人应聘的情况，被特许人应事先做好相应的准备。

（3）确定录用人才的标准。特许经营手册一般会对加盟店各岗位做出明确的职位说明，由此可提炼出招聘标准；如果特许人未提供职位说明书，加盟商就需要自行拟定招聘标准。录用人才的标准一般包括如下几个部分：

① 一般性要求：年龄、性别、学历、身高、容貌、健康状况等。

② 知识和技能：很多行业的服务专业性较强，需要员工有一定的专业知识和技能，如汽车售后、教育培训等行业。

③ 工作经验：员工以前的工作经验是能否胜任该岗位的主要依据之一，一个有一定经验的员工会给加盟店初期的经营带来宝贵财富，但前提是该员工能虚心学习，掌握本特许经营体系特有的知识和技能。

④ 性格标准：人的性格特征往往影响乃至决定他的工作潜力，开展特许经营的

大多是商业或服务性行业，因此个性开朗、待人友好、积极主动、自信、精力充沛的人比较适合选作员工。

（4）确定录用渠道。不同行业、不同规模的加盟店对员工的需求差异很大，招募渠道也各不相同。表7-1列出了常见招聘渠道，供被特许人参考选择。

表7-1 常见招聘渠道

渠道分类	渠道特点
店头招聘	通过店头海报、横幅、传单在周边区域或人流聚集区直接招募员工，此方式为最常见的招聘方式，适合招聘中基层员工
人才招聘会	人才交流中心或其他人才中介机构每年都会举办数百场人才招聘会，被特许人可以在招聘会上直接和应聘者洽谈、交流
网络招聘	被特许人可以通过网络招聘渠道招聘，其具有费用低、覆盖面广、发布周期长、联系快捷方便、不受时间和地域限制等优势
校园招聘	校园招聘是目前连锁企业门店人员招聘中比较受欢迎的一种招聘形式。被特许人可以借助特许人的校企合作单位，招募到合适且有潜力的员工
传统媒体广告	传统媒体广告也是被特许人招募时可以选择的一种渠道，但是费用相对比较高
熟人介绍	被特许人也可以利用身边的亲戚朋友招募员工

（5）招聘录用成本计算。招聘录用成本一般包括人事费用，即工资、福利及加班费；业务费用，即电话费、专业考核费及信息服务费、广告费、资料和邮资费用等；其他管理费用，即租用的临时设备和办公设备的费用。

3.人员招聘与面试

（1）根据情况选择合适的招聘方法。被特许人在人员招聘环节应该特别关注自身条件，如知名度、经营规模、业务内容等；同时，应考虑招募对象的价值观念、职业观念、就业观念等，以选择适合加盟店的招聘方法。

（2）筛选求职人员登记表。被特许人在看过应聘者的简历之后，为确保信息的规范性，应预先设计求职人员登记表，当然也可以利用特许人提供的规范的求职人员登记表，从中筛选出相对合适的应聘者，组织前来应聘。

（3）人员面试。人员面试的内容主要包括组织适合自己店铺的考试和测试，确定参加面试的人选，面试过程实施，分析、评价面试结果，最终确定录用决策，面试结果反馈和面试资料存档备案。

4.录用

面试结果出来后，被特许人就可以录用合适的人员了。被特许人需要为员工办理合法的录用手续，与员工签订录用合同，安排员工入职试用等。

四、初期培训

特许人会为新的被特许人提供系统培训，也称为"初期培训"。对于初期培训的时间、地点、方式、费用分担等，双方可依照特许经营合同操作；若合同中没有详细约定，被特许人应尽早与特许人协商确定并实施。在店铺开业运营之前，被特许人及其员工只有经过完善的初期培训，才能对特许人的企业文化、经营模式、经营流程、经营技巧有较好的掌握，才能胜任加盟店的日常经营管理工作。

1.理论与实践培训

理论与实践培训往往是特许经营初期培训的重要内容之一。特许人会与被特许人分享与特许经营相关的知识，大致包括企业文化和团队精神、产品和服务知识、各岗位的基础操作知识、管理人员的管理技能、工作流程与制度、形体礼仪、人际沟通与交流、实践管理知识等。被特许人一般在总部或直营店接受培训，根据不同行业的特点，这部分的培训可能只有几天，也可能要持续几个月。

2.开业指导培训

开业指导培训是指特许人派出有经验的专业人员到新开业的加盟店进行现场指导培训。开业指导培训的强度要低于理论与实践培训，时间一般为几天到几周。经营最初几天的指导培训对被特许人是极具价值的，可以很好地帮助被特许人克服恐惧和经验的不足。

> **知识拓展7-2**　　　　被特许人如何评估特许人初期培训效果

被特许人可以从以下四个方面对特许人提供的初期培训效果作出判断：

（1）能否创造利润。加盟店是一个独立经营主体，因此，培训的内容和方式必须能对加盟店的收益增加有所帮助。

（2）细节标准专业与否。被特许人可以观察，在完成初期培训之后，一线员工与顾客接触的时候，是否能让顾客感受到标准且专业的服务，从而使顾客产生信任。好的培训应该着重这类服务细节，这也是体现特许人经营模式标准化、专业化程度的重要方面。

（3）是否贴近实际操作。效果好的岗位操作培训应采取情景模拟演练的方式开展，使学员能直观地学到可立即用于工作现场的技能或经验。

（4）是否流程化。特许人的成熟经营模式要想成功复制到加盟店，就必须实现连锁店作业流程化，这样才能通过反复培训和实践使普通员工很快掌握操作流程，加盟店的各项作业才能顺畅地衔接。

五、新店开业

被特许人完成上述工作之后，店铺就可以开业了。良好的开端是成功的一半，成功开业使店铺运营工作得以事半功倍。开店筹备人员需要按照图7-6所示的步骤准备开业工作。

明确开业活动目的 ➡ 制定宣传策略 ➡ 试营业工作安排 ➡ 开业促销方案设计 ➡ 开业现场布置 ➡ 制定开业活动预算

图7-6　新店开业工作流程

1.明确开业活动目的

店铺开业活动有助于快速聚集商气，因此开业活动要具有鲜明性、易识别性、易传播性以及冲击性。

2.制定宣传策略

为了吸引商圈内的消费者，新店开张筹备工作在开业前10天左右完成较为合适。开业前10天可在商业集中区发放DM传单，将店铺开业信息告知目标消费者，刺激其参与和购买欲望。开业前3天可以加大推广力度，利用微信平台等进行开业信息发布，店铺外可以悬挂宣传横幅，店铺内可以进行适当的布置，以营造店铺开业气氛。开业当天可以采用一定的促销策略。

3.试营业工作安排

加盟店试营业工作应按特许经营体系一严格实施，以评估各岗位、流程和环节的运作是否到位，发现问题并及时改进。试营业期间要进行合理的时间安排。

4.开业促销方案设计

开业促销方案设计的具体内容包括以下几部分：①开业促销活动主题设计；②开业促销活动内容设计；③开业促销活动时间设计；④开业促销活动执行细则；⑤开业促销活动评估。

5.开业现场布置

开业庆典一般安排在门店前举行，被特许人应事先布置好庆典现场，庆典现场要喜气祥和，适当放置气球、彩旗、条幅、花篮等，以营造浓厚的氛围。同时，要安排好服务人员，做好签到、发放赠品、休息、就餐、摄影等工作。

6.制定开业活动预算

整个开业活动会发生一些费用，被特许人事先要制定开业活动预算。一般开业活动的费用包括广告宣传费用、现场布置材料费用、人工费用以及其他一些费用事项。

> **知识拓展7-3　　　　　　　常见的开业典礼形式**

常见的开业典礼形式见表7-2。

表7-2　常见的开业典礼形式

形式	活动内容	优点	缺点
一般开业典礼	致辞与剪彩	易于控制、操作费用少	公关作用较差，消费者不易参与
公关型开业典礼	现场服务咨询、赞助公益事业、演出、消费者联欢	新闻宣传性强，易产生轰动效应	现场安全不易控制与把握
实惠型开业典礼	无正式开业仪式，可用酬宾、特卖、抽奖等活动代替	省费用，消费者易参与，较实惠	传播作用较弱

资料来源　李卫华.连锁店铺开发与设计［M］.北京：电子工业出版社，2011.

任务二　熟悉加盟店的运营

加盟店的运营管理是在特许总部的特许经营体系的指导和监督下进行的。因此，被特许人除了要做好一般门店的运营管理工作外，还要在合理利用特许经营手册的前提下利用好特许人的支持，同特许人保持良好的关系，以此确保门店的良性运营。

一、利用好特许经营手册

特许经营手册是特许人传授给被特许人的有关运营管理的各类标准、规范、技巧、流程、专有技术的一系列文本，能使被特许人的经营符合特许经营体系的统一性要求，避免因差异而导致经营失败。因此，特许经营手册同特许经营合同一样，是特许人必须要执行的文本。

1.常见特许经营手册的种类

被特许人需要关注的特许经营手册有如下三种类型：

（1）特许经营招募文件。特许经营招募文件一般是由特许人发出的，精练、概括地介绍特许经营体系状况并吸引潜在被特许人加盟的文件。被特许人可以根据招募文件中的信息大致了解特许人的情况，并按照招募文件中所提供的联系方式进一步与特许人商谈。常见的特许经营招募文件有《加盟合同》和《加盟指南》。

（2）特许经营总部手册。特许经营总部手册是特许人为了保证特许经营体系良性运作而编制的对整个特许经营体系的运营、管理进行工作指导的规范性册子。其一般包括《特许经营总部总则手册》《总部人力资源管理手册》《总部行政管理手册》《总部组织职能手册》《总部财务管理手册》《总部商品管理手册》《总部产品知识手册》《总部营建管理手册》《总部销售手册》《总部物流管理手册》《总部信息系统管理手册》《总部培训手册》《总部督导手册》《总部市场推广管理手册》《总部CI及品牌管理手册》《总部产品生产管理手册》等。

（3）特许经营单店运营手册。对被特许人而言，特许经营单店运营手册的实用性应该是最强的，被特许人可以参照手册上的规范和流程开展门店的日常运营工作，营造同特许人之间的良性关系。特许经营单店运营手册一般包含流程管理手册、关系管理手册和门店应接服务手册三个大类。

① 流程管理手册。流程管理手册涉及店铺商圈规划、门店选址、新店筹备、门店组织结构、职能分配、员工招募管理、证照申领、门店设计营建、保险、产品规划、初期物资准备、产品供应、门店促销、门店日常运营、门店维护、市场调查、仓库管理、对外协调工作等方面的详细流程。其具体表现形式为《单店开店手册》和《单店运营手册》。

② 关系管理手册。关系管理手册涉及加盟店组织职能，加盟商招募和遴选流程标准，对被特许人进行培训的类别、组织和内容，特许人对加盟店监控的方法、频次和管理流程，体系改造，体系间沟通的模式，营销推广活动等。它是构建特许人和被

特许人和谐关系的指导性文件。

③门店应接服务手册。门店应接服务手册是包括门店营业的准备、应接顾客的详尽流程和质量标准、对顾客意见的反馈、对投诉的处理、危机情况的处理等的流程性文件。它是对门店服务质量考评的依据，也是对门店员工培训和对门店控制的重要依据。门店应接服务手册具体表现为《单店运营手册》《单店店长手册》《单店店员手册》等。

利用数字化技术，特许经营手册实现了从纸质化到电子化的转变，特许人通常以电子文档、视频等载体形式将资料分发给被特许人。

2.被特许人对特许经营手册的态度

被特许人对上文中提及的特许经营手册应该有一个较为积极和良好的态度，这样的态度是利用好特许经营手册的前提。

首先，被特许人要明白，店铺运营管理一定会受到特许经营手册的限制，但这是特许经营体系统一运作的必然要求；其次，被特许人要清楚，特许经营手册的内容是建立在特许人一定经验的积累基础之上的，是帮助被特许人经营管理的主要工具，也是特许人培训被特许人和解决其问题的工具；最后，被特许人还要知道，特许经营手册是特许人检测被特许人是否符合特许经营体系规范的重要依据。因此，特许经营手册是特许人的商业机密，只有在签订了特许经营合同后，特许人才会提供给被特许人使用，且被特许人无权复制或出让给他人。

案例点评7-1

嘉和一品使用亦墨智慧营运系统进行门店管理与培训，通过系统定时定向下发培训内容及碎片化工作事项，提高了门店执行力。上线2个月，门店平均执行力从原来的67%提升到98%以上。工作事项内容永久存档，区域经理可随时查看并跟踪门店工作执行情况。从顾客评价来看，堂食评价指数增长2个百分点，外卖好评数增加47%，差评数降低28%，营收同步持续稳定增长。

点评：将培训内容拆解成碎片化的工作事项，通过特定的工作流程自动化发布到门店，门店查看工作事项执行标准示例，通过系统支持的各种反馈机制记录门店的工作完成情况。

二、获得特许人的支持

1.参加持续的特许经营培训

在特许经营过程中，特许人有责任也有义务向被特许人提供持续的培训支持。尽管这些培训支持可能需要被特许人支付额外的费用，但被特许人也要明白特许人设计的培训内容是可以帮助其提高日常经营管理能力的，因此被特许人一定要积极参加培训课程。

常见的特许经营培训主要有两种类型：第一种是特许人为了提高其品牌市场份额、维持并提高市场地位及减少经营成本而对被特许人进行的培训，称为集中战略培训；第二种是特许人成功地研发出新技术和新产品之后，为了确保被特许人的持续经营而开展的培训，称为内部成长战略培训。表7-3从工作重点、实现途径、关键事项和培训重点说明四方面对两种特许经营培训的特点进行了概括。

表7-3　　　　　　　　　　　　两种特许经营培训的特点

培训战略	工作重点	实现途径	关键事项	培训重点说明
集中战略培训	提高市场份额；维持并提高市场地位；减少经营成本	提高产品质量；提高生产率；革新技术流程；严格按需要制造产品	技术交流与提高；人力资源开发	团队构建；交叉培训；人际交往技能培训；在职培训
内部成长战略培训	新产品开发；技术革新	增加营销渠道；拓展市场；调整现有产品结构；开发新产品	规定新的工作目标和任务；技术革新	市场营销培训；人际沟通培训；技术能力培训；创造性工作和分析能力培训

▶知识拓展7-4　　　　柯克帕特里克四个层次培训效果评估模型

在接受完每一次培训之后，被特许人都要对培训效果进行一次合理的评估，同时可以将评估效果同特许人分享。

柯克帕特里克四个层次培训效果评估模型在评估领域具有难以撼动的地位，该评估模型从四个维度来评估培训效果。

反应评估：评估被培训者的满意程度。在培训项目结束时，通过问卷调查来收集被培训者对培训效果和培训有用性的反馈信息。这个层次的评估可以作为改进培训内容、培训方式、教学进度等方面的建议或综合评估的参考，但不能作为评估结果。

学习评估：测定被培训者学习内容掌握的程度。学习评估可以采用笔试、实地操作和工作模拟等方法。培训组织者可以通过书面考试、操作测试等方法来了解被培训者在培训前后对知识以及技能的掌握有多大程度的提高。

行为评估：考察被培训者知识学习的应用程度。这个层次的评估包括被培训者的主观感觉、被培训者的下属和同事对其培训前后行为变化的对比，以及被培训者本人的自评。

成果评估：计算培训创造的经济效益。成果评估可以通过一系列指标来衡量，如事故率、生产率、员工离职率、次品率、员工士气以及客户满意度等。通过对这些指标的分析，管理层能够了解培训所带来的收益。

2.与特许人积极配合，以获得帮助

尽管负责任的特许人会积极推行持续培训，以避免加盟店日常经营出现问题，但还是会有意想不到的情况或者这样那样的问题发生，影响加盟店的运营。在这种情况下，如果被特许人无法自己解决，应主动向特许人请求帮助。

被特许人也应明白，特许人提供的帮助程度会视问题的严重性而定，实事求是、

积极地与特许人配合才能获得及时的帮助。

一般遇到严重的问题时，被特许人应迅速电话告知特许人，特许人可能会要求被特许人出具一份书面确认函，并派专业人员提供帮助。对于不严重的问题，特许人通常会派相关人员通过电话提供帮助而不会上门，以控制成本。

3.参与特许经营体系内的良性竞争

特许经营体系成熟的特许人为引导体系内被特许人之间的积极竞争、互相促进，共同提高经营业绩，会专门设立奖励机制，定期组织全部被特许人进行系统评比（不单纯评比经营业绩），对优秀的被特许人会给予奖励或额外宣传，费用由特许人承担。特许经营体系有此类政策的，被特许人应积极参与内部竞争，争取得到特许人的奖励。

📝 案例点评7-2　　　　百果园"福利特许"的背后

2018年8月，经过多次的模拟和演算，百果园推出了一套独有的特许加盟体系。在外界看来，这套加盟体系有诸多亮点，最突出的便是其带有"福利"性质的加盟规则。

据介绍，百果园目前面对单店加盟商主要提供A、B两种加盟模式，即加盟商全额出资（A类）和加盟商与百果园共同出资（B类）。同时，根据开店城市的店铺租金、员工薪酬水平及消费者的消费能力，百果园将门店划分为甲类门店和乙类门店。

其中，加盟商最为关心的租金成本一项，百果园设定了一个租金平衡线金额——"该金额约为月销售额的6%，如果该店实际租金超出租金平衡线，百果园会将应收取的特许经营资源使用费扣除当月销售毛利额的3%后余下的部分用于租金平衡支持"。

在门店经营层面，百果园实行最低收入扶持制度，即对前期经营业绩低迷的门店给予特许经营资源使用费减免和配送折扣政策扶持；同时，无论门店经营是盈还是亏，加盟商每月都可以获得一定的薪资收入，用于其日常生活保障。

店员培训、定期回访、巡店跟踪等以往常规性的加盟服务并未减少，整个加盟服务反馈的速度却大幅度提升。

不难发现，新加盟模式的建立，严格控制了加盟商的准入标准。加盟商不仅扮演"财务投资者"的角色，更要参与到门店的实际运营和管理中，加盟商与百果园形成了一个"命运共同体"。与此同时，由于背后有百果园完善的体系支撑，加盟商在经营压力上减轻了不少。

资料来源　佚名.百果园"福利特许"的背后［EB/OL］.［2019-05-25］. http://www.ccfa.org.cn/portal/cn/view.jsp？lt=4&id=437981.

点评：在特许经营活动中，特许人对被特许人的支持尤其重要，因此在选择特许人的过程中，被特许人尤其要注意选择一家能在特许经营体系上支持自己的企业。

三、处理好与特许人的关系

特许人与被特许人之间是基于利益的伙伴关系，所以，在特许经营活动中，双方可能会出现具有阶段性、周期性特点的冲突。

1.特许人与被特许人的冲突表现

（1）经济利益方面的冲突。盈利是特许人和被特许人共同追求的目标，在经济利益上的冲突主要体现在以下三个方面：被特许人的经营业绩没有达到预期目标；特许经营后期费用过高；特许人的策略不稳定，给被特许人带来了额外成本。

（2）支持系统方面的冲突。支持系统是特许人和被特许人维系良好关系的纽带。在特许经营过程中，如果缺少特许人的支持，或者支持不充分，被特许人将无法独立参与市场竞争，甚至店铺生存都有可能受到威胁。

2.被特许人避免冲突的途径

（1）按特许经营合同支付特许经营费用。被特许人按时支付特许经营费用是与特许人建立良好关系的基础。被特许人按照特许经营合同支付的费用大致包括两大部分：第一部分为加盟费，是被特许人与特许经营总部签署合同时一次性支付给后者的费用；第二部分为特许经营权使用费，又称"权益金"，是被特许人持续支付给特许人的品牌使用的相关费用，包括广告费、培训费、特许人提供新产品和新服务的费用、转让费以及按照销售额或盈利额的一定比例支付给特许人的费用。

被特许人要做好日常财务规划，保持现金流的通畅，以免在支付特许经营费用的时候遇到资金不足的情况。与此同时，如特许人没有履行持续支持被特许人的合同义务，被特许人可以拒绝交纳特许经营费用，但是一定要拿出足够的证据，否则不得无故拖欠或拒交特许经营合同规定的特许经营费用。

（2）正确对待特许人的监督管理。在成熟的特许经营体系中，总部的督导部门会与其他职能部门协同合作，对被特许人的业务进行监督管理，通过对每个被特许人运营信息的综合分析，不断调整和改善计划，最终再通过督导对被特许人进行指导和培训，达到对特许经营体系进行有效控制和管理的目的，以确保整个特许经营体系健康发展。因此，被特许人应该积极配合特许人的监督管理工作，以使自己的加盟店在健康的特许经营体系中获得更多的经济利益。特许经营总部开展监督管理的途径及要点见表7-4。

表7-4　　　　　　　　　　特许经营总部开展监督管理的途径及要点

途径	要点
定期监督管理	负责任的特许人一般会安排督导人员定期检查加盟店，但具体日期是不提前通知的，以防止被特许人提前准备。如果特许经营合同上有相关条款，被特许人就有义务积极配合督导的检查，并提供督导所需的信息，包括经营数据。规范的督导检查通常会在现场在一份"项目检查表"上填写意见，并在检查结束后告知被特许人，以利于其改进不足
远程监督管理	特许经营总部的督导人员可以利用移动端App全方位多角度随时随地远程巡店，并形成电子巡店报告

续表

途径	要点
"神秘客户"监督管理	有些特许人会在被特许人不知情的情况下，派检查人员以顾客的身份在被特许人的店里体验消费过程，因而这种检查结果是很真实的。"神秘客户"检查的结果同督导检查的结果一样将被告知加盟商，以改进其不足
社会舆论监督管理	被特许人需要站在特许人的角度，对品牌做好维护工作。在特许经营体系之外，被特许人也会受到顾客以及第三方的监督。顾客在享受被特许人提供的服务的时候，会给出客观公正的评价，特许人可以借此对被特许人的经营作出评估。第三方监督则是特许人借助社会团体、新闻媒体和社会舆论等多种途径，实现对被特许人的监督管理

> 知识拓展7-5　　　　　　　　特许经营关系微笑曲线

被特许人从依赖特许人到独立再到同特许人之间相互依赖的过程被称为"特许经营关系微笑曲线"（如图7-7所示）。了解该微笑曲线，有利于特许人和被特许人之间的沟通、理解。

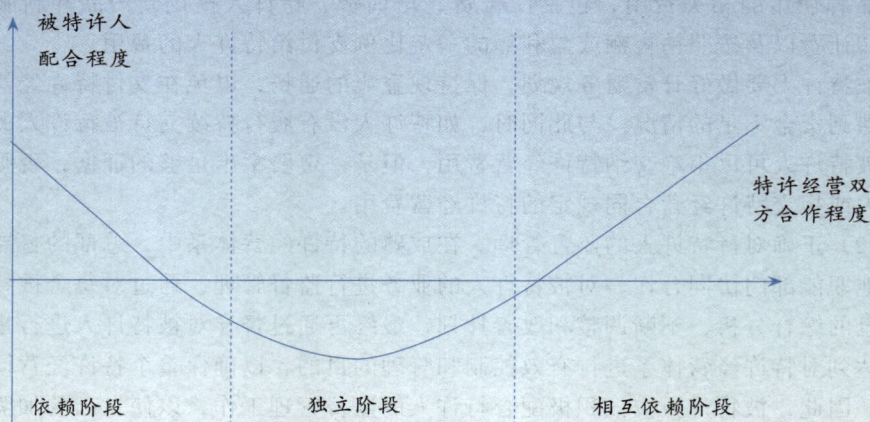

图7-7　特许经营关系微笑曲线图

四、加盟店日常管理

1.员工管理

（1）绩效管理。绩效管理是指通过动态的沟通，真正提高绩效，实现企业目标、促进员工发展的管理过程。被特许人要以员工绩效为核心制定员工薪酬策略及晋升策略。被特许人进行绩效管理的步骤如图7-8所示。

①制订绩效计划。被特许人可以和员工合作，就员工下一年应该履行的工作职责、绩效衡量办法等一系列问题进行探讨，并达成共识。

2018年以来，互联网的流量增长已经到了瓶颈期，现在获客越来越难，流量越来越贵，于是利用员工私域流量的员工分销模式应运而生。员工分销模式就是给每个员工分配一个专属的二维码，员工通过推广此二维码给自己朋友圈的人，扫码注册后

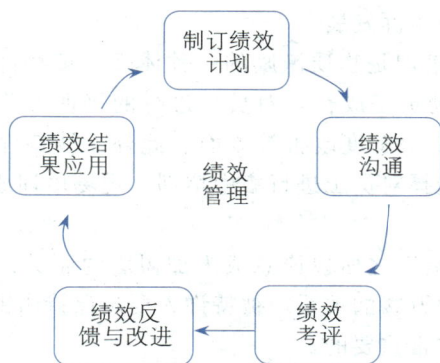

图7-8　被特许人进行绩效管理的步骤

绑定推广员为此员工；绑定的客人消费后会产生数据，商家制定分销奖励制度激励员工进行分销推广，通过此模式可以让每一位员工都成为门店的分销员。这是利用员工的私域流量，迅速使门店获得大量客户。

②动态、持续的绩效沟通。被特许人在员工工作的过程中应同员工随时保持联系，跟踪员工绩效进展情况，对员工进行必要的指导和培训，及时帮助员工并和员工一起排除工作中遇到的障碍。

③绩效考评。被特许人可以利用合理的绩效考评方法，如平衡计分卡、关键绩效指标法、目标管理法、工作指标法、360度考评法等对员工的绩效进行公平、公正的打分。

④绩效反馈与改进。绩效考评结束之后，被特许人可以对员工的业绩完成情况、个人发展潜力、个性等方面进行综合分析，作出具体客观的评价，并以此作为对员工进行奖惩的依据。同时，和员工进行有效沟通，解答员工的疑问，指出员工的不足，帮助其改进绩效。

⑤绩效结果应用。被特许人可以针对每个员工不同的绩效考评结果给予其奖励，对其进行培训，晋升或淘汰等，以此优化团队成员，帮助加盟店更好地运作。

（2）员工激励。它是指被特许人以绩效管理结果为依据，对员工进行合理激励，调动员工的工作积极性，增强员工的凝聚力，满足员工自我实现的需求，开发员工的潜力，留住优秀人才。

①员工激励的主要内容。

★物质激励。常见的物质激励包括：工资调整、奖金激励、福利激励（包括补贴、文娱活动、带薪年假、员工保险、培训机会等）。

★精神激励。除了物质需求外，员工还有获得尊重和自我实现的需求。常用的精神激励手段包括：荣誉激励、关怀激励、榜样激励、成长激励、目标激励等。

②选择合适的激励方法。员工激励的内容与方法多种多样，被特许人要根据员工的特点选择相应的激励方法。

★明确给予员工的物质和精神激励是属于保健因素还是真正的激励因素。

★被特许人也要注意，员工处在不同的阶段或不同员工需求是不同的，只有采取适当、有效的激励方法，才能真正使员工激励获得应有的效果。

（3）员工培训与职业生涯发展。

① 员工培训。员工培训是物质激励的一种体现，被特许人可以使用这一方法提升员工的专业技能，帮助员工成长。对员工进行的培训大致包括知识传授、技能训练、能力提升、习惯改变、态度改善等方面。此外，被特许人还可以在总部的指导下，根据自身的特点，选择对员工进行集中培训、现场培训或短期培训，以达到培训效果实用、适用的目的。

② 职业生涯发展。员工之所以愿意成为加盟店的雇员，与自身的生理特征、学历、家庭背景等有着千丝万缕的关系。被特许人要想保持店铺长期良性发展，培养一批肯干、能干的员工是非常重要的。

被特许人可以根据员工目前的情况（生理、知识、个性、能力、思想道德等）以及与员工的沟通，了解员工个人发展的愿望，帮助员工制定职业生涯规划。

☑ 互动课堂7-1　　　　基于服务利润价值链的海底捞营销模式

海底捞精神从根本上决定了海底捞服务利润价值链能有效发挥作用并取得惊人的绩效。海底捞精神可归结为一句话，就是"双手改变命运"。这一精神已融入海底捞服务的每一个细节中：它体现在海底捞的员工宣誓词中，短短五句宣誓词第一句就是"我愿意努力工作，因为我盼望明天会更好"，最后一句是"我坚信，只要付出终有回报"。它体现在海底捞的店歌《携手明天》中："唱着同样的旋律……双手创造未来；带着同样的目标……双手创造未来。"它体现在海底捞的三大工作目标中："在海底捞内部创造一个公平、公正的工作环境；致力于使双手改变命运的价值观在海底捞变成现实；将本品牌开向全国。"它也体现在海底捞的用人原则中："必须是一位勤快的人，哪怕你再笨我们都愿意去教你。"海底捞服务利润价值链作用的有效发挥，根本原因在于"双手改变命运"的海底捞精神从根本上影响和决定了海底捞员工的行为。其营销模式如图7-9所示。

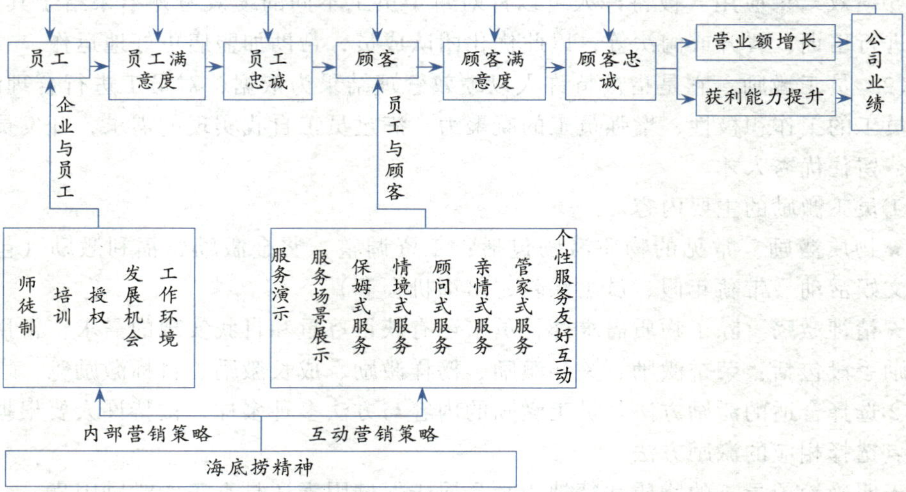

图7-9　基于服务利润价值链的海底捞营销模式

资料来源　吕振奎. 海底捞的服务营销——基于服务利润价值链理论视角的海底捞模式研究［C］. 2011 International Conference on Information，Services and Management Engineering（ISME 2011），2011（12）.

上网搜集海底捞员工管理的相关资料，讨论海底捞精神如何激励员工去创造服务价值。

2.财务管理

（1）资金管理。加盟店的资金管理，简单来说就是如何维持适当的资金量。企业要使资金的运用顺畅且高效，就必须有相应的资金制度，一般包括：

互动课堂7-1

分析提示

① 制定基本收支程序。无论是现金、票据还是应收账款，都必须制定相应的程序，规定流程、各承办人及负责人。

② 制定现金管理制度。现金是最方便且最容易被接受的支付工具，是最需要而又最易流失的资金，所以加盟店对现金应制定严格的制度予以管制。

③ 制定存款、票据管理制度。存款实际上是企业所拥有的现金，但出于安全考虑，存放在银行随时备用。由于存款的调度通过存折或卡来实现，所以必须要进行规范的管理。

④ 制定应收应付账款管理制度。"收账求快，付账设法求缓"是处理应收及应付账款的原则。围绕这一原则，企业必须有管理制度和适宜的人员进行账款管理，以维护企业的利益。

⑤ 制定财务报表管理制度。财务报表是反映某个特定时期加盟店财务状况的报表。很多特许经营合同中都规定，加盟店有义务向特许人提供真实的财务报表或财务数据。特许人能根据加盟店的财务报表，提出有助于加盟店业绩增长和发展的财务建议。

（2）现金管理。财务中的"现金"并非仅指企业手头的现金，还包括营业款现金、银行存款、远期支票、员工借支等。

①现金管理应遵循的原则。

★建立记账凭证制度，即所有的收支都必须有原始凭证和填制记账凭证；

★严格管制备用金，其余现金必须存放在银行账户中；

★明确的现金收支办法和支付零用金办法；

★出纳与会计作业要分开；

★掌握"真实现金"；

★事前及时进行现金预算与现金管理；

★随时追踪银行调节表、现金日报表；

★事后编制以现金为基础的现金流量表。

②现金的内部控制。通常，企业要建立完善的现金内部控制制度，并应注意以下一般原则：

★出纳与会计分开。经手现金收支的出纳工作与掌管现金簿及记账等的会计工作，必须分别由不同的人员担任，以达到互相牵制的目的。如有需要，可加以调动，以免日久生弊。

★库存现金降至最低限度。"一切收款，存入银行；所有支出，开出支票"；如有现金收入，不得移用支付；唯一的库存现金，应只是零用基金。

★设立突击检查制度。财务主管或内部稽核人员应随时突击检查零用基金及与现金有关的账目。

3.日常经营管理

连锁加盟店运营管理是以总部经营决策为指导，进行店铺运营的计划、组织、实施和控制，并与产品生产和服务创造密切相关的各项管理工作的总称。因此，被特许人要根据门店的有形要素进行顾客服务的过程管理，明确门店运营以顾客服务为中心，以商品管理和绩效控制为基本点，涵盖运营标准化、商品陈列、顾客服务、收银管理、门店安全、业绩评价等连锁门店运营的基本内容（如图7-10所示）。

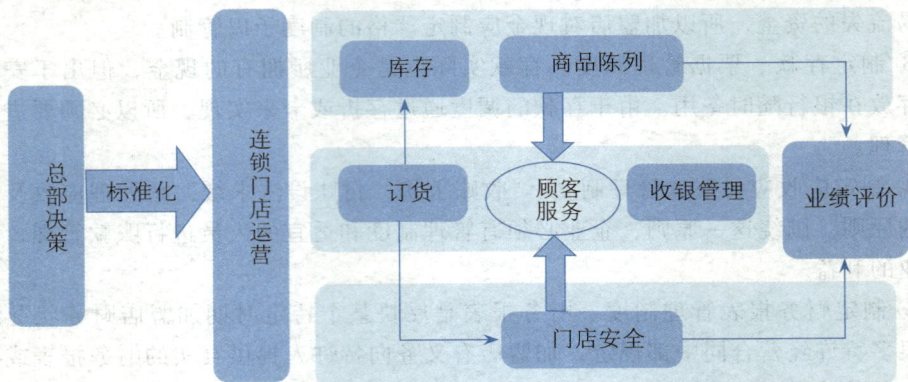

图7-10　连锁加盟店日常经营管理流程

资料来源　饶君华，罗俊. 连锁门店营运管理［M］. 北京：高等教育出版社，2014.

从图7-10中可以看出，加盟店的最终目标是实现门店业绩提升，顾客服务、收银管理、收货管理、库存管理、陈列管理以及安全管理都是必要的手段。除此之外，最为直接的手段便是提升客流量和提高客单价。

（1）提升客流量。通常情况下，门店客流量=商圈覆盖面×商圈渗透率×商圈内人口密度。所以，客流量的影响因素就是商圈覆盖面、商圈渗透率和商圈内人口密度。

①商圈覆盖面。广义的商圈指商业街道内所有门店集合形成的商圈，一般指流动线的开始端到末端，通常是指一个城市中各个繁华商业带的分布。狭义的商圈指一个零售店或商业中心的营运能力所覆盖的空间范围，包括由具体区域空间、具体销售空间和各种销售辐射力及购买向心力构成的一个"场"或"商业场"。对加盟店而言，这里的商圈是一个狭义的概念，它和店铺的物业条件、店铺经营品类、店铺周围交通情况、店铺周边竞争店以及周围消费群体的特点有一定的关系。

②商圈渗透率。门店商圈渗透率是指门店所处的核心商圈和次核心商圈中，稳定的顾客数量占全部目标顾客数量的比率。门店商圈渗透率其实在某种意义上就相当于门店的市场份额比率。影响门店商圈渗透率的主要因素是本门店相对于那些能够满足目标顾客需求的替代性门店的竞争力，如果本门店能够比替代性门店提供更高性价比的商品、为顾客提供更温馨的服务，那么在门店面积相同的情况下，门店的商圈渗透率一定更高。

> **知识拓展7-6**　　　　　　　　　　　**饱和理论**

饱和理论是通过计算零售商业市场饱和系数，测定特定商圈内某类商品销售的饱和程度，用以帮助新设商店经营者了解某个地区内同行（业）是过多还是不足的理论。其用公式表示为：

IRS=H×RE÷RF

IRS：某地区某类商品的零售饱和系数

H：某地区购买某类商品的潜在顾客人数

RE：某地区某类顾客购买某类商品的费用总支出

RF：某地区经营同类商品的商店营业总面积

③商圈内人口密度。门店商圈内人口密度是指在门店所覆盖的商圈范围内单位面积土地上所居住的总人口数量。一般来说，门店在进行选址时，这是一个非常重要的指标，门店位置一旦确定，这就成为一个"沉淀"指标，是一个门店自身所无法改变的外部环境。

在门店商圈内人口密度确定的情况下，提高客流量可以从扩大商圈覆盖面和提高商圈渗透率两方面着手，相关技巧见表7-5。

表7-5　　　　　　　扩大商圈覆盖面和提高商圈渗透率的技巧

提高客流量的手段	相关技巧
扩大商圈覆盖面	扩大商圈覆盖面首先要解决的是知晓度问题，其次是顾客的体验度问题。我们可以通过如下途径实现商圈覆盖面的扩大： 第一，调整和优化门店商品组合。加盟店可以根据商圈内消费者的层次以及竞争者的情况，突出自己的经营优势。只要有独特的卖点，我们就可以避免稍微偏远的目标客户被周边的竞争对手所拦截。 第二，利用促销广告和服务口碑扩大商圈覆盖面。要提高商圈内居民对门店的知晓度，有效利用促销广告和服务质量带来的口碑的传播，是很不错的选择。比如，我们可以有意识地到那些薄弱地带的小区去组织公关活动，散发促销广告资料，以提高这些地区居民对本门店的知晓度。 第三，增强顾客抵达门店的便捷性。加盟店可以通过增设免费购物班车、改善门店的停车环境、与公共交通部门协商增加到本门店的公交路线或站点等来方便顾客到达本门店。 第四，强化边缘区域营销。加盟店可以通过拜访边缘区域的顾客、组织小区公关活动、促销广告传播等方式来扩大商圈覆盖面
提高商圈渗透率	提高商圈渗透率，就是要解决消费者的满意度和忠诚度问题，以此向消费者提供有意义的消费体验。 第一，门店营销工作精细化。门店营销精细化是一项无止境的工作，也是看似简单但实际上具有挑战性的工作。 第二，提升门店的服务质量。门店的服务质量其实存在于每一个环节中，从顾客踏入门店到离开的整个过程都有服务质量监控点，且服务水平不是各个点的服务质量连加的结果，而是连乘的结果。其实我们站在顾客的角度来想这个问题，是不难找到适当的答案的

　　除了传统的客流量提升方法以外，加盟店还要借助数据化工具构建线上线下流量渠道，实现"引流到店"。

　　首先，加盟店依托线下自然流量的同时，可全面入驻各大互联网平台，以此获取线上流量，如支付宝、微信、美团、饿了么、大众点评、口碑、高德等。通过线上平台的品牌曝光，触达更多潜在顾客，提升顾客对自身的品牌认知。

　　其次，实现"公域引流"。LBS（基于位置的服务，Location Based Services）的成熟，为门店通过互联网获取周边客户创造了绝佳条件。抖音、快手等短视频平台都有同城推荐功能，微信朋友圈广告甚至支持"门店三公里"（范围内）广告投放，这些都能帮助加盟店从公域流量中精准找到自己的顾客。

　　公域流量转化为私域流量，一直是营销活动的重中之重。比如，小程序、公众号、App、官网可以通过付费的流量推广，把公域流量转化为自己的私域流量；当这些公域流量能够沉淀在小程序、公众号等自有渠道之后，它就变成了私域流量。

　　最后，做足"私域引流"，打通线上与线下各个服务环节，充分利用外卖、团购、预订、排队等业务场景，针对线上顾客开展二次营销活动，将线上顾客转化为到店顾客，同时吸纳为品牌会员，大大降低会员拉新的营销成本。通过门店已有客户群（包括到店客户、社群客户、个人朋友圈客户、微信公众号用户等）产生裂变，同样能为门店带来源源不断的新客户。

▷知识拓展7-7　　　　　公域流量与私域流量

　　私域流量，指的是加盟店拥有完全支配权的账号所沉淀的粉丝、客户，即可以直接触达多次利用的流量。比如QQ号、微信号、社群上的粉丝或者顾客，就属于私域流量。公域流量，是指不可控的流量，如淘宝、抖音、百度、微信都是一个完整的生态圈，是一个巨大的流量池，企业可以通过投放一些广告去获取流量，但是大部分流量都不能为加盟店所用。

　　打个比方，流量是大海，客户是鱼，获客的运营人员就是捕鱼人。在以前，捕鱼人很少，而鱼也源源不断地从大洋进入大海里，捕鱼人只要到海里捕就好了。但是后来，大洋里的鱼都游到大海里了，捕鱼人也越来越多了。每次出海捕鱼的成本越来越高，但是能够捕到的鱼越来越少了。这个时候，有捕鱼人挖了一条渠，将海水导入自己的鱼塘中，在鱼塘中养鱼，同时让鱼生鱼，他就可以直接从私有的鱼塘当中捞鱼了。大海就是所谓的公域流量，私域流量就是自己家的鱼塘。

　　资料来源　作者根据相关资料整理.

　　（2）提高客单价。**客单价**是指商场每一个顾客平均购买商品的金额，即平均交易金额。其计算公式为：

　　　客单价=销售总额÷顾客总数

　　或者：客单价=销售总金额÷成交总笔数

①客单价的影响因素。

★动线长度。商品的性质及商品在店内的位置是顾客行走距离、滞留时间长短的主要影响因素。店内通路设计的前提条件是商品的整体布局。要想实现高效率的商品布局，必须做好以下工作：估算卖场中各商品群的购买率，区分计划购买率高的商品群和非计划购买率高的商品群，确定各商品群之间购买关系的深浅，了解顾客的购买习惯和购买顺序，制定符合消费者生活习惯的商品组合，明确店内动线模式和客单价之间的联系，掌握各商品群的空间大小及卖场的基本形状。

★停留率（总停留次数/动线长度）。对商家而言，顾客在店内只行走不会产生任何盈利。只有当顾客在店内的销售区域停留并收集商品信息时，他才有可能产生实际的购买动机。设计卖场时必须考虑以下一些内容：店内各通路的商品配置、通路间商品群的关联、端架商品陈列计划、商品陈列方式和表现水平、POP广告等直接商品信息的提供。

★注目率（注目次数/总停留次数）。所谓注目率，是指商品在卖场中吸引顾客目光的能力或者称为"视线控制能力"。为了能吸引更多顾客的注意，生产企业必须不断地设计新的包装、色彩、容量，在卖场中精心布置，目的在于使自己的产品和品牌与其他企业的产品和品牌差异化，期望能够吸引更多顾客的目光，以促进销售。在商品陈列方面，要注意以下几方面：商品的分类，商品的表现形式，商品的陈列幅度、陈列量，商品的色彩表现，商品在陈列架中的位置和变化，商品POP广告的设计和位置。

★购买率（购买次数/总注目次数）。如果停留下来的顾客中断购买决策或者延期购买，停留就变得毫无意义。因此，门店应按顾客的购买习惯合理地配置商品。商品色彩的组合、商品的陈列方式、POP广告的形式和内容等都会起到刺激顾客作出购买决策的作用。

★购买件数。顾客购买的商品件数越多，其客单价也就越高。增加顾客购买商品的件数的主要途径是尽可能地唤起顾客的冲动购买欲望。门店可以通过大量陈列、关联陈列，POP广告，品牌商品、新商品、季节商品和特卖品的合理配置等，激发顾客的兴趣与注意，刺激顾客的联想购买和冲动购买。

★商品的单价。顾客所购商品单价的提高主要取决于企业的价格政策、价格带的合理配置、商品陈列的位置及商品的质量等。目前，连锁超市企业已大规模使用POS系统（或ERP系统），这为卖场经营技术的研究和开发提供了实证分析的可能。只有以POS系统为基础，进行精确化管理和卖场经营方法的设计，才能使客单价在企业可控制的范围内稳步提高。

②提高客单价的方法。

★关联商品陈列及销售。关联商品是指同主力商品或辅助商品共同购买、共同消费的商品。在商品摆放上是把有相关关系的A、B类商品或能产生联想的商品摆在一起。当然，在顾客选择A类商品的时候，销售员也可以积极地促销与其相关的B类商品，以提高客单价。

★降价促销。对于需求弹性比较大的商品，门店可以通过降价的方式来刺激消费者更多地购买。

★收银连带。比如，当一位女士买了一件价值378元的衣服时，收银员可以顺带说一句："小姐，您选购的衣服378元，您可以再看看我们的胸花，刚好可以搭配您这件衣服，胸花22元，加起来刚好是400元整。"门店可以在收银台附近多摆放一些小配件，销售概率是很高的，往往在顾客结账的时候就顺带销售了。

思政园地

云柜和福袋，拉近了顾客的距离

福奈特，自1997年创立，迄今为止在全国已经有1 700多家经营网点。其一直不变的座右铭是"你每天为满足顾客的愿望做事，一步一个台阶地往上走，慢慢地你就会发现，你已经与别人拉开了距离，你已经赢得了顾客。"

福奈特为了满足顾客的便利性需求，专门研发了两个具有福奈特特色的数字化产品——云柜和福袋。云柜源于对顾客呼声的洞察："早上上班的时候，福奈特还没有开门营业，我下班了，你们也打烊了，能不能提供24小时的服务？"基于这样的需求，云柜应运而生。目前，福奈特在全国各地已布置了几百台云柜。顾客可以随时下单，福奈特提供24小时服务。

另外，应顾客的需求，福奈特推出了会员福袋。顾客洗衣时，会拎很多的衣物到店，经常会出现排队的现象，这对顾客来说是个非常不好的体验，所以，福奈特研发了福袋，送给储值卡会员。会员利用福袋上方的二维码把个人信息与福袋绑定在一起，当有洗衣需求的时候，把衣物放在福袋里，通过二维码下单，然后把福袋送到前台即可，再也不用排队等待。门店依据二维码的信息完成后续全链条的服务，直到衣服全部洗完，把福袋清洗干净和衣物一起还给顾客，为顾客下一次洗护做好准备。

资料来源　作者根据2021CCFA中国特许经营最佳实践案例集改编.

分析提示：该案例体现了福奈特以满足顾客需求为核心、精益求精的服务精神。

项目实训

【实训资料】

王辉是上海某高职院校连锁经营管理专业的学生，长期以来一直有毕业后创业的想法。在临近毕业时，通过自己的努力和家庭的支持，王辉满足了"沪上阿姨"特许加盟体系的加盟条件，并通过房产公司在上海松江区找到了一个地理位置优越的100平方米的店面。之后，王辉按照特许经营合同的规定交纳了加盟费、保证金、计算机系统集成费、特许经营权使用费、培训费等相关费用。"沪上阿姨"作为特许人，也履行了自己向被特许人提供支持的义务，提供了装修方案、店面布局图、经营设备配置图、投资测算表和开业指导。在整个特许经营活动的开始阶段，作为特许人的"沪上阿姨"和作为被特许人的王辉达成了良好的共识。

【实训目标】

通过实训，学生要进一步掌握加盟店筹建的基本步骤，同时能够利用本项目所学的知识和技能，制订加盟店运营方案。此外，通过培养学生的调研能力和团队合作意识，提高学生的综合素养。

【实训任务】

1.通过"沪上阿姨"官方网站，找到其特许加盟模式的相关资料。

2.利用所学知识，帮助王辉制订加盟店筹建计划书。

3.利用所学知识，帮助王辉制定加盟店运营管理建议书。

【实训指导】

1.复习相关知识，精心组织，合理确定小组成员。

2.讨论背景资料。

3.指导学生根据案例信息进行分析。

4.指导学生根据所学知识撰写加盟店筹建计划书。

5.指导学生根据所学知识撰写加盟店运营管理建议书。

6.召开总结会议，进行交流评比。

【实训评价】

根据实训结果填写表7-6。

表7-6　　　　　　　　　　　　　组员表现考核表

评价指标	分值	组员自评（30%）	组内互评（40%）	教师评分（30%）	最终得分
实训态度	20				
实训技能	25				
实训效率	25				
思政素养	10				
团队合作	20				
组员个人表现总得分：					

项目测试

一、单项选择题

1.被特许人至少要在加盟店试营业前（　　　）开始团队组建工作，以便留下足够的时间进行初期培训。

A.半个月　　　　　B.一个月　　　　　C.两个月　　　　　D.三个月

2.一般情况下，加盟店开业宣传的广告最好在开业前（　　　）左右开始投放，这样既不会多花广告费，又能使信息传播相对集中。

A.一周　　　　　　B.半个月　　　　　C.一个月　　　　　D.三个月

即测即评7-1

单项选择题

3.特许人的策略发生变化，给被特许人带来损失，属于特许经营管理中的（　　）。

A.经济利益冲突　　　　　　　　　　B.特许人支持不力

C.特许人不当决策　　　　　　　　　D.被特许人违约行为

4.特许经营总部开展监督管理的途径一般有（　　）种。

A.1　　　　　　　　B.2　　　　　　　　C.3　　　　　　　　D.4

5.通过工资调整、奖金激励、福利激励的方法来激励员工属于（　　）。

A.精神激励　　　　　B.目标激励　　　　C.成长激励　　　　D.物质激励

二、判断题

即测即评7-2

判断题

1.在我国境内，被特许人可以不进行开业注册登记手续的办理。（　　）

2.对被特许人来说，通过校园招聘途径招募团队成员是不利的。（　　）

3.被特许人的店铺运作管理一定会受到特许经营手册的限制，但这是特许经营统一运作的必然要求。（　　）

4.在特许经营活动中，特许人和被特许人之间可能会出现具有阶段性、周期性特点的冲突。（　　）

5.被特许人可以通过物质激励和精神激励相结合的方式激励员工。（　　）

6.为确保店铺的良性运营，被特许人需要积极参加特许人的各项培训工作，在门店日常管理中培养精益求精的工匠精神。（　　）

三、案例分析题

张锦程以特许经营的形式在江苏某市教学园区内投资开设了一家专营奶茶的店铺，成为该奶茶品牌的被特许人。在这一教学园区内有两所学生人数均为10 000人的高职院校，张锦程的店铺位于其中一所高职院校的学生宿舍旁。此外，在该教学园区内还有一家奶茶店。开业半年来，张锦程发现每天前来消费的学生平均为100人，销售总额平均每天1 000元。特许人和张锦程都发现了客流量过低的现象，于是特许人约了张锦程，决定给予他进一步指导。

请认真阅读上述材料，完成下列任务：

（1）计算张锦程投资的店铺的客单价。

（2）阐述影响客流量的因素有哪些。

（3）张锦程具体可以通过什么样的方式提高加盟店的经营业绩？

📘 学习评价

根据对本项目内容的学习及掌握情况，填写专业能力测评表（见表7-7）。

表7-7　　　　　　　　　　　　　　专业能力测评表

业务能力	评价指标	自测结果	备注
加盟店的筹建	注册登记	□A □B □C	
	店面装修	□A □B □C	
	团队组建	□A □B □C	
	期初培训	□A □B □C	
	新店开业	□A □B □C	

续表

业务能力	评价指标	自测结果	备注
加盟店的运营	利用特许经营手册 获得特许人的支持 处理好与特许人的关系 加盟店日常管理	□A □B □C □A □B □C □A □B □C □A □B □C	
思政素养	责任担当 精益求精	□A □B □C □A □B □C	
教师评语：			
成绩		教师签字	

注：在□中打√，其中，A为掌握，B为基本掌握，C为未掌握。

项目八
特许加盟关系管理

学习目标

知识目标：熟悉特许经营关系、影子顾客、协商、调解、仲裁、诉讼的含义；了解特许人与被特许人之间的关系的本质特征；理解特许人与被特许人之间的关系的六个阶段；熟悉"E"因素模型；了解常见特许经营合同法律纠纷；熟悉解决纠纷的法律途径。

能力目标：能够维护与特许人的良好关系；能够预见常见的特许加盟法律纠纷；能够通过法律途径解决特许经营法律纠纷。

素养目标：通过对特许经营关系和常见纠纷处理流程的了解，帮助被特许人树立和谐共赢和依法维权的观念。

项目框架

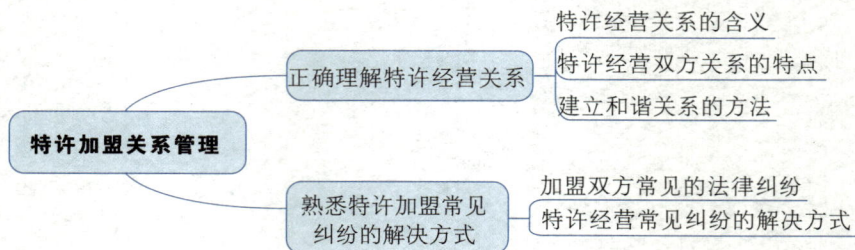

■ 项目导入

特许人与被特许人之间的特许经营关系被视为商界中最复杂的一种关系，这是由特许经营特殊的经营方式所决定的。特许人与被特许人之间的所有权是分散的，但双方却通过特许授权形成了一种唇齿相依的长期合作关系。特许人与被特许人和睦相处是双方都期盼的，也是特许经营体系获得成功的重要保障。

分析：这是一个特许加盟关系管理问题。作为被特许人，不能一味地追求盈利，需正确理解加盟过程中与特许人之间的关系，妥善处理加盟双方存在的各种法律纠纷，建立和维护和睦的特许加盟关系。

任务一　正确理解特许经营关系

一、特许经营关系的含义

在特许经营体系中，我们将特许人与被特许人之间授权与被授权的关系称为特许经营关系。对特许经营关系的认识有狭义和广义之分。

狭义的特许经营关系，是指从特许经营合同签订到合同终止或解除期间由特许人与被特许人之间所形成的关系的总和。**广义的特许经营关系**，是指特许人和被特许人（含潜在被特许人）自知晓对方到签订特许经营合同，直至特许经营合同终止或解除双方所有关系的总和。

1. 对特许经营关系实质的理解

特许经营关系是特许经营体系的基础，只有正确认识特许人与被特许人之间的关系，才能最大限度地避免双方产生矛盾，才能稳定特许经营体系。目前，国内外学者对特许经营关系的本质主要有三种理解：

（1）特许经营关系是一种经济关系。获取经济利益是每个企业或个体经营者的根本目标，经济因素是双方建立特许经营关系的最根本因素。在特许经营活动中，被特许人从特许经营业务中获取收益，特许人则主要通过特许权的转让获取收益，双方获益都依赖共同的特许经营事业，双方的利益是紧密联系在一起的，只有确保双赢，双方才有可能建立特许经营关系。因此，特许人和被特许人是经济共同体，他们之间是一种利益相关的经济关系。

（2）特许经营关系是一种合作关系。严格地说，特许经营双方是两个独立的法人实体，双方既非上下级关系，也不同于传统意义上的合作关系。双方的关系应当是为了实现双赢而建立的特殊的合作经营关系。在这种关系中，特许人将自己的特许经营资源（包括商标、商号、经营管理技术等）授权给被特许人使用，被特许人在自己所有的门店有偿使用。特许总部负责特许经营事业发展的总规划和管理控制，加盟店在总部的领导下完成经营，双方由此建立了实实在在的合作关系。

（3）特许经营关系是一种契约关系。在特许经营关系建立的初期，特许经营双方把"经济关系"和"合作关系"通过签订合同的方式详细、明确地规定下来。特许经营合同是建立和维系特许经营双方关系的关键纽带。因此，从法律角度出发，特许经营关系是一种契约关系，这种关系要求双方在签订特许经营合同时，一定要本着公平、公正、合理、科学的态度，认真、明确地规定双方的责任、权利和义务。

2.特许人和被特许人之间的关系的层次

（1）第一层次：合同关系。特许经营关系赖以存在、发展的基础和关键即合同关系，它关系到特许经营双方的切身利益，同时也是解决特许经营有关纠纷的根本依据。从被特许人的角度考虑，特许经营合同是保护自身权益的最重要文件。它规定特许人将拥有的经营资源许可给被特许人使用，被特许人要按照合同的约定在统一的经营模式下开展经营，并向特许人支付特许经营费用。和谐的特许经营关系是在特许经营合同民事法律关系的基础上构成双赢局面的"利益伙伴"关系。

（2）第二层次：业务合作关系。在签署了特许经营合同之后，双方的关系在日常运营过程中又会变成业务合作关系。加盟店的日常运营需在特许总部特许经营体系的指导和监督下进行，被特许人除了要做好一般门店的运营管理工作外，还必须学会在合理利用特许经营手册的前提下获得特许人的支持，并同特许人保持良好的关系，以此确保门店的良性运作。

（3）第三层次：和谐战略关系。从长期来看，特许人与被特许人的关系是一种战略关系。对特许人来说，在专注于品牌、系统、支持体系研发的基础上，需要将注册商标、企业标志、专利、专有技术等经营资源授权给被特许人使用；输出成熟的经营模式；持续提供指导、支持、培训及新产品、新服务；控制、监督加盟店的经营。对被特许人而言，可以专注于经营管理，并按时支付特许经营费用；遵循统一的经营模式；维护特许品牌和特许经营体系的利益；保守特许人的商业秘密。因此，构建和谐、双赢的战略伙伴关系十分重要。

二、特许经营双方关系的特点

1.和谐关系演进的六个阶段

通常，特许人和加盟商之间的关系变化将经历六个阶段：

第一阶段：GLEE（快乐）阶段。

第二阶段：FEE（交费）阶段。

第三阶段：ME（自我）阶段。

第四阶段：FREE（自由）阶段。

第五阶段：SEE（明白）阶段。

第六阶段：WE（我们）阶段。

随着这六个阶段的演进，加盟商对特许人的满意度与合作意识是呈曲线变化的，这是一个投资人抛掉幻想的曲线旅程。

案例点评8-1　　特许人未遵守合同约定的解决处理方式

王女士与北京T公司签订了加盟合同书，约定由T公司授权王女士开办"TT花卉屋宝山店"，王女士为此交纳了 40 000 元加盟金，T 公司为王女士配备了品牌电脑、连锁店管理软件、管理磁卡及价值 20 000 元的花卉。

在王女士经营的 2 年间，T 公司并没有按照合同的约定对王女士的订货提供免费送货服务。为此，王女士向法庭起诉，要求 T 公司解除合同并承担相应的后果，赔偿损失 68 123 元。

根据我国合同法律的相关规定，王女士可以要求 T 公司赔偿损失。但王女士在实际经营期间，确实利用了 T 公司的资源。因此，法院依据案情作出了 T 公司赔偿王女士损失 35 000 元的判决。

点评：很多投资者都容易被特许总部电话里甜美的声音所迷惑，而忘记将特许人的承诺落实在纸上，光梦想着"一年纯利 50 万元"，忽略了万一赔钱后谁会向你提供保障的问题。所以，投资者一定要让你所加盟的品牌的经理把所有承诺及相应保障机制写进合同中，用法律来保障你的利益，千万别相信电话里的口头承诺，那是没有任何法律效力的。

对特许总部来说，如何约束加盟店，使其同总部的步调一致，也是一个重要问题。仅靠加盟者的口头承诺是不行的，必须通过加盟合约来进行法律约束。而对加盟者来说，总部的各种支援是否能及时提供，各项服务是否有充分保证，同样需要签订加盟合约来维护其利益。案例中的王女士就是因为签订了完善的加盟合约，才免受了巨大损失。

资料来源　佚名. 签订了加盟合同，已经营业，还有冷静期吗？[EB/OL]. [2019-05-26]. https：//baijiahao.baidu.com/s？id=1688742154246985762&wfr=spider&for=pc.

2. "E" 因素模型

对特许经营有广泛研究的澳大利亚心理学家纳森提出的"E"因素模型，很贴切地展现了几乎每个加盟商都会经历的心理变化历程。其主要讲的是被特许人从依赖到独立再到同特许人之间相互依赖的过程，这被称为"特许经营关系微笑曲线"，也即"E"因素模型（如图 8-1 所示）。了解微笑曲线，有利于加强特许人和被特许人之间的沟通、理解。

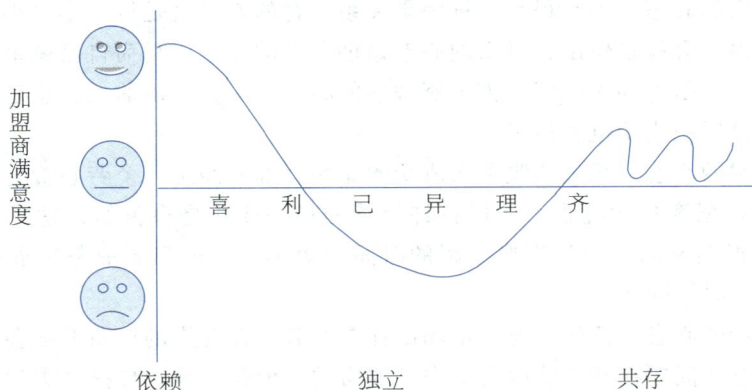

图 8-1　"E" 因素模型

喜：被特许人的想法可能是：我对这种关系很满意；你（特许人）显然很在意我

的成功而且遵守诺言；我对自己新开展一项业务很激动，对未来充满希望。

利：被特许人的想法可能是：尽管这项业务很赚钱，但盈利被权利金抽得所剩无几。

己：被特许人的想法可能是：是的，我成功了，但这是我努力的结果；即使没有你，我也同样会成功。

异：被特许人的想法可能是：我真不喜欢你对我的经营方法所做的限制；对于你的不断干涉，我感到厌烦；我希望能够做自己的事情，表达自己的想法。

理：被特许人的想法可能是：我想我明白了遵守系统规则的重要性；我承认你的支持服务很有价值；我知道如果我们各行其是，就会失去标准，使我们失去竞争力。

齐：被特许人的想法可能是：我们应该齐心协力，建立良好的关系；在某些领域，我需要你的协助，但我也有一些想法希望你能考虑。

3.加盟商应有正确的心态

（1）学习的心态。特许经营就是复制特许人的成功经营模式，因此加盟的过程就是学习、实践的过程。

这一过程中学习的不仅仅是知识、技能，更重要的是先进的理念和成功的经验。学知识、学技能并不难，只要勤学苦练即可，但要改变头脑中的观念却很难，积累丰富的经验更需时日。

特许经营能获得比独立创业更多的学习机会和途径，但是被特许人必须愿意学习并接受特许人的指导和培训。只有不断学习，不断汲取能量，才能适应社会的发展，才能在市场中立足并占有一席之地。

（2）双赢的心态。亏本的买卖没人做，这是商业规则。特许经营是一个合作的过程，加盟商必须以双赢的心态去处理与特许人、消费者之间的关系。成功的特许经营重在双赢，即市场上的蛋糕不仅要一起分享，更要一起做强做大。特许经营双方在这一过程中并不是要牺牲某一方的利益，而应寻找到双方都能接受的利益平衡点，相互合作，处理好彼此的关系，从而实现双赢。

（3）付出的心态。舍与得是一种因果关系，舍的本身就是得，小舍小得，大舍大得，不舍不得。舍就是付出，付出的心态是创业者的心态，是为自己做事的心态；而应付的心态通常是为别人做事、为工资做事的心态。不愿付出的人，总是想省钱、省力、省事，最后把成功也省掉了。

（4）忍耐的心态。无论加盟多么成功的品牌，都要经历一个劳心费力的筹建期和一个开发、积累客户的过程，所以特许经营的早期往往是艰苦的，这一期间要有耐性。投资回报期不同的项目需要忍耐的时间长短不一，但只要业务发展进入良性阶段，成功只是时间问题。

（5）坚持的心态。任何行业、市场都存在变数，在前进的道路上都会遇到各种各样的问题，有些问题在某个阶段看上去是致命的，但是当你咬牙挺过去的时候，会发现没有什么困难是不可逾越的。

签订了特许经营合同，就意味着你自愿在整个合同期限内从事该项事业，这对特许经营双方来说都是很大的承诺。加盟店的日常经营并不是想象中的总是充满乐趣和挑战，相反，总会有些非常烦琐的事情需要坚持不懈地去做。因此，当你认准了方向，就要把所投资的加盟店当作自己的事业来做。

（6）客观的心态。在多变的市场环境中，加盟商不能闭门造车，更不能盲目自信，应该客观地看待问题，心态平和地接受挑战并适时地调整策略。创业型投资人在日常经营中保持自信固然重要，但同时更应该有一定的危机感。

4.加盟活动中忌讳的三种心态

（1）暴富心态。投资人加盟时要明白，特许经营本质上并不是可以赚大钱的商业模式，加盟商是"借牌生财"，经营风险要低于独立创业；既然风险相对较低，那么在经营自主权和利润上肯定要作出一定的牺牲。因此，被特许人要有平和的心态，不能太急功近利，只贪图眼前利益，更别想着一夜暴富。

谨记，想投机的人总是期望收益远大于付出，而擅长欺骗的企业却总是吸引着想投机的人。投资人的心态应该放平稳，把加盟店当作事业来做，这才是持续获利的正途。

（2）依赖心态。加盟创业能否成功，关键在于投资人如何经营加盟店。投资人不要把希望全部寄托在特许人身上，那样将是十分危险的。

特许人在许多方面的确应持续给加盟商以支持，但支持绝不是保姆式的包办。一个特许人要面对众多的加盟商，因此其提供的支持更多地体现在经营指导、技术支持和业务培训，研发并提供新产品和新服务，品牌宣传等方面，不可能为每个加盟商提供个性化的、手把手的支持，更不可能包办该由加盟商做好的日常经营管理工作。

如果加盟店经营失败，对特许人来说，只不过是损失一个市场据点；但对投资人来说，却有可能从此覆水难收、一蹶不振。所以，特许经营需要特许人的持续支持，但绝不能什么都依赖特许人，这一点投资人加盟前就应该认识清楚。

在《2019—2021年度中国商业特许经营合同纠纷裁判白皮书》（2022年更新版）分析梳理的1 349个案例及杭州仲裁委员会提供的案件分析资料中，我们不难发现，特许经营行业频发的纠纷和诉讼，大部分都是由加盟商作为原告提起的。在这些案件中，不少案件是由于加盟商抱着"加盟必定挣钱"的想法加入特许经营行业，而在加盟后过度依赖特许人，最终因经营不善提起诉讼，要求特许人解除合同并返还费用。在这些纠纷的背后，呈现出来的是特许经营加盟商依赖的心态以及对加盟事业不成熟的认知。

（3）老板心态。有些投资者加盟后认为"我现在是老板，而老板就不应该干活"，这种心态是相当危险的。有这种想法的加盟商总以为自己可以不劳而获，这样的人创业很难取得成功，哪怕是特许经营也不例外。

投资者和打工者的心态毕竟不同，打工者通常不会全心全意地投入，而投资者自己经营，会更用心地了解顾客的偏好，追踪销售情况，不会漠视出现的问题与困难，这样加盟店才可能有好的收益。

三、建立和谐关系的方法

1.搭建沟通交流平台

有效的交流是所有商业合作取得成功的关键，特许人应该加强与被特许人的交流。成功的特许经营企业经常会定期或不定期地组织加盟商论坛、专题研讨会、培训等，以保证有效交流，了解被特许人的想法以及在经营过程中遇到的各种问题。有的特许人还利用互联网技术或者通过编辑内部报刊等加强与被特许人的沟通；有的特许人会通过赠送生日礼物、节日问候等方式建立与被特许人之间的良好个人关系。

> **知识拓展 8-1**   **特许人与受许人冲突的来源**

特许人和受许人都希望双方已经建立的特许经营体系是完满的，希望双方能建立长期稳定的和谐关系。但在特许经营体系建立的过程中，特许人与受许人之间可能会发生冲突，目前特许人与受许人之间冲突产生的来源主要集中在以下两方面：

1.经济利益方面

经济利益是特许人与受许人之间最容易产生纠纷的一个方面。盈利是特许人与受许人共同追求的，并且也是他们之间维系良好关系的物质基础，一切良好关系或恶劣关系归根到底在于经济利益上是否满意。特许人与受许人之所以会在经济利益上产生冲突，主要是在以下三个方面双方没有达成共识：加盟店的经营业绩不如预期的理想；特许经营后期费用过高，受许人难以承受；特许人的策略发生变化，给受许人带来了额外成本。

2.支持系统方面

支持系统是特许人与受许人维系良好关系的纽带，特许人会把相关的信息、管理经验、优质的产品或服务、专利技术等源源不断地灌输给受许人，并在受许人独立运作的过程中，参与受许人的业务经营，适时地提供建议与协助，以保证加盟店尽快地产生效益。如果缺乏特许人的支持，或特许人的支持不充分，受许人将无法独立参与市场竞争，甚至生存都有可能受到威胁。一旦受许人对特许人的支持产生不满，结果就会是：一方面，受许人埋怨特许人没有很好地尽到他在特许经营合同中约定的义务、许下的承诺，把经营上的失败都归咎于特许人的支持不力；另一方面，受许人会拖延缴纳特许费用，并相应地开始不履行自己的义务，以此发泄其对特许人的不满。

> ☑ **互动课堂 8-1**

日本"7-ELEVEn"便利店总部每周都要举行一些定期会议，以交流经验，加强各地各部门之间的沟通。该公司分散在全国的地区经理、区域经理和部分加盟商代表每周一都要举行会议。上午的会议内容是针对前一周出现的问题与总部经理级以上的干部交换意见和商讨对策；下午的会议内容主要是针对营销方案、系统的更新或新商品导入等问题交换意见。

　　每周二，公司全体人员，包括总部高层职员、区域经理、地区经理、征募顾问、现场咨询员、总部职员等500余人召开全体会议。上午的会议内容是公司高层领导发表讲话，要求与会人员贯彻落实公司的基本方针，并彼此沟通、交换意见；下午的会议内容是分科开会，包括与设立新加盟店有关的征募顾问会议、与店铺营运有关的现场咨询员会议，然后以36个地区事务所为单位，举行6个区域的分科会议。"7-ELEVEn"每年花在教育训练和开会上的费用高达3亿日元。在日本企业中，恐怕只有"7-ELEVEn"会花费巨额费用在总部与各分支机构如此频繁的交流和沟通上。这也许是"7-ELEVEn"在竞争日趋激烈的今天能立于不败之地的重要原因。

互动课堂8-1

分析提示

　　以"7-ELEVEn"为例，讨论构建特许经营企业内部交流平台的价值。

2.运用心理契约维护特许经营关系

　　特许人与被特许人之间除了特许经营合同这种正式契约将双方的期望（如权利、义务等）清晰准确地界定下来以外，还存在一种心理契约，它包含了特许人与被特许人之间彼此的权利、义务所具有的主观的、非书面形式的期望和承诺。这种非正式契约虽然没有严格的法律约束力，但它也会影响特许经营双方的信任与合作。

　　特许人运用心理契约维护特许经营关系，首先要有公平、公正的态度和政策。公平理论是心理契约的理论基础之一，让被特许人感受到公平，有利于特许经营双方建立心理契约。其次需要进行恰当的信息披露，降低心理契约的执行成本，建立特许经营双方之间的信任基础。最后要经常进行心理契约层面的沟通。

　　只有让被特许人与特许人从心理上建立起稳固的契约关系，双方才能认同外在的特许经营关系。

3.加强对被特许人的支持与激励

　　被特许人之所以加盟某一特许经营体系，就是因为能得到特许人的支持而更容易获得成功。特许人只有加强对被特许人的支持，使被特许人获得成功，才能使自己获得成功；也只有持续不断地支持和管理，才能增进被特许人对特许人的信任和依赖，才能维护长期的特许经营关系。特许人可通过适度地放权管理、持续地培训与指导等方式，加强对被特许人的支持。

　　特许人应建立有效的加盟商激励机制，对优秀的被特许人予以各种形式的奖励，以表示对其努力和贡献的认可，不断激发其热情。同时，特许人也需要给优秀的被特许人一定的发展空间，使其能够在特许经营体系中得到不断发展。这些措施将增进特许人和被特许人之间的了解，增强被特许人对特许人的认同感。

4.自觉接受总部督导

　　在特许经营体系中，督导的地位不容小觑。首先，督导承上启下，负责特许总部与加盟店之间的沟通，发挥着桥梁作用。一方面，督导将总部的政策信息、经营管理的新理念和新方法、刚刚开发出来的新产品信息等传达给加盟店；另一方面，督导将各加盟店的经营状况、产品的市场反馈、顾客需求等信息反馈给特许总部。其次，督导是加盟店重要的顾问和参谋。对加盟店而言，督导不仅代表总部对单店的经营情况进行检查、考核和监督，还能够帮助加盟店发现经营中存在的问题，并协助被特许人解决问题、改善经营和提高经营效益。最后，督导是特许经营企业获取顾客信任和支持的得分点。

特许经营体系实施督导管理的意义可归纳为如下三方面：

第一，督导管理有利于特许经营企业进行管控。在特许经营体系中，特许人与被特许人之间在法律上相互独立，没有上下级的隶属关系，因此存在着被特许人不听指挥的风险。另外，很多特许经营企业的业务范围分布很广，特许总部的"君命"常被被特许人忽视。这都会给特许经营体系的运营带来风险。因此，开展督导管理有利于特许经营企业对特许经营体系实施管控，有助于特许经营企业品牌和形象的维护。

第二，督导管理有利于维护特许经营体系的标准化。简单化、专业化、标准化的3S原则是特许经营的基本特征，体系内的任何单店在运营中都应该遵循3S原则；否则，任何一处的偏离，都会影响特许经营体系的长足发展。实施督导管理则可借助督导人员对单店的检查、考核和监督，来维护特许经营体系的标准化。

第三，督导管理有利于提高加盟店的成功率。督导作为连接总部和单店的桥梁，在日常的巡查中可以有效传播企业文化、会议精神、营销思路、经营理念等，进一步引导加盟店进行规范化、科学化管理。通过指导、培训，可以改善加盟店的促销和服务水平，还可以帮助加盟店解决具体实际的问题，提升加盟店的经营业绩，促使加盟店经营成功。

📝 案例点评 8-2　　　　　"物超所值"的违约金

2017年6月，天津"沪上阿姨"门店已有90多家，门店数量及品牌知名度都是天津茶饮市场的第一位，单店月均营业额在8万～10万元，几乎每家门店都处于盈利状态。但有一家门店月均营业额只有6万元左右，不及市场平均水平。因此，公司派督导前往该门店进行巡查，希望可以找到门店业绩不佳的原因，有针对性地予以指导，帮助门店提升营业额及盈利水平。在巡店的过程中，督导发现了"重大意外收获"，门店存在严重违规问题，其采购非公司渠道的物料。对于该项违规，依照合同的约定，公司可以采取征收违约金甚至单方面解除合同的处罚。于是督导第一时间将门店违规情况通报给了品牌合规部，品牌合规部根据当时门店违规的实际情况（初次违规，违规等级为严重），决定对该门店处以征收违约金1万元的处罚，并通过书面函件告知了该门店及其合作伙伴。该合作伙伴得知此消息后暴跳如雷，对违规行为的严重性及所带来的后果完全不理解，甚至认为公司指定渠道的物料比较贵，所以门店通过其他渠道买一些差不多的物料甚至同样的物料也是合情合理的。

公司后续通过合规部与加盟商进行了深入沟通，明确指出其违规行为造成的严重后果，以及对门店和加盟商自身利益的伤害，让加盟商接受了处罚；同时，营运部帮助门店提高SOP（标准制作流程）操作技能，加大试饮宣传力度，使门店周边潜在顾客感受到门店产品口味的明显提升，经过合规部及营运部1个多月的辅导，门店业绩有了明显的提升，后期基本稳定在月营业额8万元以上。加盟商开玩笑说，这1万元违约金交得真是"物超所值"啊。

点评：门店业绩不佳除了一些客观的商业因素以外，门店采购非公司的物料或未在指定渠道采购物料也是重要原因之一。在一些短视的加盟商眼中，不同渠道拿到的货物品质是一样的，但实际上差异巨大，甚至还存在食品安全问题。没有品质保证的物料也无法生产出符合公司要求的产品，因此，大量品牌忠实的顾客在首次尝试了该门店的产品后，都会发现其与其他门店产品的口味不一致而不再光顾，甚至在各种平台上进行评论（包括差评）。这会直接影响整个门店的声誉及口碑，进一步对营业额产生负面影响。

（1）特许经营督导体系。督导的工作性质决定了其在特许经营体系中的重要地位（如图8-2、图8-3所示）。特许经营体系的运营系统确立了单店的操作标准与流程，培训系统使得运营系统的标准与流程得以复制，而督导系统则是运营系统标准复制的保证。三大系统相辅相成、相互促进，任何一个系统的破坏都将影响整个特许经营体系的成功建设。

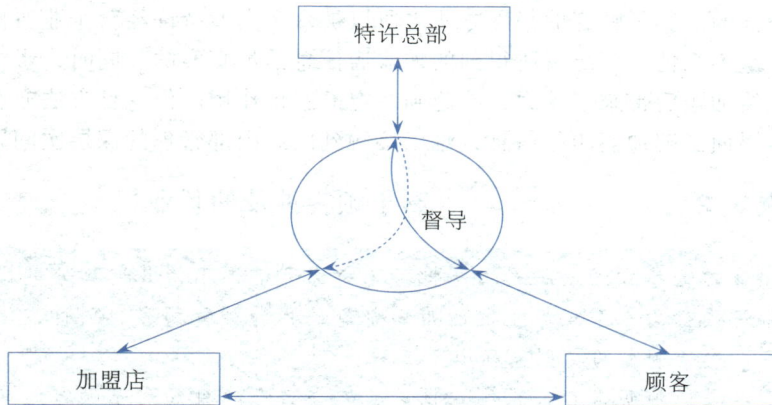

图8-2　督导定位图

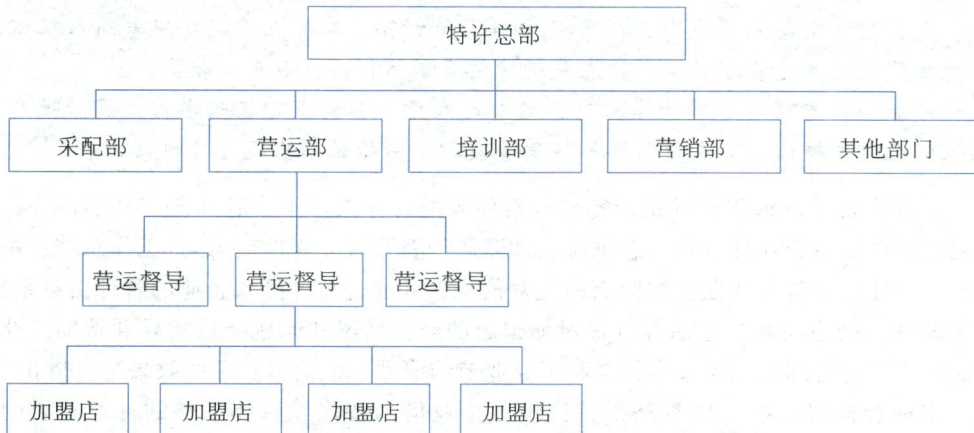

图8-3　督导管理组织构架

（2）总部督导常用的方法。

①现场指导。现场指导是指特许经营体系的督导人员亲自到加盟店现场进行定期、不定期的巡查，并对加盟店的日常经营情况及加盟店员工的岗位操作技能进行监督和指导。

现场指导属于正式的检查与交流，督导人员亲临现场对各个门店的经营管理工作展开全方位检查，通过正式渠道获得第一手数据资料。然而，若店面员工提前得知督导会来检查，可能会积极表现，作出与平时不一样的举动和行为，或者隐藏存在的不利问题，就会使督导结果不一定能真实地反映员工的工作行为和状态。为杜绝这一情况的出现，很多督导人员在进行现场指导前并不提前告知加盟店，而是进行"突袭"检查，以确保掌握加盟店最真实的情况。但由于特许企业门店分布广泛，采用这种方法会增加企业管理成本。

②影子顾客。**影子顾客**也称为神秘顾客，是特许经营企业选派内部员工或从社会上聘请专业人士，以顾客的身份、立场和态度在加盟店消费，在消费过程中查找问题的一种督导方法。之所以称为神秘顾客，是因为加盟店无法提前预知哪位顾客是督导人员。影子顾客的督导方法最早是通过肯德基、罗杰斯、诺基亚、飞利浦等一批跨国公司引入我国的。影子顾客的督导方法之所以被众多大型特许经营企业所推崇，是因为在加盟店毫不知情的情况下所得到的加盟店信息是最真实的。同时，影子顾客的监督无形中也给加盟店带来了压力，能起到一定的威慑作用。但这种方法亦有不足，它只能从顾客层面了解加盟店的信息，难以接触到门店内部管理的深层次问题。

> **知识拓展 8-2** 　　　　　　　　　**影子顾客涉及的行业**

影子顾客的督导方法最早是由一批跨国公司引进国内为其连锁分部提供管理服务的。这些跨国公司在全世界主要的市场都有被称为神秘顾客的项目，中国同样有相同的项目。影子顾客的类型包括以下三种：

普通型：普通消费者经过系统培训后，充当某个项目的影子顾客。其优点是具有真实性，不容易被发现；缺点是观察相对不够细致、专业，管理相对复杂。

专家型：某些领域或行业的专家充当影子顾客。其优点是能发现普通人难以发现的细节，尤其是管理漏洞；缺点是暗访结果不易控制，且成本较高。

专业型：专门从事影子顾客项目的专访人员。其优点是经验丰富，灵活性及专业性强且成本较低；缺点是需要加强质量监控，不然容易出现作弊现象。

③远程督导。远程督导是指特许经营体系的督导人员不亲赴加盟店现场检查，而是通过特许经营企业的管理信息系统、加盟店经营报表、年度/季度/月工作总结、书面报告、专项汇报等方式获取加盟店的经营信息，并通过特许经营企业的管理信息系统、电子邮件、网络视频、电话等方式对加盟店的经营情况和问题予以指导和帮助。此方法能提高监督管理的工作效率，也利于企业节约成本，但监督管理的效果会打折扣。

④社会监督。社会监督是指特许经营企业借助特许经营体系外的资源开展的对体系内各加盟店日常经营情况的监督。其常用的形式有：荣誉顾客监督、利用顾客投诉和第三方监控。荣誉顾客监督是指发挥特许经营体系中忠诚顾客的作用，通过聘请这一类顾客成为荣誉顾客，让他们在享受消费优惠的同时，作为特许经营体系督导队伍的外援，向加盟店多提建议；利用顾客投诉主要指特许经营体系的督导部门在处理顾客投诉的同时可以间接地了解加盟店的做法，也可借此对加盟店的经营作出考评；第三方监控则需要特许经营企业广泛借助社会团体、新闻媒体、社会舆论等多种途径，实现对加盟店的监督。此类监督方式主要是借助外部资源，监督的

针对性不强。

任务二　熟悉特许加盟常见纠纷的解决方式

　　1997年，在立足于当时国内商业特许经营发展状况及存在问题的基础上，我国出台了第一部对商业特许经营活动进行约束的《商业特许经营管理办法（试行）》（现已失效），开启了商业特许经营行业的立法建设。在2007—2012年间，我国特许经营行业迅猛发展，对监管部门提出了新的挑战，也带动了立法、修法速度的提升。在该期间，国务院与商务部陆续出台了《商业特许经营管理条例》（2007年）、《商业特许经营备案管理办法》（2007年出台，后于2012年修订）、《商业特许经营信息披露管理办法》（2007年出台，后于2012年修订）等法律、法规，以完善特许经营行业法律制度体系。在此期间，各地方也陆续出台了各地商业特许经营备案管理办法，以配合上述"一条例、两办法"在地方上的实施。与此同时，最高人民法院及部分地方法院针对司法实践中遇到的审判难点，也出台了相关指导意见或复函，以进一步完善特许经营行业的立法。

　　就现行有效的法律、法规而言，前述《商业特许经营管理条例》《商业特许经营备案管理办法》《商业特许经营信息披露管理办法》及各地方商务部门出台的地方性规定、法院指导意见等已初步构建起了特许经营的立法体系（见表8-1）。

表8-1　　　　　　　　　　　　　特许经营的立法体系

序号	法律、法规名称	发布机构	发布时间
1	《商业特许经营管理条例》	国务院	2007.02.06
2	《商业特许经营备案管理办法》	商务部	2011.12.12
3	《商业特许经营信息披露管理办法》	商务部	2012.02.23
4	《最高人民法院关于企业以外的其他单位和个人作为特许人所签订的特许经营合同是否有效的复函》	最高人民法院	2010.11.24
5	《最高人民法院关于不具备"拥有至少2个直营店且经营时间超过1年"的特许人所签订的特许经营合同是否有效的复函》	最高人民法院	2010.11.24
6	《广西壮族自治区高级人民法院关于企业以外的其他单位和个人作为特许人所签订的特许经营合同是否有效的复函》	广西壮族自治区高级人民法院	2010.12.02
7	《广西壮族自治区高级人民法院关于不具备"拥有至少2个直营店且经营时间超过1年"的特许人所签订的特许经营合同是否有效的复函》	广西壮族自治区高级人民法院	2010.12.02
8	《北京市高级人民法院关于审理商业特许经营合同纠纷案件适用法律若干问题的指导意见》	北京市高级人民法院	2011.02.24
9	《上海市高级人民法院关于审理特许经营合同纠纷案件若干问题的解答》	上海市高级人民法院	2012.09.19

　　资料来源　《2019—2021年度中国商业特许经营合同纠纷裁判白皮书》（2022年更新版）.

一、加盟双方常见的法律纠纷

1.被特许人同特许人之间常见的法律纠纷

通常情况下，被特许人和特许人之间常见的法律纠纷有如下两种：

（1）特许经营合同法律纠纷。在特许经营活动中，主要的合同法律纠纷包括：双方当事人订立的特许经营合同的条款不完善或不明确引发的纠纷；双方当事人在合同履行过程中不按照合同约定履行引发的纠纷，如特许人未依法履行信息披露的义务；冷静期约定过短，部分特许人甚至并未在特许经营合同中约定冷静期；加盟店对总部所提供的"支持与指导"不满意；加盟店对总部所提供商品的价格不满意；加盟店对总部"统一政策的配合度与执行力"很低；加盟店对每月的营业额不满意；加盟店与总部在"商品采购限制、不得自行进货"等方面存在争议；加盟店对总部开展的促销活动不愿意配合；加盟店与总部对"商圈保护范围"的看法存在分歧；加盟店对总部举办的"培训"不配合；加盟店与总部在"每月缴纳的特许经营权使用费与管理费用"等方面存在争议；加盟店不能每月按时缴交货款；加盟店不使用指定供应商的产品，私自增添廉价设备，私自采购的商品不符合要求等。

（2）知识产权法律纠纷。首先，在特许经营合同期满后，未经特许人允许，被特许人继续使用特许经营合同中被授权使用的商标等，就会引起不必要的法律纠纷；或是扩大商标的使用范围，授予他人经营。其次，在特许经营活动中也会发生不正当竞争纠纷，具体表现为违反《中华人民共和国反不正当竞争法》的相关规定，如新开加盟店未经同一体系内其他加盟店的同意，"挖"其他加盟店的员工；区域内价格的协调与统一问题；区域内多家加盟店的竞争与合作问题。

【延伸阅读8-1】 **2021年度中国特许经营合同纠纷裁判白皮书发布**

近日，中伦律师事务所、中国连锁经营协会联合发布年度《中国特许经营合同纠纷裁判白皮书》（以下简称《白皮书》）。2022年更新的第三版《白皮书》围绕2021年《民法典》颁布实施下的新法律环境，聚焦于餐饮、酒店行业特许经营状况，对相关内容作出了更新和增加。

自2019年起，两机构已经连续两年发布该白皮书。《白皮书》对检索到的千余份特许经营裁判文书进行了一系列的大数据统计和归纳解析，囊括了2019、2020、2021年度有关特许经营合同纠纷案件的争议焦点问题。

问题包括特许经营法律和法规的规定、冷静期的约定、特许人信息披露义务、合同解除等；同时梳理了法院在审理类似案件时遵循的裁判要旨及裁量标准，总结了特许经营合同纠纷的主要特点，并为特许经营行业未来持续的合规、健康发展提出了宝贵建议。

《北京青年报》记者了解到，更新部分包括2021年度餐饮、酒店业特许经营合同纠纷案件情况，后疫情时代特许经营合同纠纷案件裁判新趋势。

增加部分包括《民法典》时代特许经营纠纷案件中的"合同僵局"下违约方解除诉权问题梳理（第四章第四节）。2021年《民法典》正式实施，其立法过程中争议颇大的第五百八十条第二款——违约方解除诉权也开始生效。该部分结合最高人民法院在其出版的《中华人民共和国民法典合同编理解与适用（二）》中对该条的阐释，并结合特许经营合同的特征，对六大要件进行了解读，以期为合同双方提供明确的指引。

此外，增加部分还有"合同僵局"下的合同解除权，该部分选取了特许经营合同纠纷中涉"违约方解除诉权"的两个典型案例，帮助读者更好地理解"违约方解除诉权"；针对餐饮、酒店业特许经营，该部分就特许人标准控制与加盟商自主经营之间的冲突问题、商标问题对特许经营合同的特点进行分析；增补餐饮业的相关案例；针对餐饮、酒店业特许人签订、履行特许经营合同及维护合法权益，该部分从积极推进合同约定事项的完成、强化对商标等经营资源的维护、做好客户管理以及行业合规四个方面对特许人提出了针对性的建议。

资料来源　张鑫. 2021年度中国特许经营合同纠纷裁判白皮书发布［N］. 北京青年报，2022-06-07.

2. 被特许人同雇员之间常见的法律纠纷

在特许经营活动中，被特许人往往需要雇用一定数量的员工，因此被特许人应该熟悉《劳动合同法》的相关规定，按照法律规定同雇员签订劳动合同，明确什么情况下签订的劳动合同是无效的，什么情况下可以解除劳动合同，什么情况下应该向雇员支付劳动补偿金，什么情况下可以合法扣除雇员的工资，我国的工时制度是怎样规定的，雇员延长劳动时间的工资应该如何支付等问题，以避免和雇员之间产生不必要的劳动纠纷。

3. 被特许人同物业租赁人之间常见的法律纠纷

作为承租人的被特许人同出租人之间的法律纠纷主要体现为租金纠纷、出租房及设施维修纠纷、因房屋买卖引发的纠纷、租赁房的装饰装修纠纷等。

4. 被特许人同第三方供应商之间常见的法律纠纷

被特许人同第三方供应商之间常见的法律纠纷主要体现为买卖合同法律纠纷。首先，可能会出现由第三方供应商提供了质量不合格或数量不符的产品引发的纠纷；其次，可能会出现由第三方供应商无法正常交货引发的纠纷；最后，被特许人拖欠货款也是常见的法律纠纷之一。

5. 被特许人同消费者之间常见的法律纠纷

《中华人民共和国消费者权益保护法》第七条至第十五条专门规定了消费者拥有的九项权利。尽管特许人与被特许人之间往往在特许经营协议中对双方的责任分担作出了安排，但消费者作为无过错第三人无从知晓，从而无法就自己的利益最大化作出安排。一般而言，在出现以上九项侵害消费者权益的行为时，应该由相互独立的主体各自承担责任，只有在特殊情况下，才由特许人和被特许人共同承担责任。

☑ 互动课堂 8-2　　上岛咖啡加盟店与消费者的法律纠纷

2012年5月，北京宣武门内的一家上岛咖啡店向消费者推销储值卡——预存5 000元送3 000元。消费者张先生花5 000元办了一张卡。没过多久，咖啡店突然关

互动课堂 8-2

分析提示

门了，店老板也"消失了"，怎么也联系不上。于是张先生同其他消费者一同起诉了北京上岛咖啡食品有限公司，没想到该公司说这家店不是他们的直营店，而是加盟店，属于自主经营、自负盈亏，他们只授权，不干涉其经营，对该加盟店的行为不负责。

资料来源 佚名. 上岛咖啡加盟店老板跑路 总部拒赔消费者预存费用［EB/OL］.［2019-05-26］. http://finance.huanqiu.com/data/2012-05/2755563.html? agt=15438.

如何看待上岛咖啡加盟店老板跑路，总部拒赔消费者预存费用这件事？

二、特许经营常见纠纷的解决方式

在发生以上法律纠纷的时候，被特许人可以采取协商、调解、仲裁和诉讼的途径解决相关问题。

1.协商

协商是纠纷发生后，双方当事人在平等、自愿、合法的基础上直接进行磋商，达成协议，从而使纠纷得以解决的方法。

2.调解

调解是双方当事人自愿选定第三人主持，在查清事实、分清责任的基础上达成协议，从而使纠纷得以解决的方法。

关于调解处理纠纷的程序，法律、法规无明文规定，一般由当事人提议调解；同时向调解人提出主张并提供证据材料，调解人进行调解，最终双方达成调解协议。

3.仲裁

仲裁是双方当事人在纠纷发生前或发生后达成协议，自愿将其纠纷提交双方同意的第三者进行裁决，并执行该裁决的纠纷解决方式。但是，仲裁有一个必要的前提条件，即提交仲裁的纠纷依法是可以仲裁的。按照《中华人民共和国仲裁法》的规定，纠纷属于仲裁事项的，就可以通过仲裁方式解决。

（1）仲裁申请与受理。当事人申请仲裁的，应该向仲裁委员会提交仲裁协议、仲裁申请书副本。仲裁委员会自收到仲裁申请书之日起5日内，认为符合受理条件的，应当受理，并通知当事人；认为不符合受理条件的，应当书面通知当事人不予受理，并说明理由。

（2）组成仲裁庭。仲裁庭可以由3名仲裁员或者1名仲裁员组成。由3名仲裁员组成的，设首席仲裁员。当事人约定由3名仲裁员组成仲裁庭的，应当各自选定或者各自委托仲裁委员会主任指定1名仲裁员，第三名仲裁员由当事人共同选定或者共同委托仲裁委员会主任指定。第三名仲裁员是首席仲裁员。当事人约定由1名仲裁员成立仲裁庭的，应当由当事人共同选定或者共同委托仲裁委员会主任指定仲裁员。

（3）开庭与裁决。仲裁应当开庭进行，但是当事人可以协议不开庭，由仲裁庭根据仲裁申请书和答辩书等书面材料作出裁决。

4.诉讼

诉讼是由人民法院依据法律对当事人之间的纠纷事实进行审理，通过司法程序解决争议的活动。

在起诉之前，被特许人应做好证据收集工作，对特许人的违法、违规、违反合同行为，以录音、录像、短信、微信等形式进行保存，以便更好地维权。

（1）起诉和受理。起诉应该向被告人所在地人民法院递送书面形式的起诉状，并按被告人数提交副本。起诉状应写明纠纷当事人的姓名、性别、年龄、民族、籍贯、住址、职业、工作单位、法人单位名称、所在地和法定代表人的姓名、职务；诉讼请求和提起诉讼的事实与理由；证据和证据来源以及证人姓名和住址。

（2）审理和判决。诉讼受理后5日内，法庭会将起诉状副本送给被告。被告接到起诉状副本后应于15日内提交答辩状。审判人员在搞清事实、分清是非之后，可以进行调解，若调解成功，法院会出具具有法律效力的调解书；如未调解成功，或调解书送达后一方反悔，法庭要开庭审理，开庭后先进行法庭调查，然后展开法庭辩论，辩论结束后，再次调解。调解仍旧未达成协议时，应依法作出判决。

（3）执行。当事人对已经发生法律效力的调解书或判决书应当执行。一方不执行的，对方当事人有权向人民法院申请强制执行。

> **知识拓展8-3　　　　　　仲裁协议及仲裁协议的内容**

仲裁协议是仲裁当事人自愿达成的把合同纠纷提交仲裁解决的意思表示，包括合同中订立的仲裁条款和以其他书面形式在纠纷发生前或者纠纷发生后达成的请求仲裁的协议。仲裁协议的内容包括如下三部分：请求仲裁的意思表示、仲裁事项、选定仲裁委员会。

思政园地

三会打通，构建加盟商一体化

自2005年4月15日第一家门店在湖南长沙最著名的小吃街——南门口面世以来，"绝味"以其口味独特、品种多样、贴近时尚而备受广大消费者的青睐，迅速成为湖南休闲卤制食品的代表性品牌。截至2019年年末，公司在全国共开设了10 954家门店（中国大陆地区），员工达4 000余人，其中99%为加盟店；加盟商3 000余名。支撑10 000多家门店的是连锁管理体系供应链、管理学院、信息化、加盟商的一体化。

绝味食品股份有限公司于2013年4月25日在第二届加盟商高峰论坛中选举产生了第一届全国加盟商委员会（以下简称加委会）。加委会旨在通过加强公司与加盟商、加盟商与加盟商之间的联系沟通，充分发挥资源优势，建立有效的厂商互动平台，推行绝味共同价值观和加盟商一体化建设，推动加盟商伙伴的生意发展。

2020年8月27—28日，绝味校友会、咨议会先后在中国三亚正式成立。

（1）加委会：紧紧围绕生意发展、自检自查、"参政议政"、经验交流、资源共享、沟通纽带、爱心互助、监督保障八大职能开展相关工作。

（2）校友会：培育优秀的加盟商团队，凝聚核心加盟商，为校友终身发展提供持续动力。

（3）咨议会：以理事会及会员代表大会的机制开展工作；参与公司重大经营方针的制定，是重大加盟商管理策略、制度、政策和措施的审议机构。

三会体系（加委会、校友会、咨议会）构建了绝味的加盟商一体化，是公司基业长青的中坚力量。其以明确的厂商权利、义务为基础，对优质加盟商进行选择评估，对不合格的加盟商主动淘汰，帮助优质加盟商做大做强；同时，建立基于销售、门店拓展及标准化检核、合作意愿、加盟商组织建设等指标的动态评估体系，实施分级管理，形成差异化资源配置和管理输出；通过对加盟商进行有条件返利、发展基金、常态化店务和店面绩效管理的输出，帮助加盟商实现可持续发展。

资料来源　作者根据《2021CCFA中国特许经营最佳实践案例集》改编.

分析提示：特许人和被特许人精诚合作往往能实现和谐共赢的目标。

项目实训

【实训资料】

摩提工坊中的"摩提"即日语里的"菓子"，是一种精心设计制作的风味独特的麻薯甜点，讲究色、香、味，也重视春夏秋冬的节奏感，在不同季节选用不同颜色、形状、质地的盛器搭配。

摩提工坊旗下还有以泡芙为主打产品的西村泡芙品牌、以鲜榨果汁为主打产品的yogo优果品牌、以纯手工打造的芝士蛋糕为主打产品的不出二品品牌、以可口松饼为主打产品的粉妈松饼品牌和以韩国著名的芝士年糕为主打产品的清潭洞连锁品牌，目前国内投资人已经可以针对以上品牌进行特许加盟了。

王娟作为连锁经营管理专业大三毕业生，一直希望毕业后加盟一家成熟的品牌，自己做老板。她觉得摩提工坊的产品和品牌非常受广大消费者青睐，因此非常希望成为企业的加盟商。在做完前期对相关品牌的考察和对自身能力的评估之后，王娟决定咨询、学习关于特许加盟双方关系管理方面的知识，成为一名优秀的加盟商。

【实训目标】

通过实训，学生要进一步提升特许经营法律实务的操作能力，正确认识特许人与被特许人之间的关系，学会合理利用特许加盟督导体系；进一步了解特许经营活动中可能出现的法律纠纷以及处理法律纠纷的正确方式。此外，要提高学生的调研能力和团队合作能力以及综合素养。

【实训任务】

1.理解在不同加盟阶段被特许人和特许人之间的关系的特点。

2.了解加盟过程中可能出现的法律纠纷。

3.掌握基本的法律纠纷解决途径。

【实训指导】

1.复习相关知识，精心组织，合理确定小组成员。

2.讨论背景资料。

3.指导学生理解什么是正确的特许经营关系。

4.总结加盟过程中可能出现的法律纠纷。

5.列举基本的法律纠纷解决途径。

6.召开总结会议，进行交流评比。

【实训评价】

根据实训结果填写表8-2。

表8-2　　　　　　　　　　　　　　　组员表现考核表

评价指标	分值	组员自评（30%）	组内互评（40%）	教师评分（30%）	最终得分
实训态度	20				
实训技能	25				
实训效率	25				
思政素养	10				
团队合作	20				
组员个人表现总得分：					

项目测试

一、单项选择题

1.特许人与被特许人之间最基本的关系是（　　　）。

即测即评8-1
单项选择题

A.合同关系　　　　　B.合作关系　　　　　C.伙伴关系　　　　　D.战略关系

2.特许人和加盟商之间的关系变化通常要经历（　　　）个阶段。

A.三　　　　　　　　B.四　　　　　　　　C.五　　　　　　　　D.六

3.特许经营"E"因素模型最后一个阶段的特点是（　　　）。

A.我很赚钱，但盈利被特许经营费用抽得所剩无几

B.我真不喜欢特许人对我的经营方法所做的限制

C.我想我明白了遵守统一的特许经营规则的重要性

D.我们应共同努力，建立良好的关系

4.受理后（　　　）内，法庭会将起诉状副本送给被告。

A.5天　　　　　　　B.10天　　　　　　　C.15天　　　　　　　D.20天

5.（　　　）是指在纠纷发生后，双方当事人在平等、自愿、合法的基础上直接进行磋商，达成协议，从而使纠纷得以解决的方法。

A.仲裁　　　　　　　B.协商　　　　　　　C.调解　　　　　　　D.诉讼

二、判断题

1.作为被特许人，在特许经营关系中，其主要的利益点就是少付加盟费、多赚钱。　　　　　　　　　　　　　　　　　　　　　　　　　（　　　）

即测即评8-2
判断题

2.在特许经营关系中，特许人除了可以收取特许经营费外，还可以收取保证金。

（　　　）

3. 被特许人在特许经营合同订立后的一定期限内，不可以单方面解除合同。（　　）

4. 被特许人的雇员一般可以不接受特许人的培训。（　　）

5. 仲裁庭只需一名仲裁员即可。（　　）

6. 特许经营常见纠纷可以通过协商、调解、仲裁和诉讼等途径来解决。（　　）

三、案例分析题

2018 年 3 月 29 日，邵某与 A 公司签订协议，约定 A 公司授权邵某在服务协议期内使用 A 公司的品牌和商标。合同签订后，A 公司向邵某提供了选址及装修方面的培训，邵某也进行了市场考察，但一直未选定店址。

2018 年 10 月 17 日，邵某向 A 公司寄送了书面的解除合同通知函，以 A 公司未履行特许人信息披露义务，且邵某未曾使用 A 公司的经营资源为由，要求退还所交费用。

请认真阅读上述材料，完成下列任务：

（1）讨论邵某的诉求能否获得法律支持。

（2）简述纠纷解决的方法有哪些。

◆ 学习评价

根据对本项目内容的学习及掌握情况，填写专业能力测评表（见表8-3）。

表8-3　　　　　　　　专业能力测评表

业务能力	评价指标	自测结果	备注
能正确理解加盟关系	特许人与被特许人关系的层次	□A □B □C	
	特许人与被特许人关系的六个阶段	□A □B □C	
	"E" 因素模型	□A □B □C	
	接受总部的督导	□A □B □C	
能判断加盟活动中存在的法律风险	特许经营合同法律纠纷	□A □B □C	
	特许经营活动中常见的知识产权法律纠纷	□A □B □C	
	被特许人同雇员之间常见的法律纠纷	□A □B □C	
	被特许人同物业租赁人之间常见的法律纠纷	□A □B □C	
	被特许人同消费者之间常见的法律纠纷	□A □B □C	
能通过法律途径解决特许经营法律纠纷	协商	□A □B □C	
	调解	□A □B □C	
	仲裁	□A □B □C	
	诉讼	□A □B □C	
思政素养	依法维权	□A □B □C	
	和谐共赢	□A □B □C	
教师评语：			
成绩		教师签字	

注：在□中打√，其中，A为掌握，B为基本掌握，C为未掌握。

主要参考文献

[1] 孙玮琳，张琼．特许经营实务 [M]．2版．北京：高等教育出版社，2017.

[2] 文志宏．特许经营实务 [M]．北京：电子工业出版社，2009.

[3] 曹静．特许经营实务 [M]．3版．大连：东北财经大学出版社，2022.

[4] 张琼，霍瑞红．门店运营与管理 [M]．北京：中国人民大学出版社，2012.

[5] 侯吉建．特许经营体系设计与构建 [M]．北京：中国人民大学出版社，2014.

[6] 肖建中．连锁加盟与创业指南——投资选项创业致富实战宝典 [M]．北京：中国经济出版社，2006.

[7] 饶君华，王欣欣．连锁门店营运管理 [M]．2版．北京：高等教育出版社，2018.

[8] 曹静．店铺开发规划 [M]．北京：高等教育出版社，2008.

[9] 张琼．加盟与创业 [M]．北京：高等教育出版社，2015.

[10] 赵桂莲，王吉芳．特许经营法律与实务 [M]．北京：科学出版社，2008.

[11] 肖朝阳．特许经营法律实务 [M]．北京：中信出版社，2003.

[12] 李维华．特许经营学：理论与实务全面精讲 [M]．北京：中国发展出版社，2009.

[13] 欧阳光，吴静，王龙刚．公司特许经营法律实务 [M]．北京：法律出版社，2007.

[14] 林晓．特许经营商务法律解决方案——《商业特许经营管理条例》适用指南 [M]．北京：法律出版社，2007.

[15] 李维华．特许经营理论与实务 [M]．北京：机械工业出版社，2005.

[16] 中国连锁经营协会．中国特许加盟企业名录（2007）[M]．北京：中国商业出版社，2007.

[17] 肖怡．特许经营管理 [M]．4版．大连：东北财经大学出版社，2022.

[18] 张凤珍，陈奇琦．特许加盟实务 [M]．北京：电子工业出版社，2014.

[19] 闫海，冷雪．商业特许经营中商业秘密及其法律保护 [J]．中州大学学报，2011（10）.

[20] 胡菁．保密协议与竞业禁止若干问题探析 [J]．金融与经济，2008（6）.

[21] 王学先．特许经营中商标权问题研究——以被特许人利益保护为视角 [J]．

知识产权，2009（19）.

［22］任卓淇．商业特许经营信息披露制度研究［D］．北京：中国政法大学，2011.

［23］陈禹．特许经营中商业秘密保护研究［D］．上海：华东政法大学，2012.

［24］李坚东．特许经营法律问题研究［D］．南宁：广西大学，2002.

［25］倪联辉．特许经营合同研究［D］．北京：对外经济贸易大学，2006.

［26］王健．特许经营中的商标许可研究［D］．上海：复旦大学，2008.

［27］柏勇．特许经营受许人法律保护研究［D］．北京：清华大学，2007.

［28］张帅梁．论商业特许经营中的知识产权法律保护［J］．特区经济，2010（6）.

［29］郑红英．特许经营著作权问题探讨［J］．中国版权，2011（2）.

［30］李维华．特许经营新思维［M］．北京：企业管理出版社，2021.

［31］李维华．特许经营学：理论与实务全面精讲［M］．北京：企业管理出版社，2021.

［32］文志宏．特许经营实战指南［M］．北京：电子工业出版社，2021.

［33］柳佩莹．商业特许经营权研究［D］．长春：吉林大学，2021.